PAZ NA TERRA?

ALFONS FÜRST (Org.)

PAZ NA TERRA?

*As religiões universais
entre a renúncia e a disposição à violência*

IDÉIAS &
LETRAS

DIRETOR EDITORIAL:
Marcelo C. Araújo

EDITORES:
Avelino Grassi
Márcio F. dos Anjos

TRADUÇÃO:
Karina Jannini

COORDENAÇÃO EDITORIAL:
Ana Lúcia de Castro Leite

COPIDESQUE:
Bruna Marzullo

REVISÃO:
Eliana Maria Barreto Ferreira
Leila Cristina Dinis Fernandes

DIAGRAMAÇÃO:
Alex Luis Siqueira Santos

CAPA:
Antonio Carlos Ventura

* Revisão do texto em conformidade com o Acordo Ortográfico da Língua Portuguesa, em vigor a partir de 1º de janeiro de 2009.

Título original: *Friede auf Erden? Die Weltreligionen zwischen Gewaltverzicht und Gewaltbereitschaft*
© Verlag Herder, Freiburg im Breisgau 2006
ISBN 978-3-451-29060-2

Todos os direitos em língua portuguesa, para o Brasil, reservados à Editora Idéias & Letras, 2009.

IDÉIAS & LETRAS

Editora Idéias & Letras
Rua Pe. Claro Monteiro, 342 – Centro
12570-000 Aparecida-SP
Tel. (12) 3104-2000 – Fax (12) 3104-2036
Televendas: 0800 16 00 04
vendas@ideiaseletras.com.br
www.ideiaseletras.com.br

Dados Internacionais de Catalogação na Publicação (CIP)
(Câmara Brasileira do Livro, SP, Brasil)

Paz na terra? As religiões universais entre a renúncia e a disposição à violência / Alfons Fürst (org.); [tradução Karina Jannini]. – Aparecida, SP: Idéias & Letras, 2009.

Título original: Friende auf Erden?
die Weltreligionen zwischen Gewaltverzicht un Gewaltbereitschaft
Vários autores
Bibliografia.
ISBN 978-85-7698-029-2

1. Religiões 2. Violência – Aspectos religiosos I. Fürst, Alfons.

09-04188   CDD-291.5697

Índices para catálogo sistemático:
1. Religiões e violência 291.5697

SUMÁRIO

Alfons Fürst
Introdução
Religiões entre a paz e a violência – 9

Erich Zenger
Violência em nome de Deus
O preço necessário do monoteísmo bíblico? – 15
    1. Aspectos da moderna crítica do monoteísmo – 15
    2. Quando a Bíblia se ocupa dos aspectos violentos das imagens bíblicas de Deus – 22
    3. Legitimação divina e deslegitimação da violência como recurso político – 38
    4. Renúncia à violência e tolerância como exigências básicas do monoteísmo bíblico – 56

Alfons Fürst
Ética da paz e disposição à violência.
Sobre a ambivalência do monoteísmo cristão
em seus primórdios – 65
    1. Tendências monoteístas na Antiguidade – 65
    2. Uso da violência para impor o monoteísmo cristão? – 74

3. Cristianismo entre violência e ausência de violência – 92
4. Dificuldades cristãs com pluralidade religiosa – 96
5. Pluralidade *versus* universalidade – 102
6. O impulso do monoteísmo de criticar a ideologia – 113
7. Passado e futuro do monoteísmo (cristão) – 122

Annette Wilke
Ausência e prática de violência no hinduísmo e no budismo.
Devoção tâmil, budismo cingalês e o poder da representação – 127
   1. Introdução – 127
       1.1. Esboço do problema: O conflito no Sri Lanka – 127
       1.2. E onde fica a *ahimsa*? – Perspectivas alteradas de pesquisa – 130
       1.3. Especificação e questionamento – 144
   2. Representações do hinduísmo e o caso do devocionismo tâmil – 146
       2.1. Hinduísmo intolerante – 146
       2.2. Hinduísmo tolerante – 150
       2.3. Modelo hinduísta do relacionamento com o pluralismo religioso – 152
       2.4. Devocionismo tâmil como exemplo da interdependência entre religião e política na Índia pré-colonial – 156
       2.5. Ortodoxia plural e ortopráxis – 167
   3. Representações do budismo e o caso do Sri Lanka – 170
       3.1. Dhammadipa: "A ilha da moralidade" Sobre a construção de uma nação budista – 181

3.2. Produção da figura do inimigo nas representações
historiográficas – 188
3.3. Parêntese: a memória cultural e os intelectuais
como reforço da violência – 198
3.4. Espiral de violência: "grupos budistas de luta"
e "renunciadores" dos LTTE – 209
4. Teses finais sobre religião e violência – 218

Muhammad Kalisch
**O monoteísmo do Islã e a problemática da tolerância
e da violência – 231**
1. Tolerância, violência e religião
Uma consideração geral – 231
2. Violência e tolerância no Islã – 237
2.1. *Tauhīd* – O monoteísmo do ponto de vista
da teologia islâmica - 237
2.2. O Islã como sistema político e jurídico – 241
2.3. Tolerância e liberdade de crença – 242
2.3.1. Tolerância e liberdade de crença como
problema interno do Islã – 242
2.3.2. Tolerância e liberdade de crença
na relação do Islã com os
não-muçulmanos – 243
2.3.3. Tolerância e pretensão à verdade – 246
2.4. Guerra e paz sob o ponto de vista do Islã – 249

Muhammad Kalisch
**Apêndice
Tomada de posição quanto ao conflito produzido pelas caricaturas que representam o profeta Maomé – 251**

INTRODUÇÃO

Religiões entre a paz e a violência

Alfons Fürst

"Paz na terra?" – Diante dos violentos conflitos em inúmeras regiões do mundo, o ponto de interrogação nessa famosa frase da mensagem natalina do Evangelho de São Lucas[1] quase não requer explicações. Imprensa escrita, rádio, televisão e internet fornecem, dia após dia, razões mais do que suficientes para se responder a essa pergunta com um decisivo "Não!". Para que então um livro com esse título? Será que vale mesmo a pena fazer uma pergunta cuja resposta é clara – ou, em todo caso, parece ser clara –, e será que todo olhar objetivo da realidade não desmascara as palavras da frase "Paz na terra" como uma ilusão? Ou se fizermos a pergunta de modo ainda mais perspicaz: não são justamente as tradições e convicções, que costumam falar de bom grado de "paz na terra", menos responsáveis pela paz do que pela dissensão e pela violência? Atualmente, sobretudo as religiões monoteístas são criticadas por não promoverem a paz e a conciliação que propagam, e sim avivarem a intolerância, o ódio e a violência.

Nos dias atuais, a contribuição não apenas das religiões monoteístas, mas também de todas as grandes religiões para a paz ou

---

[1] Cf. Lc 2,14.

para a violência, é sentida e julgada de modo bastante adverso. Dois exemplos podem ilustrar isso. Quatro dias após os ataques terroristas de 11 de setembro de 2001 nos EUA, o biossociólogo Richard Dawkins escreveu um artigo intitulado "Os mísseis errôneos das religiões" ("Religion's misguided missiles") no jornal inglês *The Guardian*: "Encher um mundo com religiões, sobretudo as do tipo abraâmico, é como jogar nas ruas armas carregadas. Não se espantem se elas forem usadas".[2] Em contrapartida, defensores das religiões monoteístas aqui criticadas chamam a atenção para o fato de que justamente elas, com sua intervenção em favor do amor e da paz da humanidade, prestam um serviço altamente necessário. É o que diz a declaração apresentada pelos dirigentes das três religiões monoteístas no encerramento dos "Meetings of Religions in an Era of Faith and Tolerance",[3] organizados em 10 e 11 de maio de 2000, em Tarso, na Turquia: "Com efeito, todo o mundo sabe que as religiões abraâmicas às quais pertencemos exortam as pessoas à paz e ao amor. Líderes religiosos e clérigos deveriam difundir mensagens de paz e de amor, sobretudo numa época em que a humanidade precisa destes últimos mais do que nunca".[4]

---

[2] Citado a partir de Klaus Müller, "Monotheismus unter Generalverdacht. Philosophisches zu einem aktuellen, aber nicht ganz neuen Phänomen", in: *Religionsunterricht an höheren Schulen 45* (2002), p. 339-350, aqui p. 340: "To fill a world with religions, or religions of the Abrahamic kind, is like littering the streets with loaded guns. Do not be surprised if they are used".
[3] Encontros de religiões numa era de fé e tolerância. (N. T.)
[4] Citado a partir de Bernd Mussinghoff, "Mesrob II. Mutafyan, Armenischer Patriarch von Istanbul und der Ganzen Türkei", in: *Cardo Herft 2* (2003), p. 28-30, aqui p. 29 s.: "Indeed it is well known that Abrahamic religions to which we belong, invite human beings to peace and love. Religious leaders and clergy should spread messages of peace and love in an age when humanity is in need of these more than never".

O segundo exemplo encontra-se no suplemento literário do *Süddeutsche Zeitung* de 14 de março de 2006, no qual se leem os seguintes títulos em páginas opostas: "A paz está por um fio de cabelo branco. Três templos – um ao lado do outro – soam como uma receita de morte e assassinato. Victor e Victoria Trimondi investigam a matriz apocalíptica das três religiões monoteístas". Trata-se do livro *Krieg der Religionen. Politik, Glaube und Terror im Zeichen der Apokalypse*[5] (München, 2006), escrito pelos autores citados acima. Na outra página: "Sejam realistas! Atualidade de uma ilusão: Gianni Vattimo e Richard Rorty exercem o combate filosófico de retirada". Neste último caso, trata-se de uma conversa entre os mencionados filósofos sobre "O futuro da religião", organizada por Santiago Zabala e traduzida por Michael Adrian e Nora Fröhder.[6] Sem levar em conta a composição antitética, o estilo das recensões feitas por Burkhard Müller e Manfred Geier chama a atenção. Enquanto Müller concorda com a intenção do livro dos dois Trimondi, de apresentar o potencial apocalíptico de destruição das três religiões monoteístas (judaísmo, cristianismo e islamismo), Geier distancia-se da esperança de que a mensagem cristã do amor fraternal é eficaz e se amplia num "nós" coletivo e amigável, e sugere o realismo de Sigmund Freud contra tal "ilusão".

As duas páginas desse periódico deixam clara a desconfiança que existe hoje em dia em relação ao fato de as religiões pretenderem intervir em favor da paz. Até nos folhetins fala-se da

---

[5] Guerra das religiões. Política, fé e terror sob o signo do apocalipse. (N. T.)
[6] *SZ-Literatur*, n. 61, 14 de março de 2006, p. 8 e 9 na rubrica "Das Heilige". Frankfurt a. M., 2006.

periculosidade das religiões e sobretudo do monoteísmo.[7] Naturalmente, devem-se levar em conta as manifestações contrárias, como as apresentadas a partir de diferentes pontos de vista: algumas oferecem uma percepção positiva de si mesmas, outras, uma percepção crítica das outras. E, por certo, em ambos os lados há que se acrescentar uma boa porção de encenação da mídia em relação aos acontecimentos mundiais ou uma encenação dos próprios valores e da própria importância. No entanto, se nos concentrarmos no conteúdo objetivo, as duas posições podem ter suas razões. Afinal, nas religiões, sobretudo nas monoteístas, não nos deparamos tanto com um potencial de paz *quanto* com um potencial de violência?

---

[7] Alguns exemplos: Adel Theodor Khoury *et alii* (org.), *Krieg und Gewalt in den Weltreligionen. Fakten und Hintergründe*, Freiburg entre outras, 2003; Jürgen Manemann (org.), *Monotheismus (Jahrbuch Politische Theologie 4)*, Münster, 2003, p. 121-180 (sobre o monoteísmo como problema teológico-político em relação à questão da violência); Christoph Bultmann *et alii* (org.), *Religion – Gewalt – Gewaltlosigkeit. Probleme – Positionen – Perspektiven*, Münster, 2004; Hermann Düringer (org.), *Monotheismus – eine Quelle der Gewalt? (Arnoldshainer Texte 125)*, Frankfurt a. M., 2004 (no centro da discussão estão as histórias de violência do Antigo Testamento); Alfons Fürst, "Monotheismus und Gewalt. Fragen an die Frühzeit des Christentums", in: *Stimmen der Zeit 222* (2004), p. 521-531; tradução espanhola: "Monoteísmo y violencia", in: *Selecciones de Teología 44* (2005), p. 303-311; Vasilios N. Makrides/Jörg Rüpke (orgs.), *Religionen im Konflikt. Vom Bürgerkrieg über Ökogewalt bis zur Gewalterinnerung im Ritual*, Münster, 2005; Georg Baudler, *Gewalt in den Weltreligionen*, Darmstadt, 2005; Peter Walter (org.), *Das Gewaltpotential des Monotheismus und der dreieine Gott (Quaestiones disputatae 216)*, Freiburg entre outras, 2005; Ferdinand Kerstiens, "Gerechter Krieg – gerechter Friede. Religion als Ursache von Gewalt und/oder als Impuls zum Frieden", in: *Orientierung 69* (2005), p. 196-199; Jan Assmann, "Ist der neue Mensch ein Eiferer? Über den Preis des Monotheismus", in: *Neue Zürcher Zeitung. Internationale Ausgabe*, n. 254, 30/31 de outubro de 2004, p. 47. O número 17 da revista SZ, de 28 de abril de 2006, apresenta na capa a seguinte pergunta: "Quão perigoso é o Islã político?".

"O fato de todas as religiões terem a paz como objetivo é algo que pode ser desenvolvido de modo totalmente teológico a partir delas; mas o contrário também. A recusa de violência na condição histórica do surgimento de uma religião ainda nada diz sobre sua possibilidade de legitimar e justificar religiosamente a violência em outras situações."[8] Por acaso essa tensão chegaria a ser constitutiva para ela? "Todas as pessoas, não importa a qual religião pertençam, agem corretamente ao fazer uma autocrítica a respeito da ambiguidade de todas as religiões. A religião pode ter um efeito benéfico, mas também se tornar fonte de fanatismo e destruição."[9]

Apresentar essa ambivalência é o objetivo deste volume. Ele não apenas compreende as três religiões monoteístas (judaísmo, cristianismo e islamismo), mas também contém ensaios sobre cinco grandes religiões: as três mencionadas e o hinduísmo e o budismo (num só ensaio). A oscilação precária "entre a renúncia e a disposição à violência" é um problema presente em todas as grandes e pequenas religiões da história. Com base nas atuais religiões universais, os ensaios aqui reunidos também pretendem discutir alguns fundamentos, levando em consideração especialmente a história da origem de cada uma delas e suas interpretações.

---

[8] Christoph Auffarth, "Gewalt", in: *Metzler Lexikon Religion 1* (1999), p. 494.
[9] Ulrich H. J. Körtner, "Religion und Gewalt. Zur Lebensdienlichkeit von Religion in ihrer Ambivalenz", in: Khoury, 2003 (ver nota 5), p. 99-124, 138-140, aqui p. 100.

VIOLÊNCIA EM NOME DE DEUS
O PREÇO NECESSÁRIO DO MONOTEÍSMO BÍBLICO?

Erich Zenger

1. Aspectos da moderna crítica do monoteísmo

Em seu artigo "Em nome de Deus o mais terrível é permitido", publicado no *Frankfurter Allgemeine Zeitung* de 21 de setembro de 2001, o Prêmio Nobel português José Saramago afirma: "Sabe-se que todas as religiões, sem exceção, nunca serviram para aproximar as pessoas e aumentar a paz. Religiões foram e são a razão de um sofrimento infinito, de genocídios e de monstruosa violência física e psíquica".[1] Essa crítica sempre é feita sobretudo contra as três chamadas religiões abraâmicas, a saber, o judaísmo, o cristianismo e o islamismo. A violência dessas religiões, praticada externamente contra os "fiéis de outras crenças" e internamente contra aqueles que delas se desviam, não é única a ser estigmatizada, até porque é incontestável. A crítica vai mais fundo: justamente essas três religiões possuiriam, a partir da ideia que fazem de si mesmas, um perigoso potencial de violência que

---

[1] *Frankfurter Allgemeine Zeitung*, n. 220, 21/09/2001, p. 52.

sempre teria sido e seria atualizado. É o que também confirma a história da religião, que mostra que as chamadas religiões politeístas da Antiguidade, pelo menos enquanto religiões, teriam sido menos violentas do que essas três religiões monoteístas. Pelo que se diz, até seus livros sagrados, ou seja, a Bíblia e o Alcorão, legitimaram a violência e proclamaram um deus violento. Os críticos não afirmam que os impérios do antigo Oriente Próximo, marcados pelo politeísmo, não foram violentos. Porém, não teriam conduzido suas guerras em nome dos deuses, e sim "apenas" com o apoio deles. Mesmo onde as guerras *também* teriam sido entendidas como guerras dos deuses de impérios que lutavam entre si, a vitória ou a derrota não eram decididas com base na verdade, e sim no poder dos deuses implicados. De modo algum teriam sido guerras religiosas para a imposição da própria "verdade"; esse fenômeno seria típico dos conceitos de religiões monoteístas. E mesmo quando, por exemplo, os assírios ou os babilônios destruíam os templos das cidades ou dos povos conquistados, na verdade essa violência não era voltada contra as divindades adoradas nesses templos nem contra a religião neles praticada, e sim contra os templos como centros políticos de poder. Não é o que teria acontecido em estados e sociedades dominados pelo monoteísmo, quando esses queriam demonstrar abertamente a verdade do deus adorado por eles destruindo santuários e símbolos de culto de outras religiões. Tudo isso sugere a suposição de que, justamente devido a seu conceito monoteísta de Deus e à pretensão à verdade ligada a ele, a intolerância e a violência seriam inerentes às religiões monoteístas.

Assim também poderia ser entendida a conclusão dos dois ensaios de Jan Assmann sobre o monoteísmo, que diz: "Se quisermos salvar a ideia monoteísta, teremos de despi-la de sua violência *inerente*".² Em seu livro *Die Mosaische Unterscheidung oder der Preis des Monotheismus*,³ publicado em 2003, Assmann especificou essa declaração e a modificou parcialmente. As últimas frases desse livro também enfatizam o efeito do monoteísmo mosaico: "Conforme nos ensinou Freud, a distinção mosaica responde não apenas pelo trauma, pelo recalque e pela neurose, mas também por um 'avanço na espiritualidade', e este, ainda que adquirido por um alto preço, não deve ser abandonado novamente. Teremos de nos manter fiéis à distinção entre verdadeiro e falso e aos claros conceitos daquilo que sentimos como inconciliável com nossas convicções, caso estas últimas venham a possuir alguma força e alguma profundidade. Só que já não poderemos fundamentar essa distinção em revelações registradas definitivamente. *Desse modo*,⁴ se for para a distinção mosaica continuar servindo-nos de fundamento de um progresso na humanidade, temos de fazer dela o objeto de uma reflexão e de uma redefinição constantes, de uma 'condensação discursiva' (Jürgen Habermas)".⁵

Mas será que isso não significa que se deve rejeitar a distinção mosaica com seu conceito de uma verdade normativa e absoluta, a fim de proteger as religiões monoteístas de seu potencial intrínseco de violência? Será que essas religiões têm de

---

² Grifo: Erich Zenger.
Jan Assmann, "Monotheismus", in: *Jahrbuch Politische Theologie 4* (2002), p. 122-132, aqui p. 132; *id*., "Monotheismus und Ikonoklasmus als politische Theologie", in: Eckart Otto (org.), *Mose. Ägypten und das Alte Testament (Stuttgarter Bibelstudien 189)*, Stuttgart, 2000, p. 121-139, aqui p. 139.
³ A distinção mosaica ou o preço do monoteísmo. (N. T.)
⁴ Grifo: Erich Zenger.
⁵ Jan Assmann, *Die Mosaische Unterscheidung oder der Preis des Monotheismus*, München/Wien, 2003, p. 165.

rejeitar sua identidade enquanto religiões de revelação, a fim de aprenderem, antes de tudo, a renunciar à violência e depois se tornarem capazes de contribuir para a limitação e a superação da violência?

Para os historiadores da religião, essa perspectiva parece impor-se justamente a partir de seu conhecimento das histórias multiformes da religião. Nas "Considerações finais" de seu livro *Der Eine und die Vielen*,[6] publicado pela primeira vez em 1971, o egiptólogo de Basel Erik Hornung apresenta a seguinte conclusão: "A história destrói impiedosamente todos os valores 'eternos' e 'absolutos' e desmascara em sua relatividade todo ponto de referência absoluto que queiramos estabelecer (...). Todos os indícios apontam para o fato de que a sociedade humana de um futuro próximo será, ou *não*, pluralista e antidogmática (...). Após o tratamento radical dos últimos séculos, supomos que ela estará bastante enfastiada das ideologias dogmáticas e dos 'valores absolutos'. É pouco provável que a crença em Deus permaneça intacta com a mudança de consciência das pessoas. Justamente a crença convicta precisa considerar que Deus nunca proferiu sua *última* palavra, nem na revelação como ser único".[7]

Quer o fastio da segunda metade do século XX se dê com as pretensões absolutistas de religiões e ideologias sempre em pauta, quer o abuso de motivos religiosos se dê com os fundamentalistas em luta por poder político, atualmente a crítica que se faz à violência praticada pelas religiões, sobretudo em seu cunho monoteísta, não pode ser ignorada e significa um desafio que justamente a teologia precisa encarar. Esse desafio

---

[6] O único e os muitos. (N. T.)
[7] Erik Hornung, *Der Eine und die Vielen. Altägyptische Götterwelt*, Darmstadt, 2005, p. 269s.

pode exacerbar-se ainda mais quando lançamos um breve olhar à caracterização histórico-religiosa da distinção mosaica feita por Jan Assmann. Resumirei a posição de Assmann a respeito em sete teses:

(1) "Em algum momento no decorrer da Antiguidade – as datas oscilam entre o final da Era do Bronze e o final da Antiguidade – ocorreu uma mudança que foi mais decisiva para o mundo do que todas as alterações políticas com as quais convivemos hoje. Trata-se da mudança das religiões 'politeístas' para aquelas 'monoteístas', de religiões de culto para religiões de livros, de religiões específicas de determinadas culturas para religiões universais, em suma: de religiões 'primárias' para religiões 'secundárias'".[8]

(2) Como se sabe, Assmann retoma aqui uma distinção feita por Theo Sundermeier[9] e a explicita da seguinte maneira: "As religiões primárias desenvolveram-se historicamente por séculos e milênios no âmbito de uma cultura, de uma sociedade e de uma língua, com as quais se vincularam de modo insolúvel. A elas também pertencem os universos de cultos e deuses dos antigos egípcios, babilônios e greco-romanos. Já as religiões secundárias devem-se a um ato de revelação e a um legado, erigem-se sobre as religiões primárias e se delimitam tipicamente contra estas últimas, na medida em que as declaram pagãs, idólatras e supersticiosas".[10]

---

[8] Assmann, 2003 (ver nota 3), p. 11.
[9] Cf. Theo Sundermeier, "Art. 'Religion, Religionen'", in: Karl Müller/Theo Sundermeier (orgs.), *Lexikon missionstheologischer Grundbegriffe*, Berlin, 1987, p. 411-423.
[10] Assmann, 2003 (ver nota 3), p. 11.

(3) Assmann caracteriza o ponto central da mudança das religiões primárias para as secundárias com o conceito da "distinção mosaica". O que é decisivo nessa questão "não é a distinção entre o Deus único e os deuses múltiplos (...), mas a distinção entre o verdadeiro e o falso na religião, entre o verdadeiro Deus e os falsos deuses, entre a verdadeira e a falsa doutrina, entre o saber e a ignorância, a crença e a descrença".[11]

(4) Em comum com as religiões secundárias há um conceito de verdade enfático e excludente. "Por essa razão, talvez seja mais apropriado caracterizar essas novas religiões com o conceito de 'antirreligião'. Apenas essas religiões possuem ao mesmo tempo a verdade que pregam e um oposto que combatem. Apenas elas conhecem hereges e pagãos, falsas doutrinas, seitas, superstições, idolatria, magia, ignorância, descrença, heresia, e sabem de que maneira podem ser denominados todos os conceitos para aquilo que denunciam, perseguem e marginalizam como manifestações do não-verdadeiro."[12]

(5) "O conceito de antirreligião deve ressaltar o potencial de negação inerente a essas religiões (...). Religiões secundárias *têm de* ser intolerantes, ou seja, precisam ter uma noção clara daquilo que sentem como incompatível com suas verdades, quando estas tiverem uma autoridade, uma normatividade e uma obrigatoriedade diferentes daquelas que as religiões requerem para organizar a vida. Essa violência crítica e transformadora alimenta-se de sua energia negativa, ou seja, de sua força para recusar e marginalizar."[13]

---

[11] *Ibid.*, p. 12s.
[12] *Ibid.*, p. 14.
[13] *Ibid.*, p. 26.

(6) O mundo das religiões primárias não estava livre de ódio nem de violência. "Ao contrário, estava repleto de violência e hostilidade nas mais diversas formas, e muitas delas foram reprimidas, civilizadas ou até mesmo suprimidas pelas religiões monoteístas ao longo do desenvolvimento transformador de seu poder, porque elas sentiam essa violência como incompatível com a verdade que representavam (...). No entanto, tampouco se pode contestar o fato de que elas [ou seja, as religiões monoteístas] tenham, ao mesmo tempo, trazido ao mundo uma nova forma de ódio: o ódio aos pagãos, aos hereges, aos idólatras e a seus templos, ritos e deuses."[14]

(7) "A mudança da religião primária para a secundária dá-se na própria Bíblia."[15] Nela, tal mudança está ligada à figura de Moisés. Ele é apresentado como o mediador da distinção entre o verdadeiro e o falso na religião, razão pela qual essa distinção – não no sentido histórico, mas no de uma declaração de memória histórica – pode ser chamada de "distinção mosaica". Segundo Assmann, a Bíblia hebraica narra a imposição monoteísta dessa decisão como uma história de violência numa série de massacres. Cenas primordiais da violência monoteísta são o massacre após o culto ao bezerro de ouro (cf. Êx 32), a execução dos 450 profetas de Baal por ordem de Elias depois da rivalidade entre os deuses com a vitória de JHWH (Javé) no Monte Carmelo (cf. 1Rs 18), a imposição violenta da reforma do culto por Josias (cf. 2Rs 23), mas também a dissolução obrigatória dos casamentos mistos realizada por Esdras (cf. Esd 9,1-4; 10,1-17). Não obstante, Assmann não sustenta a historicidade dessas nem de outras tantas cenas de violência bíblica. No caso da historicidade, talvez

---

[14] *Ibid.*, p. 28s.
[15] *Ibid.*, p. 19.

muitos dos eventos narrados possam até ser esclarecidos *do ponto de vista da história contemporânea* ou relativizados como decisões *políticas* errôneas. Porém, caso não se possam considerar esses acontecimentos como históricos segundo o julgamento da hermenêutica bíblica, e sim como histórias em que "uma sociedade constrói ou reconstrói um passado que dá sentido e perspectiva a seus objetivos e problemas atuais, portanto, como narrações simbólicas, o questionamento de sua importância torna-se bastante urgente".[16] Como existem histórias que tratam da imposição da verdadeira religião, e como, de modo geral, a linguagem teológica da Bíblia hebraica é fortemente marcada pela violência, questiona-se com particular perspicácia se a violência, o ódio e a coerção são o preço necessário da verdade bíblica de Deus.

Poderíamos então concluir que a linguagem e as imagens da violência empregadas justamente no contexto da questão divina confirmam a tese de que as chamadas religiões abraâmicas *têm de* ser intolerantes enquanto religiões secundárias e, desse modo, possuem desde o início um potencial de violência altamente inerente?

2. Quando a Bíblia se ocupa dos aspectos violentos das imagens bíblicas de Deus

O fato de a Bíblia hebraica estar repleta de violência é notório e não precisa ser detalhado aqui. Especialmente irritantes são as imagens violentas de Deus e as narrações sobre atos de violência explicitamente praticados e divinamente legitimados

---

[16] Jan Assmann, "Monotheismus und die Sprache der Gewalt", in: Peter Walter (org.), *Das Gewaltpotential des Monotheismus und der dreieine Gott (Quaestiones disputatae 216)*, Freiburg, 2005, p. 18-38, aqui p. 20.

em contextos religiosos. Por certo, o pano de fundo da origem e a função dessas histórias de violência deveriam ser discutidos em detalhes. Seria preciso esclarecer sobretudo se nos massacres narrados trata-se realmente da chamada distinção mosaica no âmbito religioso ou do poder político e institucional. No entanto, às vezes não é fácil ou simplesmente é impossível separar a política da religião em histórias e ações isoladas.

Diante de cada consideração detalhada dos "textos violentos" da Bíblia, três observações básicas me parecem importantes:

(1) A Bíblia hebraica apresenta a violência *factual*, que contamina todos os campos da vida política, social e privada. Ela resiste à tentação de banalizar e reprimir a violência. Como a realidade da violência é muito maciça e multiforme, o tema acaba ocupando na Bíblia hebraica um espaço amplo.

(2) A Bíblia hebraica fornece, logo no início, uma clara "introdução à leitura" de todos os textos de violência e um julgamento teológico inequívoco quando, na história sobre o assassinato de Abel, cometido por seu irmão Caim (Gn 4), "a violência" é qualificada como pecado original e principal, e a tendência à violência é revelada como tentação primitiva do homem. E mais: no início da narração do dilúvio (cf. Gn 6,11s.), o "ato de violência" do homem e do animal é deplorado como "corrupção" da criação.

(3) A Bíblia hebraica mostra várias reações de Deus a esse ato de violência, incluídas aquelas com as quais o Deus bíblico reage com "atos de violência". Contudo, a diretriz do texto enfatiza a mensagem de um Deus que suporta com generosidade a "violência" de seus filhos, que a perdoa, proclama o caminho da renúncia a ela e oferece como exemplo seu modo de viver. Essa dimensão do discurso bíblico de Deus será esclarecida a seguir, com base no exemplo de alguns textos.

O complexo paralelismo entre violência e superação da violência no campo da religião de Israel mostra-se paradigmático na multifacetada narração do Êxodo (Êx 32–34) sobre a veneração do bezerro de ouro e suas consequências, também apresentada por Assmann como paradigma do monoteísmo, que se supõe necessariamente intolerante e violento. O fato de a mais antiga narração do bezerro de ouro conter uma polêmica de cunho religioso e político em segundo plano pode ser caracterizado como consenso na pesquisa sobre o Antigo Testamento, mesmo quando a classificação histórica parece bastante diferente em seus detalhes,[17] Obviamente não é nem um pouco certo que no trecho Êx 32,26-29, em que se narra a violenta punição exercida pelos levitas, trate-se da verdade do monoteísmo de JHWH. Mais provável é que essa história de massacre vise a uma "desculpa e a uma exoneração de Aarão",[18] bem como a uma (auto)defesa de seu sacerdócio perante os ataques que partem de círculos inspirados por profetas.

Se na narração paralela do Deuteronômio (Dt 9–10) falta justamente a violência levítica, e se a informação sobre a escolha dos levitas em Dt 10,8s. só é colocada após a narração sobre a reprodução e a reinscrição das tábuas, portanto, após a renovação da

---

[17] Cf. por fim: Jan Christian Gertz, "Beobachtungen zu Komposition und Redakton in Exodus 32-34", in: Matthias Köckert, Erhard Blum (orgs.), *Gottes Volk am Sinai. Untersuchungen zu Ex 32–34 und Dtn 9–10*, Gütersloh, 2001, p. 88-106; Christoph Uehlinger, "Exodus, Stierbild und biblisches Kultbildverbot. Religionsgeschichtliche Voraussetzungen eines biblisch-theologischen Spezifikums", in: Christof Hardmeier/Rainer Kessler/Andreas Ruwe (orgs.), *Freiheit und Recht. Festschrift für Frank Crüsemann*, Gütersloh, 2003, p. 42-77.
[18] Ulrich Dahmen, *Leviten und Priester im Deuteronomium. Literarkritische und redaktionsgeschichtliche Studien (Bonner biblische Beiträge 110)*, Bodenheim, 1996, 80.

aliança contada na passagem paralela do Êxodo (Êx 34), a meu ver, pode-se entender essa supressão do massacre de Êx 32 em Dt 9–10 como uma nova ênfase *teologicamente* motivada ou como uma revisão crítica do original em relação à violência. Mesmo quando se é da opinião de que a informação do massacre em Êx 32 falta em Dt 9–10, pois neste último os levitas devem ser separados do sacerdócio de Aarão, de modo que acabam surgindo rivalidades institucionais no pano de fundo das diferenças entre Êx 32,26-29 e Dt 10,8s.,[19] novamente é questionável o fato de a narração sobre o massacre executado pelos levitas em Êx 32,26-29 poder valer como paradigma da virulência da verdade na religião.

Do ponto de vista da interpretação, encontramo-nos num terreno mais firme quando lemos Êx 32 no contexto de Êx 34[20] ou simplesmente quando consideramos o contexto geral de Êx 19-40. Já na passagem Êx 32,7-14 sobre a intercessão bem-sucedida de Moisés, que na estrutura de composição do texto final de Êx 32 apresenta a declaração principal e atua como chave estratégica e hermenêutica da narração,[21] é oferecida uma alternativa ao

---

[19] Cf. Reinhard Achenbach, *Israel zwischen Verheissung und Gebot. Literarkritische Untersuchungen zu Deuteronomium 5-11 (Europäische Hochschulschriften. Theologie 422)*, Frankfurt, 1991, p. 371-377; *id.*, "Levitische Priester und Leviten im Deuteronomium. Überlegungen zur sog. 'Levitisierung' des Priestertums", in: *Zeitschrift für altorientalische und biblische Rechtsgeschichte* 5 (1999), p. 285-309.

[20] Cf. o panorama sobre as posições divergentes em relação à diacronia de Êx 32-34 em Konrad Schmid, "Israel am Sinai. Etappen der Forschungsgeschichte zu Ex 32–34 in seinen Kontexten", in: Köckert/Blum, 2001 (ver nota 14), p. 9-40.

[21] A passagem de Êx 32,7-14 interrompe o curso da narração de 32,1-6.15ss. Do ponto de vista diacrônico, trata-se de uma inserção secundária, que recebe datações diferentes; cf. o breve panorama em Jörg Jeremias, *Die Reue Gottes. Aspeckte alttestamentlicher Gottesvorstellung (Biblisch-theologische Studien 32)*,

massacre narrado em Êx 32,26-29. Nessa parte, a ira de JHWH é justificada pelo fato de Israel ter passado a adorar o bezerro de ouro devido à manifesta evidência de sua verdadeira divindade. Quando essa ira é superada pelo "arrependimento" do próprio JHWH, a reflexão *teológica* passa a ter lugar. Esta ainda não se cumpre no plano do monoteísmo autorreflexivo; trata-se, na verdade, do perfil específico de JHWH no modelo de pensamento politeísta. Para os antigos deuses orientais, a "ira" que irrompe de modo justificado ou até mesmo irracional é um modo importante de agir. O deus JHWH também dá vazão a sua "ira" e acaba assustando ou punindo seu povo. Isso não é retomado em Êx 32,7-14, em que, ao contrário, se informa que JHWH pode limitar sua "ira" – e o faz porque é "JHWH"!

Do ponto de vista histórico e teológico, Êx 32,7-14 encontra-se no horizonte da autolimitação da ira aniquiladora e violenta, proclamada pelo próprio JHWH em Os 11,1-9. O livro Os 11 caracteriza essa renúncia de JHWH à violência como uma "revolução do coração" (Os 11,8) e interpreta expressamente essa decisão de JHWH como a realização de sua essência divina: "Pois sou Deus, e não um homem" (Os 11,9). "O que Oseias

---

Neukirchen-Vluyn, ²1997, p. 140s. O trecho é "inserido por alguém que não está interessado no curso nítido da narração, e sim numa interpretação apresentada como chave. Essa inserção é feita entre a descrição do pecado (v. 1-6) e a descida de Moisés e Josué do monte (v. 15ss.) e pretende interpretar o evento de modo teológico. Hoje formularíamos essa interpretação como uma reflexão particular e não anteciparíamos toda a narração nem a deixaríamos para o final. A técnica literária da época permitia a dramatização da reflexão teológica na forma de um diálogo simulado entre Deus e Moisés, inserido no meio da narração": Norbert Lohfink, "Exodus 32,7-11.13-14 (24. Sonntag des Jahres)", in: Josef Schreiner (org.), *Die alttestamentlichen Lesungen der Sonn- und Festtage. Lesejahr C 2*, Würzburg, 1971, p. 47-60, aqui p. 49.

transfere integralmente para a formação da vontade de Deus e chega a ilustrar como uma luta em Deus entre sua ira e sua paixão por Israel, Êx 32 tentou mais tarde justificar de modo bem mais racional. Deus não pode aniquilar seu povo culpado, porque se comprometeu em juramento com seus servos e porque Moisés impediu a aniquilação."[22] Além disso, em Êx 32,12, Moisés adverte JHWH sobre o julgamento que os gentios (no caso, os "egípcios") fariam de sua divindade e consegue limitar sua violência (Êx 32,14).

Em Êx 34,6-10, essa limitação da violência é expressamente apresentada como absolvição dos pecados por misericórdia e como prova da essência específica do deus JHWH. Por um lado, o discurso de autorrevelação de JHWH em Êx 34,6s. até oferece a dialética tensa entre bondade e ira, mas, por outro, é visível a assimetria desses dois modos de agir com evidente predominância da bondade de JHWH,[23] que posteriormente é expressa na intercessão de Moisés em Êx 34,9, quando este último pede a absolvição dos pecados cometidos em Êx 32. A essa intercessão, JHWH responde em Êx 34,10 que está disposto a fazer ou renovar uma aliança (cf. Êx 34,27s.). De certo modo, o fato de o povo ter infringido ou até rompido a aliança em Êx 32 dá a JHWH a possibilidade de demonstrar *a verdade* de sua essência divina em Êx 34. Tal verdade mostra-se no contexto da narração

---

[22] Jeremias, ²1997 (ver nota 18), p. 140.
[23] Ver a respeito sobretudo Ruth Scoralick, *Gottes Güte und Gottes Zorn. Die Gottesprädikationen in Exodus 34,6f und ihre intertextuellen Beziehungen zum Zwölfprophetenbuch (Herders biblische Studien 33)*, Freiburg, 2002, p. 10-130; Matthias Franz, *Der barmherzige und gnädige Gott. Die Gnadenrede vom Sinai (Exodus 34,6-7) und ihre Parallelen im Alten Testament und seiner Umwelt (Beiträge zur Wissenschaft vom Alten und Neuen Testament 163)*, Stuttgart, 2003.

de Êx 32–34, não no massacre realizado pelos levitas, mas na renúncia divina à violência aniquiladora.[24]

Dentro da grande composição de Êx 19–40, a absolvição dos pecados e a renovação da aliança são o pré-requisito criado pelo próprio JHWH para a construção do santuário,[25] posteriormente narrada em Êx 35–40, no qual JHWH pretende morar como deus libertador em meio a seu povo. No contexto da narração, cumpre-se em Êx 35–40 o que o próprio JHWH havia prometido em Êx 29,43-46. "Habitarei entre os filhos de Israel e serei seu Deus. Eles *reconhecerão* que eu, JHWH, sou seu Deus, que os tirou do Egito para habitar entre eles. Sou JHWH, seu Deus" (Êx 29,45s.). Pelo menos na leitura sincrônica, o reconhecimento de Deus anunciado em Êx 29,46 será explicitado e concretizado em Êx 32,7-14[26] como experiência do deus que renuncia à violência aniquiladora e, em Êx 34,6-10, como experiência do deus que perdoa os pecados.

Por fim, diante desse pano de fundo, na narração do bezerro de ouro também se torna visível o conflito *teológico*. Enfatizo expressamente: do ponto de vista diacrônico e histórico-religioso, tudo é mais complexo do que apresento aqui. No entanto, numa leitura sincrônica, o conflito característico

---

[24] Obviamente, numa leitura diacrônica, a perspectiva teológica e sobretudo a segunda intercessão de Moisés em Êx 32,30-35 devem ser consideradas muito mais complexas. Numa leitura sincrônica, Êx 32,30-35 enfatiza o aspecto da violência *punitiva* de JHWH, também presente no discurso misericordioso de Êx 34,6s. Uma discussão exegética detalhada das três intercessões de Moisés (Êx 32,7-14; 32,30-35 e 34,8-9) também deveria, por fim, levar em conta as diferenças em relação à tradição paralela de Dt 9-10*. Tudo isso é impossível aqui.

[25] Ver Christoph Dohmen, *Exodus 19-40*, Freiburg, 2004, p. 379-403.

[26] Cf. o motivo de retirada em Êx 32,11.

entre verdadeiro e falso no campo da religião parece existir para a distinção mosaica. Esse conflito é simbolicamente ilustrado como oposição entre verdadeiro e falso por meio da oposição entre as *tábuas* preparadas e talhadas por JHWH com o decálogo e o *bezerro* preparado por Aarão com o "ouro dos egípcios".[27] Como o decálogo das tábuas oferece a explicação – aliás, formulada não como direito penal, mas como *ethos* – da essência de JHWH como o deus que liberta, protege a liberdade e rejeita a violência entre os homens, Êx 32 trata, com efeito, da antítese entre o Deus libertador e repressor como alternativa de verdade no campo da religião. Se no complexo conjunto de textos contido em Êx 32–34 também são reconhecíveis aspectos isolados de violência, estes não devem permitir que na macroestrutura passe despercebida a apresentação da renúncia divina à violência como um traço característico do verdadeiro Deus.

Tal como a narração sobre o bezerro de ouro, aquela de 1Rs 18 sobre a rivalidade dos deuses no Monte Carmelo com a prova do sacrifício também costuma ser considerada uma cena típica do potencial de violência da distinção mosaica. Fica em aberto aqui se há alguma tradição subjacente à narração que remonte à época dos reis de Israel e, portanto, que possa servir à questão sobre o Elias

---

[27] As "tábuas" contendo o decálogo indicam toda a Torá com suas orientações cultuais, éticas e jurídicas, que valem como explicação da "verdade" de JHWH, por meio da qual ele se distingue da imagem "falsa" que Aarão representa para o povo. Em Êx 32, não se trata do Baal cananeu ou do ápis egípcio, mas do ídolo que Aarão e o povo adoram como se fosse JHWH. Cf. a respeito também Frank Crüsemann, "Der Glaube an den einen Gott und die Entstehung einer kollektiven Identität Israels", in: *Kirche und Israel 20* (2005), p. 120-129, aqui p. 122s.

histórico.²⁸ Ao menos na forma existente, 1Rs 18 é uma narração didática sobre o exílio, que se inspira na narração de 2Rs 9–10 sobre a chamada revolução de Jeú, portanto, a luta de Jeú contra os omridas e o culto a Baal promovido por eles.²⁹ O contexto de 1Rs 17–18 encontra-se resumido na oração de Elias em 1Rs 18,36s.: "JHWH, Deus de Abraão, de Isaac e de Israel, que hoje se reconheça que és o Deus de Israel, que eu sou teu servo e que por tua ordem fiz todas estas coisas. Responde-me, JHWH, responde-me, para que este povo *reconheça* que tu, JHWH, és (realmente) Deus e que foste tu que convertestes novamente o *seu coração*".

Para Matthias Köckert, o clímax dessa oração no contexto de 1Rs 17–18 pode ser resumido da seguinte forma: "No centro da oração está (...) o pedido de elevação. Porém, tal pedido não é um fim em si mesmo, mas deve causar um duplo reconhecimento. O primeiro refere-se à *unicidade de Javé*. Nesse sentido, v. 36b enfatiza a relação interna entre Javé e Israel, enquanto v. 37b, a relação externa com tudo o que ainda se pretende que seja Deus. Até se poderia traduzir v. 37b com a *partícula exclusiva*: Israel deve reconhecer que *só* Javé é Deus. O segundo reconhecimento refere-se a Elias, o servo de Deus, como *profeta* exemplar".³⁰

---

²⁸ Ver Rudolf Smend, "Der biblische und der historische Elia", in: *Congress Volume Edinburgh 1974 (Supplements to Vetus Testamentum 28)*, Leiden, 1975, p. 167-184, bem como Martin Beck, *Elia und die Monolatrie. Ein Beitrag zur religionsgeschichtlichen Rückfrage nach dem vorprophetischen Jahwe-Glauben (Beihefte zur Zeitschrift für die alttestamentliche Wissenschaft 281)*, Berlin, 1999, p. 163-281.
²⁹ Ver por fim Susanne Otto, *Jehu, Elia und Elisa. Die Erzählung von der Jehu-Revolution und die Komposition der Elia-Elisa-Erzählungen (Beiträge zur Wissenschaft vom Alten und Neuen Testament 152)*, Stuttgart, 2001.
³⁰ Matthias Köckert, "Elia. Literarische und religionsgeschichtliche Probleme in: 1 Kön 17–18", in: Manfred Oeming/Konrad Schmid (orgs.), *Der eine Gott und die Götter. Polytheismus und Monotheismus im antiken Israel (Abhandlungen zur Theologie des Alten und Neuen Testaments 82)*, Zurique, 2003, p. 111-144, aqui p. 130.

No que se refere a JHWH, não se trata aqui de monolatria, mas de monoteísmo. É o que já se mostra na alternativa que Elias apresenta ao povo em v. 21: "Se JHWH é o verdadeiro Deus, segui-o; se o é Baal, segui-o". Em conformidade com isso, Elias diz, em v. 24: "E há de ser o verdadeiro Deus aquele que responder com fogo". Esta é também, no v. 39, a reação do povo quando o fogo cai sobre o altar de Elias: "JHWH é o verdadeiro Deus!". A rivalidade entre os deuses é decidida mediante a prova da impotência de Baal e do poder de ação de JHWH.

Nesse plano também se deve ler a informação sobre o assassinato subsequente dos 450 profetas de Baal. Ela corresponde à informação dada no v. 4 de que a politeísta Jezabel exterminou os profetas de JHWH e àquela no v. 33 de que Elias foi o único profeta de JHWH que restou. Por um lado, esses dados nos permitem ver que esse motivo de violência, *por si só*, não é condicionado pelo *monoteísmo*. Por outro, na narração de Jeú, pretende-se que ele seja politicamente condicionado. "Tanto Jeú quanto Elias exterminam apenas os servidores de Baal, mas não seus defensores no povo. Perante a ação de Jeú, esse fato adquire em Elias um aprofundamento por meio de 18,37.39: se o próprio Deus converteu seu coração, ele não pode sofrer punição!"[31]

Ainda voltaremos a essa perspectiva da religião como questão pessoal. Não obstante, 1Rs 18 nos apresenta um profeta que também enfatiza o poder de ação do verdadeiro Deus, comprovado na rivalidade de sacrifícios, por meio do violento massacre dos profetas do falso deus.

---

[31] *Ibid.*, p. 136.

A perspectiva de violência intensifica-se ainda mais na narração subsequente sobre o encargo de Elias no Monte Horeb (1Rs 19). Aqui, a "verdade" da missão profética de Elias, já pronunciada em 1Rs 18,36s., é tematizada como o protótipo da profecia do julgamento anterior ao exílio. Embora em 1Rs 19 também se utilize a cena de teofania para ilustrar o perfil específico de JHWH em comparação com Baal, na qual JHWH aparece não em tempestade, terremoto e fogo, mas em sua "voz que se esvai em silêncio",[32] trata-se sobretudo do que essa "voz" diz aqui (1Rs 19,15-18). O "objetivo de todo esse episódio (reside) não na da descrição da teofania, mas na nova e temível missão para os profetas: a unção de Hazael, Jeú e Eliseu, que depois conduzirão a termo em toda Israel a punição exercida por Elias apenas contra os profetas de Baal – exceto os 7.000 que não tiverem 'dobrado os joelhos diante de Baal e cujas bocas não o tiverem beijado' (XIX 18)".[33] Se partirmos do pressuposto de que 1Rs 19,1-18 foi composto no período do exílio ou logo após ele, existe aqui uma "apologia da profecia do julgamento"[34] e, ao mesmo tempo, na visão conjunta de 1Rs 17–18 e 1Rs 19, uma "teodiceia" da compreensão monoteísta de Deus. De acordo com 1Rs 18,36s., o que importa para JHWH na ação do profeta Elias é que haja um reconhecimento de Deus e uma conversão ao verdadeiro Deus. Essa missão não é

---

[32] Ver Christian Macholz, "Psalm 29 und 1. Könige 19. Jahwes und Baals Theophanie", in: Rainer Albertz *et alii* (org.). *Werden und Wirken des Alten Testaments. Festschrift für Claus Westermann*, Göttingen/Neukirchen-Vluyn, 1980, p. 325-333.
[33] Erhard Blum, "Der Prophet und das Verderben Israels: Eine ganzheitliche, historisch-kritische Lektüre von 1 Regnum XVIII-XIX", in: *Vetus Testamentum 47* (1997), p. 277-292, aqui p. 287.
[34] *Ibid.*, p. 288.

retomada em 1Rs 19,15-18, e sim relacionada à realidade histórica. "É a oposição complementar de dois paradigmas que confere à narração de Elias coerência teológica: se a cena em Horeb (XIX) mostra com nitidez as consequências do comportamento 'real' de Israel, ou seja, a recusa da missão profética, o contexto de aridez (XVII-XVIII) representa, com seu belo desfecho, como *poderia* ser se Israel aceitasse a pedagogia de JHWH."[35]

Se essa visão estiver correta, praticamente não se poderá dizer que a cena no Monte Carmelo pertence às "cenas primordiais" da virulência monoteísta. Parece-me mais plausível a tese de que, no contexto da narração de 1Rs 17–19, em relação à "profecia de salvação" de Dêutero-Isaías, impregnada de monoteísmo e surgida "contemporaneamente", e à teologia da salvação universalista da escritura sacerdotal, que também se reflete de maneira monoteísta, o tema "violência de JHWH contra Israel como preço de sua verdade divina" é revisto de modo bastante diferenciado. No horizonte dessa reflexão e no contexto da profecia da salvação também surgem estudos, aditamentos e atualizações sobre os profetas do julgamento antes do exílio, que também podem ser entendidos como uma análise do tema "violência divina".

Um paradigma impressionante da nova profecia da salvação, precursora da violência que supera o monoteísmo, é a mensagem de Dêutero-Isaías à Golah[36] na Babilônia. Não é por acaso que a "transição quântica" e teológica para o monoteísmo explícito ocorre justamente em Dêutero-Isaías e que, desse modo, se desenvolve simultaneamente a perspectiva da renún-

---

[35] *Ibid.*, p. 290.
[36] Grupo de judeus que, após a queda do reino ao sul de Judá, exilou-se na Babilônia. (N. T.)

cia à violência. Decisivo foi o fato de, por um lado, a catástrofe de 587 a.C. não ter sido considerada uma vitória de deuses estrangeiros sobre JHWH, e sim um julgamento do próprio Deus JHWH, que ainda se serviu dos poderes estrangeiros, e, por outro, de o fim esperado e anunciado da catástrofe ter sido proclamado perante os gentios como prova da revelação da unicidade divina de JHWH. "Não se supera (...) a derrota de Israel na terra com uma vitória de seu Deus no céu: este se elevou à categoria de Deus único. Os outros deuses tornaram-se 'nulos', e os reis dos poderes universais transformaram-se em ferramentas em suas mãos."[37]

Especialmente o conjunto de textos de Is 40–48 chega a definir a existência da *golah* como uma vocação para demonstrar aos gentios essa unicidade de JHWH perante a nulidade dos outros deuses, ou seja, para transmitir a diferença entre verdadeiro e falso no campo da religião, mais especificamente aquela entre repressão e libertação, bem como entre violência e renúncia a ela. O debate encenado em Is 41 sobre a divindade entre os deuses dos povos, de um lado, e JHWH, de outro, culmina no primeiro canto do servo de Deus (42,1-4), em seu comentário (42,5-9) e no hino dos povos que a ele respondem (42,10-12). O principal tema dessa composição em três partes é a decisão legal, resultante do cenário de julgamento anterior, de que os deuses dos povos nada são e de que JHWH é o único soberano sobre a criação e a história. *Essa* decisão deve ser transmitida aos povos pela *golah* na qualidade de serva de

---

[37] Gerd Theissen, "Monotheistische Dynamik im Neuen Testament. Der Glaube an den einen und einzigen Gott und die neutestamentliche Christologie", in: *Kirche und Israel 20* (2005), p. 130-143, aqui p. 132.

JHWH justamente mediante a renúncia à violência, conforme desenvolvido em 42,1-4:

42,1 Eis meu servo, que eu amparo,
meu eleito, [por quem] tenho afeição,
sobre ele depositei meu espírito,
para que ele leve [a] *justiça* aos povos.
42,2 Não clamará, não exaltará
nem fará ouvir sua voz fora.
42,3 Não quebrará um caniço vergado
nem extinguirá a mecha que ainda fumega;
seguramente levará [a] justiça.
42,4 Não se apagará nem se alquebrará
até que tenha estabelecido [a] justiça na terra,
e as ilhas aguardarão sua Torá.[38]

Em V 1, JHWH apresenta seu servo, que, com seu apoio, tem a missão de divulgar universalmente sua decisão legal no que se refere ao conflito entre JHWH e os deuses dos povos e, por conseguinte, estabelecer uma nova ordem na política mundial. V 2-3 descreve o surpreendente modo de sua aparição: ele não clama nem faz ameaças, não destrói nem mata – tampouco é extinto até sua missão se cumprir e conseguir impor sua lei (Torá) de "direito dos fracos à vida"[39] em toda a terra e até nos confins do

---

[38] Tradução feita a partir do manuscrito do comentário a Is 40–48, em preparação para a série *Herders Theologischer Kommentar zum Alten Testament*, de Ulrich Bergers, em cuja interpretação minhas reflexões também se inspiram. Agradeço a Ulrich Bergers a cessão de seu manuscrito.
[39] Irmtraud Fischer, *Tora für Israel – Tora für die Völker. Das Konzept des Jesajabuches (Stuttgarter Bibelstudien 164)*, Stuttgart, 1995, p. 86.

mundo (V 4). Na expressão שים משפט ("estabelecer a justiça"), empregada no v. 4 (cf. Êx 15,25; 21,1; Js 24,25; 1Sm 30,25; Hab 1,12), trata-se tanto da proclamação de justiça quanto de sua imposição autoritária. Tal é a missão da *golah*, ou melhor, de Israel, que conta com um longo prazo, indicado no v. 4, para cumpri-la por completo. Para nossa discussão sobre a relação entre monoteísmo e violência, ou melhor, sobre a imposição da verdade com uso de violência, esse trecho é uma importante voz na Bíblia: o servo, que tem um perfil multifacetado, combina não-violência com autoridade de maneira particularmente tranquila e persistente. O fato de que o servo[40] "não clamará (...) nem fará ouvir sua voz fora" não é um dado biográfico do profeta,[41] mas caracteriza o modo pelo qual a decisão legal de JHWH será imposta aos gentios em favor de sua divindade exclusiva. Diferentemente de Ciro, que calca os povos com poder imperial (cf. Is 41,25) e no máximo serve de instrumento à influência que JHWH exerce sobre a história, o servo [Ebed] Israel, ao adotar uma forma de vida que renuncia à violência, torna-se testemunha e mediador da divindade específica de JHWH, que justamente protege e salva os fracos.

Para contestar todos os argumentos que põem em dúvida se a verdade redentora de Deus pode ser difundida e imposta de modo pacífico, Is 42,3 enfatiza expressamente: o servo [Ebed] de JHWH que age dessa maneira "levará" essa decisão legal e a

---

[40] No original, *Ebed*, ou seja, servo do rei. (N. T.)
[41] Muitas vezes se dirá que o profeta não (mais) poderia aparecer publicamente porque estaria doente ou teria sido capturado, ou então que não poderia mais aparecer de modo tão espetacular como seus antecessores que profetizavam o julgamento, pois sua "mensagem de salvação" já não precisaria de tais encenações.

ordenação dela resultante לאמח para os gentios. Essa é uma formulação singular na Bíblia hebraica. Em vez da costumeira expressão כאמה (cf. Js 24,14; Jz 9,15; 1Sm 12,24; Is 10,20; 48,1; Jr 4,2; 26,15; 28,9), "com lealdade, com veracidade", que significa que o servo deve realizar sua missão de maneira leal e confiável, לאמח ressalta que ele deve cumpri-la "de modo verdadeiro e eficaz".[42] Enquanto no trecho 42,5-9 desenvolve-se a ideia de que essa missão significa libertação do cárcere e das trevas, em 42,10-12, que apresenta o clímax da composição parcial de 42,1-12, enfatiza-se que esse programa de verdade é aceito e comemorado com júbilo e louvor pelos povos.

A tese esboçada em Is 41–42 de que o povo de Israel, desprovido de violência, é convocado a testemunhar a verdade libertadora de Deus perante os povos e em favor deles constitui o tema principal de Is 40–48. Tal tese é tratada sobretudo em Is 45,14-25, em que se delineia a visão de que os povos aceitam espontaneamente a exortação de JHWH e o louvam como o Deus libertador:

45,22 Volvei-vos a mim e sereis salvos,
todos os confins da terra!
Porque eu sou Deus, e não há outro!
45,23 Por mim mesmo tenho jurado,
de minha boca sai a verdade,
uma palavra que não volta atrás.
De fato, todo joelho se dobrará diante de mim,
e toda língua jurará,
45,24 Dizendo: só no Senhor
encontra-se a salvação e o poder![43]

---

[42] Ernst Jenni, *Die hebräischen Präpositionen. Die Präposition Lamed*, Stuttgart, 2000, p. 281: "verdadeiramente".
[43] Tradução para o alemão: Hans-Jürgen Hermisson, *Deuterojesaja. 2. Teilband. Jesaja 45,8–49,13 (Biblischer Kommentar XI/2)*, Neukirchen-Vluyn, 2003, p. 52.

O conceito monoteísta de verdade apresentado em Is 40-48 reside manifestamente no *reconhecimento* por parte dos gentios, que devem alcançar a compreensão da unicidade divina de JHWH por meio do testemunho e da mediação de Israel.

3. Legitimação divina e deslegitimação da violência como recurso político

A violência de deuses contra deuses e de deuses contra os homens pertence à essência dos conceitos politeístas de Deus. De fato, segundo esses conceitos, a divindade de deuses comprova-se justamente em sua violência desenfreada. No mundo divino, recebe o reino aquele deus que se impõe como lutador violento e mata seus rivais. Como esse mito também tem uma função política para o espaço em que a semântica cultural é determinada, ele legitima ao mesmo tempo a violência da classe dominante. Só quem não conhece a história das religiões do mundo em que surgiu a Bíblia é que pode realmente afirmar que esses conceitos politeístas de Deus são mais pacíficos do que aquele monoteísta da Bíblia hebraica.

A partir dos amplos testemunhos textuais da Antiguidade oriental, que permitem uma leitura da imagem política e religiosa que a instituição do reino faz de si mesma, pretendo comentar brevemente aqui apenas alguns exemplos neoassírios. No contexto de nossa discussão, esses exemplos são particularmente relevantes na medida em que Israel assimilou tanto as imagens quanto a finalidade desses textos para a formulação de sua própria teologia régia, por um lado, e porque teve de passar pela concretização política e militar dessa propaganda do rei assírio, por outro. A ascensão incipiente e militarmente imposta do império assírio ao poder político mundial no século IX a.C., cuja esfera de influência se expandiu até o Egito, foi legitimada pelos reis da época como uma missão das divindades que se alternavam na guerra. Além disso, essa ascensão foi comemorada não só como uma recapitulação ou atualização da luta primitiva e mítica dos deuses contra o caos, mas também como submissão do mundo ao domínio universal do deus assírio do império. "A estreita combinação entre divindade e rei na guerra foi acentuada no ritual neoassírio para a mobilização dos carros de combate que eram levados em campanha. Num ritual ligado ao carro de combate dos deuses que apresenta características semelhantes àquelas dos textos de execração egípcios, os inimigos foram vencidos já no início da campanha. Nos rituais, o rei que comandava os sacerdotes militares dos deuses Nergal e Adad lançava flechas dizendo: 'Flecha de Assur, atinja o centro do coração dos inimigos', e usava bonecos no lugar destes últimos."[44] Ao ascender ao trono, o rei assírio torna-se representante do deus Assur e assume "seu" domínio universal, conforme mostra a seguinte oração de Senaquerib a Assur:

> Assur, pai do céu, soberano dos deuses,
> determinador dos destinos,
> só tu tens a tábua dos destinos dos deuses em tuas mãos,

---

[44] Eckart Otto, *Krieg und Frieden in der Hebräischen Bibel und im Alten Orient. Aspeckte für eine Friedensordnung in der Moderne (Theologie und Frieden 18)*, Stuttgart, 1999, p. 42.

> tens agora nas mãos o governo de Sanquerib,
> o senhor de Assur:
> Esse é um bom destino, um destino que promove
> a vida e recebe o domínio.
> Eleva minha cabeça acima de todas as outras que
> estão sentadas num trono e faz perdurar solidamente,
> como uma montanha, a base de meu trono.
> Submete a meu jugo, meu protetor, todas as nações
> de Leste a Oeste (...).[45]

Como na verdade o rei exerce o domínio régio do deus Assur, sua ascensão ao trono, conforme demonstra o hino de coroação de Assurbanípal,[46] vem acompanhada da seguinte aclamação:

> Assur é rei, Assur é mesmo rei!
> Assurbanípal é a imagem de Assur, criatura de sua mão.

Quem não se submete ao rei assírio nem a sua pretensão ao domínio comete um "pecado" contra o deus Assur, pecado esse que deve ser punido com a morte, quer ele tenha a forma de uma conspiração contra o rei, do ponto de vista da política interna, quer tenha a forma de uma recusa ao pagamento de tributos ou de uma rebelião manifesta, do ponto de vista da política externa. Em conformidade com isso, Asarhaddon justifica sua guerra de expansão na chamada estela de Zincirli da seguinte maneira:

---

[45] Texto conforme *ibid.*, p. 43.
[46] A esse respeito, ver sobretudo Martin Arneth, *"Sonne der Gerechtigkeit." Studien zur Solarisierung der Jahwe-Religion im Lichte von Psalm 72 (Beihefte zur Zeitschrift für altorientalische und biblische Rechtsgeschichte 1)*, Wiesbaden, 2000, p. 54-95.

> Quando o grande senhor Assur, a fim de mostrar às pessoas a magnificência de meus atos poderosos, tornou meu império mais grandioso do que os dos outros reis dos quatro cantos do mundo, engrandeceu a fama de meu nome, colocou em minhas mãos um cetro provido de ira para que eu fulminasse os inimigos e me entregou todas as nações que pecaram contra Assur, cometeram crimes e o desprezaram, para que eu as saqueasse, pilhasse e ampliasse a região assíria, percorri, obediente e incólume, caminhos distantes, montanhas íngremes e dunas imensas, que são locais onde a sede impera, depois de receber a ordem de partida dada pelo rei Assur e pelos grandes deuses, meus senhores.[47]

Os textos citados são representativos da justificada violência politeísta dos reis assírios, que impõem seu programa político de maneira persistente. Segundo Eckart Otto, podemos resumir tal fato da seguinte forma: "A triunfal concepção divina de Assur, deus nacional dos assírios, ligada às concepções divinas de outros deuses do panteão assírio, como Ninurta, Adad, Nergal e Samas, reflete-se na teoria política de Estado do império neoassírio, concebida como teologia política: uma ordenação de paz é concebível apenas como *pax assyrica*. É missão do grande rei assírio reprimir o caos em forma de povos ainda não subjugados e que se encontram numa relação convencional com o rei assírio, a fim de promover uma política militar expansiva em prol da paz. Para os assírios, toda guerra conduzida por seu Estado é justa, uma vez que o adversário não se submeteu espontaneamente a seu

---

[47] Otto, 1999 (ver nota 39), p. 53s.

rei".[48] Embora essas guerras não tenham sido conduzidas com a intenção de impor "universalmente" a religião assíria, foram justificadas religiosamente na medida em que deveriam demonstrar e pôr em prática a pretensão ao domínio mundial dos reis assírios como os representantes de Assur, "rei universal" e divino.

Com a ideologia *e* a realidade dessa pretensão ao domínio mundial, o reino de Israel, ao norte, e o de Judá, ao sul, também foram confrontados nos séculos VIII e VII. Israel perdeu sua soberania e integrou-se como província ao império assírio. Judá conservou sua soberania, mas apenas mediante o pagamento de altos tributos e na condição convencional de vassalo. Para os símbolos religiosos de ambos os Estados, que recorriam ao deus JHWH como seu protetor político, essa realidade política significou uma irritante provocação para a qual houve diferentes respostas. *Uma* delas, que se desenvolveu no ambiente do templo e da corte de Jerusalém, retomava a já esboçada teologia régia dos assírios e a transferia, como uma espécie de contraprojeto, para o reino de Jerusalém, de maneira que JHWH assumia o papel do deus Assur e encarregava o rei de Jerusalém de impor seu domínio ao mundo. Essa concepção, que, de uma perspectiva atual, parece bastante surpreendente, tinha na *Realpolitik* da época ao menos um ponto de articulação com o fato histórico de que, no ano 701, Jerusalém e seu reino superaram o ataque assírio, o que foi comemorado como uma salvação milagrosa por parte de JHWH.

Como exemplo dessa teologia régia de Jerusalém, inspirada pelo politeísmo e que imitava os "padrões" assírios

---

[48] *Ibid.*, p. 59.

até nas formulações, podemos mencionar o Salmo 2, cuja versão primária v. 1-9 teria surgido no século VII (provavelmente para as comemorações da ascensão do rei Josias ao trono).[49] Essa versão primária, que narra os mitos fundadores e "primitivos" do reino de Sião, constitui-se de três partes: a primeira, v. 1-3, ilustra a conspiração universal dos povos estrangeiros e de seus reis contra JHWH e seu "ungido" (rei de Jerusalém); o trecho culmina num discurso direto dos rebeldes (sem fórmulas introdutórias de citação), que não querem continuar a se submeter ao domínio universal de JHWH nem ao rei de Jerusalém como o representante deste último:

2,1 Por que bramam os povos,
 e por que as nações murmuram coisas vãs?
2,2 Por que se apresentam os reis da terra
 e se unem os príncipes
 para conspirar contra o Senhor e seu ungido?
2,3 "Rompamos suas cordas
 e lancemos de nós suas amarras!"

---

[49] Para a distinção crítico-literária entre a versão primária de Sl 2,1-9 e a continuação Sl 2,10-12, cf. Frank-Lothar Hossfel/Erich Zenger, *Die Psalmen. Psalm, 1-50*, Würzburg, 1993, p. 49-51; contudo, considero a versão primária de Sl 2,1-9 anterior ao exílio (século VII?), e não (como *ibid.*, p. 51) posterior a ele (século III). Para o contexto histórico-religioso do uso de metáforas da violência na versão primária, ver Klaus Koch, "Der König als Sohn Gottes in Ägypten und Israel", in: Eckart Otto/Erich Zenger (orgs.), *"Mein Sohn bist du" (Ps 2,7). Studien zu den Königspsalmen (Stuttgarter Bibelstudien 192)*, Stuttgart, 2002, p. 1-32, bem como Eckart Otto, "Politische Theologie in den Königspsalmen zwischen Ägypten und Assyrien. Die Herrscherlegitimation in den Psalmen 2 und 18 in ihren altorientalischen Kontexten", in: *ibid.*, p. 33-65.

A segunda parte (v. 4-6) ilustra a reação de JHWH. Enquanto a primeira parte se passa na terra, a segunda dirige o olhar para o céu e mostra JHWH, o rei do universo, sentado em seu trono, "rindo" das tentativas de revolta contra ele (expressão de sua soberania) e proclamando em sua "ira" (expressão da determinação "política" de defender sua ordenação universal de todas as pretensões de poder de outros deuses e dos reis que os invocam) que ele instituiu o rei de Jerusalém como seu representante (novamente em discurso direto, sem fórmula introdutória de citação!):

2,4 O que reina no céu ri,
o Todo-Poderoso deles zomba.
2,5 Outrora lhes falou em sua cólera,
e com a veemência de sua ira aterrorizou-os:
2,6 "Fui eu que criei meu rei
no Sião, meu monte sagrado."

A terceira parte (v. 7-9) dirige o olhar para Sião e oferece a reação do rei instituído por JHWH, que, por sua vez, proclama sua "missão régia" contra os povos estrangeiros e seus reis com a citação de um discurso de JHWH, proferido nos remotos tempos míticos. Enquanto o v. 7 retoma um motivo central da teologia régia dos egípcios com a condição do filho de Deus, a missão de domínio universal proclamada no v. 8-9, sobretudo com as imagens de violência no v. 9, inspira-se na teologia régia dos assírios:

2,7 Quero proclamar o decreto do Senhor.
Disse-me ele: "Tu és meu filho!
Hoje te criei/gerei.

2,8   Pede-me e te darei povos como herança
      e os confins da terra como posse.
2,9   Hás de destruí-los com uma vara de ferro
      e despedaçá-los como um vaso de barro!"

Na realidade, conforme vimos anteriormente, esse programa de governo do rei de Jerusalém corresponde à compreensão do domínio político dos reis assírios. Como a *pax assyrica* e a *pax persica*[50] (bem como mais tarde a *pax romana* dos imperadores romanos), essa *pax jerusalemitica* é uma submissão, obtida com violência e repressão, ao rei que se apresenta como o representante do supremo e onipotente Deus. Por certo, o rei de Jerusalém nunca tivera o poder militar para transpor essa reivindicação para a política concreta. Tampouco era essa a expectativa da teologia régia proclamada em Sl 2,1-9. O principal objetivo desse texto era ampliar o campo de poder do deus JHWH em relação às pretensões de poder dos outros deuses, sobretudo do deus Assur, de tal forma que, apesar de toda aparência, JHWH seria o "verdadeiro", porque onipotente, deus em comparação

---

[50] Na maioria das vezes, a política do império persa é apresentada como tolerante e pacífica em comparação com a política assíria e babilônia. No entanto, a realidade era bem diferente. A *pax persica* também foi obtida e mantida com violência brutal. O mesmo não se pode dizer da tomada do poder por Ciro, mas vale especialmente para o governo de Dário I no ano 522 a.C., que sufocou várias revoltas de maneira sangrenta. A *pax persica* resultante dessa violência é caracterizada por Walther Hinz da seguinte forma: "No total, a repressão das revoltas nas regiões centrais do império aquemênida fez cerca de cem mil vítimas – para aquela época, uma terrível matança. Teve o efeito de um choque que ecoou por muito tempo no coração das pessoas da época": Walther Hinz, *Darius und die Perser. Eine Kulturgeschichte der Achämeniden*. Volume I, Baden-Baden, 1976, p. 166.

com os outros deuses dos outros povos. No fundo, por trás de Sl 2,1-9, há um conceito politeísta de Deus que ao mesmo tempo atribui a JHWH uma unicidade – certamente com uma concentração problemática em violência e repressão.

O conceito de violência divina e a teologia do reino de Jerusalém a ele vinculada foram fortemente abalados pelos acontecimentos da história política no século VI. A destruição do templo de JHWH, o fim da soberania de Judá e a exautoração do reino de Davi pelos babilônios foram fatos que puseram em dúvida o conceito de deus e de rei existente por trás do Sl 2,1-9 e levaram a abolir da teologia régia de Jerusalém os aspectos problemáticos da violência – e isso justamente no horizonte do conceito monoteísta e refletido de Deus, que se desenvolveu na teologia do período do exílio e imediatamente posterior a ele. Por razões de espaço, só poderei esboçar com breves exemplos esse fenômeno tão relevante para o tema "monoteísmo e violência".

A análise da catástrofe de 587 a.C. e de suas consequências apresentam-se nos textos bíblicos com a dupla questão: "Por que ou para que isso aconteceu?" (portanto, como pergunta pelas causas e pelo sentido) e "Como irá continuar? O que terá de mudar?" (portanto, como pergunta por um recomeço e um futuro redentor). Conforme documentado nos textos, para essas questões havia inúmeras e diferentes respostas. No contexto de nossa temática, parece-me surpreendente o fato de ter sido esboçada uma teologia régia que renuncia explicitamente à violência e pratica a solidariedade justamente com os fracos pelo princípio condutor da política. Dois textos poderão servir de exemplo para demonstrar essa tese.

O *primeiro* provém do Livro de Isaías, cuja redação, dos capítulos 7, 9 e 11, posterior ao exílio, deu forma a um engenhoso tríptico. Esses três capítulos anunciam a profecia do nascimento do filho do rei (Is 7), a comemoração de seu nascimento (Is 9) e sua posse, ou melhor, o exercício de seu cargo (Is 11). No sentido da redação, profetiza-se aqui um reino renovado ("messiânico"), é parcialmente esboçado como contraste tanto em relação ao reino de Jerusalém antes do exílio, quanto em relação ao reino assírio (a dolorosa experiência dos atos de violência por parte dos assírios encontra-se na composição de Is 1–12 sobre o pano de fundo político e ideológico; a perícope assíria de Is 10,5-34 chega a aparecer em sentido literário no contratexto de Is 11).[51] Segundo Is 11,1-10, a diferença mais importante consiste no fato de que esse rei, que em Is 9,5 recebe o título de "príncipe da paz", já não exerce seu cargo com violência brutal e militar autorizada pelo espírito de JHWH, mas com a autoridade de sua palavra cria justiça e equidade e restabelece a paz universal e até mesmo cósmica, uma vez que transforma a solidariedade para com os fracos numa opção fundamental de convívio. Esse reino que renuncia à violência e cria a equidade se tornará real em Sião – e esse milagre político da ausência de violência, da equidade e da paz atrairá os reis e os povos do mundo e os conduzirá a uma política de não-violência e de convívio pacífico. Sendo assim, observemos brevemente a passagem de Is 11,1-10:

11,1   Pois brotará um rebento do tronco de Jessé,
      e de suas raízes um renovo frutificará.
11,2   Repousará sobre ele o espírito de JHWH:
      o espírito da sabedoria e do entendimento,

---

[51] Ver a respeito Willem A. M. Beuken, *Jesaja 1-12*, Freiburg, 2003, p. 303-306.

       o espírito do conselho e da luta,
       o espírito do reconhecimento e do temor a JHWH.
11,3   Ele encontrará seu próprio entusiasmo no temor a JHWH.
       Não julgará pelas aparências,
       nem apaziguará pelo que ouvir dizer.
11,4   Fará justiça à minoria com equidade
       e apaziguará com redenção em defesa dos pobres da terra.
       Subjugará a terra com a vara de sua boca,
       e com o sopro (espírito) de seus lábios matará o pecador.
11,5   A justiça é o cinto ao redor de suas ancas,
       e a fidelidade, o cinto ao redor de seus rins.
11,6   Então o lobo habitará (como hóspede) o cordeiro,
       e o leopardo se deitará (pacificamente) ao pé do cabrito,
       bezerro e filhote de leão cevarão juntos,
       um jovem os conduzirá (como seu pastor),
11,7   vaca e ursa pastarão juntas,
       suas crias se deitarão juntas,
       o leão comerá palha como o boi.
11,8   A criança de peito brincará junto à toca da áspide,
       e na caverna da víbora meterá a mão a que já estiver desmamada.
11,9   Não farão mal nem causarão dano algum a todo o meu santo monte,
       pois toda a terra está repleta do conhecimento de JHWH,
       assim como as águas que cobrem o mar.
11,10 E acontecerá naquele dia:
       o rebento da raiz de Jessé estará posto como sinal para os povos,
       as nações virão a sua procura,
       o lugar de seu repouso será pleno de glória.

Não é possível fazer uma interpretação diferenciada desse texto engenhosamente composto.[52] Limito-me a alguns pontos de vista que são importantes para a problemática da violência no horizonte do conceito monoteísta de Deus:

(1) O príncipe "messiânico" da paz é um rebento do tronco de Jessé. Portanto, por um lado, ele é uma continuação do reino de Davi, mas, por outro, um novo descendente sob diversos aspectos. Não é chamado de "rei" nem recebe nenhum título oficial. É "apenas" portador do espírito de JHWH e, como tal, põe em prática uma equidade abrangente e promove a vida.

(2) Ele não reprime os povos, como o rei de Sl 2, com uma vara de ferro (Sl 2,9), mas "subjuga com a vara de sua boca" e "mata os pecadores com o sopro de seus lábios" (Is 11,4). Essa metáfora peculiar combina as imagens de violência da teologia régia tradicional ("subjugar", "matar") com imagens da ausência de violência ("boca" e "lábios" como órgãos da fala): o que o reino tradicional queria alcançar com violência, esse príncipe da paz alcança com o "poder" de suas palavras – justiça e equidade para *todos*. A meu ver, a metáfora peculiar da composição de Is 11,4 pretende ser uma releitura de Sl 2,9, que renuncia decididamente à violência. Para esse novo rei, não importa a dominação, mas a transmissão a todos da força vital de Deus (*ruach*).

---

[52] Ver a interpretação de Beuken, *ibid.*, p. 307-323, bem como as observações sobre as metáforas do texto em Karl Löning/Erich Zenger, *Als Anfang schuf Gott. Biblische Schöpfungstheologien*, Düsseldorf, 1997, p. 231-242.

(3) O fim da violência, trazido por esse "novo" reino, é tão completo que nenhum ser vivo ameaça outro nem vive a sua custa. O que à primeira vista parece um idílio, quando os leões não mais devoram suas presas, mas pastam pacificamente como cordeiros, quando uma criança de peito indefesa pode brincar com a serpente traiçoeira e mortal, na realidade esboça a visão de que a criação atinge uma perfeição que o deus criador pretende produzir conforme Gn 1–3 (por um lado, Is 11,6-8 retoma a ideia de criação de Gn 1,29-30 e, por outro, anula a hostilidade primitiva de Gn 3,15). A mensagem das imagens de Is 11,6-8 é que o fim da violência e da hostilidade que aniquila vidas ocorre de uma maneira diametralmente oposta ao modelo político do conceito politeísta de Deus, porém correspondente ao conceito monoteísta de Deus desenvolvido em Gn 1. O clímax especial da utopia de Is 11,1-10 é que, em Is 11,6-8, o fim da hostilidade não está no fato de animais ferozes e serpentes mortais serem aniquilados, e sim no de pastarem pacificamente juntos e serem transformados em parceiros de brincadeiras.

(4) Is 11,6-8 proclama não apenas a não-violência como princípio de vida da criação pretendido por Deus, mas também chega a dar um passo adiante. Sobre a realidade, o texto sabe que há fortes e fracos na casa da vida da criação, por isso apresenta um modelo de vida em que os fortes recuam espontaneamente e, em sua prática de vida, adaptam-se e até submetem-se aos fracos. Jürgen Ebach resumiu esse fato da seguinte maneira: "O trecho que narra a paz entre os animais começa com uma frase que mostra duplamente a inversão das normas existentes. *'Então o lobo será hóspede do cordeiro (...).'* Indica-se aqui o convívio pacífico de inimigos até então mortais. A utopia remete (...) à superação não do inimigo, mas do ser inimigo. No entanto, a

imagem contém mais informações. Deve-se notar o papel dos respectivos animais no estado de hostilidade superada. 'Ser hóspede' (o termo hebraico *gūr* pode significar até mesmo 'demorar-se como forasteiro, como co-habitante') é o que ocorre não com os animais fracos em relação aos fortes, mas o *inverso*: o lobo junto ao cordeiro, o leopardo junto ao cabrito (...). Se a imagem do abrigo seguro, que o fraco encontra junto ao forte, afirma-se como a mera idealização das relações de poder existentes (razão pela qual constitui um *tópos* consolidado da ideologia régia), a situação em Is 11,6 contém a inversão das normas disponíveis. Nesse sentido, a imagem mostra-se como uma continuação da espera pelo soberano da paz, para quem tudo depende do fato de o fraco ser encorajado a obter seu direito, ou seja, a não depender da caridade dos poderosos".[53]

(5) Segundo Is 11,9, a visão de uma sociedade sem violência iniciará sua realização no Sião – precisamente quando as pessoas que lá vivem reconhecerem a verdade monoteísta de Deus e suas implicações e delas fizerem o critério para sua prática de vida.

(6) Quando Sião se tornar um local que promove a não-violência e a equidade solidária como formas de vida – assim prega Is 11,10 –, os povos irão para lá espontaneamente, a fim de aprender a viver segundo essa nova ordem (cf. Is 2,1-5: a esse respeito, ver abaixo). Desse modo, o domínio universal de JHWH se tornará a realidade política. Esse é um claro contraprojeto ao domínio universal imposto com violência e exploração, conforme vimos anteriormente no horizonte do conceito politeísta de Deus e do imperialismo assírio.

---

[53] Jürgen Ebach, *Ursprung und Ziel. Erinnerte Zukunft und erhoffte Vergangenheit. Biblische Exegesen, Reflexionen, Geschichten*, Neukirchen-Vluyn, 1986, p. 78 s.

O *segundo exemplo* provém do Livro de Zacarias, precisamente do trecho Zc 9-11, que a exegese nomeia Dêutero-Zacarias. Conforme a versão divulgada, trata-se da alteração do antigo mapa político, imposta por Alexandre, o Grande, que provocou guerras violentas e atingiu Jerusalém e seu entorno.[54] Contra a apoteose de Alexandre como um redentor divino, proclamada pela propaganda dos gregos, Zc 9–11 estabelece a visão de um verdadeiro redentor, cujo perfil – conforme formulado em Is 11,1-10 – distingue-se justamente por sua manifesta ausência de violência. Aqui também não é possível fazer uma análise nem uma interpretação detalhadas, que seriam necessárias sobretudo porque em Zc 9–11 há *igualmente* imagens de violência, cuja função deveria ser descrita. Apenas apresentarei o breve texto de Zc 9,9-10 e o comentarei com algumas observações que me parecem bastante elucidativas para nossa temática:

9,9 Jubila, filha de Sião! Exulta, filha de Jerusalém! Eis que teu rei virá a ti: ele é justo e experimentou por si mesmo o que a redenção significa, ele virá como alguém que é pobre e fraco, cavalgará um jumento, o filhote de uma jumenta.

9,10 Eu aniquilarei os carros de guerra de Efraim e os cavalos de batalha de Jerusalém.
Aniquilado será o arco de guerra. Mas ele promoverá com palavras a paz entre os povos. E seu domínio se estenderá de um mar a outro e do Eufrates até o fim da terra.

---

[54] Uma ampla discussão sobre os problemas de datação de Zc 9,1-10, bem como sobre sua finalidade teológica, é oferecida por Andreas Kunz, *Ablehnung des Krieges. Untersuchungen zu Sacharja 9 und 10 (Herders biblische Studien 17)*, Freiburg, 1997, p. 45-242 (certamente com outra datação do texto: por volta de 200 a.C.).

Essa passagem imita o gênero da proclamação dos arautos. Ela exorta Sião/Jerusalém a receber e festejar com "júbilo" o rei messiânico da paz que está para chegar. Esse "novo" rei é não apenas uma imagem contrária à da teologia régia de Sl 2,1-9, mas também, e sobretudo, à da ideologia régia helenística e sua prática política. Enquanto o rei helenístico se apresenta e se legitima como rei da guerra, o rei de Jerusalém não entra em sua capital montado num cavalo de batalha, nem conduzindo um exército vitorioso, e sim montado num jumento, a cavalgadura do juiz no tempo dos juízes (cf. Jz 10,4; 12,14) ou conforme a profecia de Gn 49,11. As características atribuídas a ele no v. 9 reforçam essa tendência à afirmação: ele é justo, ou seja, pratica por si próprio a equidade, e essa é a perspectiva condutora de seu governo; além disso, ele é alguém que experimentou a redenção e a ajuda, ou seja, sabe *tanto* o que é a necessidade *quanto* o que é a salvação, o que o qualifica de modo especial para sua missão. A terceira característica mencionada no v. 9, sua humildade, distingue-o dos poderosos da história pregressa, geralmente censurados por sua "soberba" e sua "violência". O governo de paz desse rei começa com o fato de JHWH ter aniquilado carros, cavalos e arcos, portanto, o arsenal de guerra, em Efraim (região ao norte do reino) e em Jerusalém, ou seja, em toda a região de Israel. A menção aos carros de guerra e cavalos de batalha que nos serviram de exemplo é retomada pela profecia de Ageu (Ag 2,22), mas também se encontra na tradição da crítica profética, segundo a qual os carros de guerra e os cavalos exprimem a "soberba" política (cf. Is 2,7; 30,16; 31,1.3 com mais frequência) e, por isso, constituem a imagem contrária ao rei "humilde" da paz. Portanto, aqui JHWH é o Deus que põe fim às guerras.

E essa também é a missão de governo de seu representante "messiânico" em Jerusalém, que com a força de sua palavra levará a paz universal "de um mar a outro" ("imagem de mundo" do antigo Oriente: a Terra, que tem a forma de um disco, é circundada por água).

Ambos os textos tomados como exemplo não deixam dúvida: onde o conceito monoteísta de Deus se reflete em suas implicações políticas, surge a utopia de um deus que domina o mundo renunciando à violência e à exploração e de um reino messiânico analogamente desprovido de violência.

Sendo assim, poderíamos e deveríamos detalhar ainda mais o conceito "político" da renúncia à violência, observando os chamados cantos do servo de Deus do Livro de Isaías. Especialmente o quarto canto em Is 52,13–53,12 ocupa-se do tema da violência, que culmina com o fato de que o circuito mortal de violência e antiviolência é interrompido pela aceitação espontânea da violência pelo "servo" (como figura individual, mas também como comunidade). Também esse aspecto não poderá ser apresentado com mais detalhes aqui.

Eu gostaria de concluir essa reflexão com outra observação sobre o Salmo 2, pois este também recebeu no período posterior ao exílio uma atualização que critica a violência. O rei de Sião, que deve submeter, com violência brutal, os reis e os povos da terra ao domínio universal de JHWH e ao seu próprio, torna-se (em consequência da "nova" teologia régia esboçada) um "professor de Torá", que lhes indica um caminho para que eles escapem ao julgamento determinado pela ira de JHWH:

2,10   Agora, pois, reis, sede prudentes,
    deixai-vos instruir, vós que governais a terra.

2,11   Servi ao Senhor no temor (a Deus),
       aclamai-o com tremor,
       beijai a pureza/o puro/o filho,⁵⁵
2,12   para que ele não se ire nem conduza
       vosso caminho ao abismo,
       pois pouco basta para inflamar-se sua ira.

Nessa passagem, o rei "messiânico" de Sião recorre não apenas às armas, mas também (conforme Is 11,4 e Zc 9,10) à palavra, a fim de acabar com a revolta dos povos contra o domínio universal de JHWH (cf. Sl 2,1-3). Em 2,11s., ele alude à instrução da Torá (Dt 6,13.15) e ao texto de peregrinação dos povos (Is 60,12). Embora Sl 2,12 use a linguagem da violência, 2,12a não fala (mais) das punições diretas de Deus, e sim traça a imagem do ser violento que se arruína.⁵⁶

---

⁵⁵ Geralmente o texto tradicional desse trecho é tão alterado que 2,11 traz como tradução: "Servi o Senhor [JHWH] no temor e beijai seus pés com tremor" (assim é a tradução alemã [*Einheitsübersetzung*]). A Septuaginta diz: "Aclamai-o com tremor. Segui a doutrina (...)"; evidentemente entende "a pureza" (*bar*) como metáfora para a Torá (cf. Sl 19,9b). Se entendermos *bar* como "o puro" ou "o filho" no acusativo, teremos uma perspectiva ("messiânica") da teologia régia.

⁵⁶ Como Sl 1,6, Sl 2,12a usa a imagem do "caminho que se perde" e, assim, caracteriza o "caminho da vida", ou seja, os atos dos reis, como o infortúnio que eles causam a si próprios ("relação entre os atos e a condição de alguém"). Quanto à perspectiva de que os maus fracassam sem uma ação causal de JHWH, ver Claudia Sticher, *Die Rettung der Guten durch Gott und die Selbstzerstörung des Bösen. Ein theologisches Denkmuster (Bonner biblische Beiträge 137)*, Berlin, 2002.

4. Renúncia à violência e tolerância como exigências básicas do monoteísmo bíblico

Vários textos formulam categoricamente que o monoteísmo bíblico, no que se refere a sua universalidade e a seu conteúdo, que se concentra na libertação e na coletividade, não pode ser imposto com violência aos gentios. Ao contrário, deve ser assimilado por estes últimos apenas em situação de liberdade. Levanto cinco exemplos especialmente instrutivos:

(1) A oração da consagração do templo de Salomão em 1Rs 8 culmina no pedido final feito perante o povo:

> Que estas minhas palavras com que supliquei perante JHWH estejam próximas dele, nosso Deus, de dia e de noite, para que Ele faça justiça a seu servo e a seu povo de Israel, a cada qual no seu dia; para que todos os povos reconheçam que ninguém é Deus além de JHWH. E que vosso coração esteja inteiro com JHWH, nosso Deus, para que seguis suas leis (...) (1 Rs 8,59-61*).

Os seguintes aspectos são importantes em nosso contexto: pela ação de JHWH sobre Israel, os povos devem alcançar o verdadeiro reconhecimento desse deus. O conteúdo desse reconhecimento é formulado com uma frase nominal, ou seja, "a unicidade de JHWH como Deus (é) voltada para a *afirmação do ser*".[57] A relação especial de JHWH com Israel não é realçada com a pretensão à verdade universal; a relação de Israel com JHWH é expressamente especificada como obediência integral à Torá.

---

[57] Georg Braulik, "Monotheismus im Deuteronomium. Zur Syntax, Redeform und Gotteserkenntnis in 4,32-40", in: *Zeitschrift für altorientalische und biblische Rechtsgeschichte 10* (2004), p. 169-194, aqui p. 193.

(2) No salmo de Sião (Sl 46), JHWH exorta os povos da terra no v. 11 a desistir da violência e da guerra e a louvá-lo como único Deus, além de garantir uma ordenação justa do mundo:

> Cedei e reconhecei que sou (o único) Deus,
> acima dos povos, acima da terra (Sl 46,11).

Caso se aceite a hipótese da crítica literária de que os v. 9-12 são a ampliação pós-exílio de uma versão primária dos v. 2-8 anteriores a eles, de maneira que o rei particular da guerra transforma-se ao mesmo tempo num deus universal e monoteísta da paz,[58] a distinção mosaica tem seu potencial de crítica à violência novamente manifesto. Tanto no sentido diacrônico quanto naquele conceitual, o Salmo 46 é muito semelhante ao Salmo 2, tratado anteriormente. Embora ambos os salmos sejam diferentes, sobretudo pelo fato de o Salmo 2 festejar o rei de Sião e de o Salmo 46 festejar a cidade de Sião e seu templo, as seguintes correspondências são enormes:

– Ambos os salmos baseiam-se em um salmo primário, anterior ao exílio, que ilustra respectivamente um caos que se estende aos povos (motim dos "reis da terra"), caos esse que deve ser e é dominado a partir de Sião – o que é feito com violência, seja por meio do reino instituído em Sião por JHWH (Sl 2,1-9), seja por meio do próprio JHWH, que age em Sião a partir de seu templo, considerado a residência do rei em meio à "cidade de Deus" (Sl 46,2-8). Em sua forma

---

[58] Cf. Otto, 1999 (ver nota 39), p. 112-117, 143-150.

original, ambos os salmos são determinados por uma imagem violenta de Deus.

– Ambos os salmos receberam no período pós-exílio uma ampliação e uma atualização que substituíram as ações violentas do rei (Sl 2) e do próprio JHWH (Sl 46) pelo entendimento e pelo reconhecimento por parte dos reis outrora inimigos e estabeleceram o "temor" desses reis "a Deus", bem como seu "serviço a JHWH" (Sl 2,10-12) e a exaltação de JHWH como única divindade (Sl 46,9-12).

(3) Esse potencial mostra-se especialmente impressionante na dupla tradição da utopia de paz de Is 2,1-5 e Mq 4,1-5. Esse texto também enfatiza a espontaneidade com que os povos e as nações se dirigem a Sião. Essa visão não sonha com um futuro livre de conflitos, mas com um novo modo de regulamentá-los sem precisar fazer uso de violência e mediante a aceitação espontânea de uma sentença divina. "Se no Salmo 46 os povos só têm como opção entender a ineficácia de sua ação bélica perante o Deus que aniquila as armas, em Is 2,4b [= Mq 4,3] eles são sujeitos do acontecimento e renunciam ao uso militar da violência (...), enquanto Deus renuncia a toda demonstração triunfal de seu poder, que em Sl 46 ainda predomina em primeiro plano."[59] Aqui, o conceito monoteísta de Deus supera todas as formas de violência repressora e aniquiladora – mesmo na própria imagem de Deus. Além disso, se estiver correta a tese de que a versão primária dessa dupla tradição encontra-se em Mq 4 e de que esse texto de paz monoteísta foi inserido mais tarde e de modo intencional no início do Livro de Isaías, a fim de relativizar as pa-

---

[59] *Ibid.*, p. 150.

lavras de violência aos povos estrangeiros deste livro e do *corpus propheticum*,⁶⁰ volta a ser corroborada a tese de que o conceito monoteísta de Deus da Bíblia hebraica tem um potencial que minimiza a violência.

(4) A técnica literária de apresentar os textos de violência contra os povos vizinhos inserindo novas passagens sob uma luz que supera ou critica a violência mostra-se especialmente marcante no Livro de Sofonias. Em meio à composição sobre o grande julgamento dos povos em Sf 2,1–3,8, uma redação posterior em Sf 2,11 acrescenta a visão do perecimento dos deuses dos povos (cf. Sl 82),⁶¹ que desencadeia a conversão universal a JHWH:

> JHWH se mostrará terrível contra eles.
> E (já) fez desaparecer todos os deuses da terra,
> de modo que todas as ilhas dos povos passarão a
> prostrar-se diante dele,
> cada um vindo de sua localidade (Sf 2,11).

Nessa passagem, os povos já não se dirigem a Sião nem a Jerusalém como em Is 2,1-5 = Mq 4,1-5 (e em outros textos), a fim de louvar JHWH como seu Deus. Em vez disso, proclama-se uma adoração universal a JHWH, que é possível em todos os cantos do mundo, mesmo nas periferias ("ilhas") mais distantes. Enfatiza-se sobretudo o seguinte:

---

⁶⁰ Ver Ludger Schwienhorst-Schönberger, "Zion – Ort der Tora. Überlegungen zu Mi 4,1-3", in: Ferdinand Hahn *et alii* (org.). *Zion- Ort der Begegnung. Festschrift für Laurentius Klein (Bonner biblische Beiträge 90)*, Bodenheim, 1993, p. 107-125.
⁶¹ Ver Frank-Lothar Hossfeld/Erich Zenger, *Psalmen 51-100*, Freiburg, ²2001, p. 479-492.

o objetivo da ação desse deus monoteísta não é a repressão nem a aniquilação dos povos, mas o reconhecimento universal de sua unicidade divina para o bem de todos eles. Em seu comentário ao Livro de Sofonias, Hubert Irsigler explica da seguinte forma o clímax de Sf 2,11: "O texto de Sofonias tende (...) para a linha de Jo 4,21-24: a adoração ocorre por toda a parte 'em espírito e verdade' (v. 23), e não no Garizim nem em Jerusalém".[62]

(5) Jr 16 traça uma imagem sombria das consequências do recurso de Israel a outros deuses. Por ter-se afastado de JHWH, a sociedade é levada à ruína em todos os níveis. Tal fato é simbolicamente apresentado por Jeremias com a renúncia à própria família e com a recusa de solidariedade entre os homens. Não obstante, em meio à catastrófica situação, JHWH anuncia uma mudança redentora para Israel, que abrangerá os povos de todo o mundo se estes reconhecerem e louvarem a unicidade divina de JHWH como o Deus do êxodo e por terem-no reconhecido e louvado. Essa visão, esboçada como clímax por Jr 16 no v. 19-21, começa com a confissão de um Eu para JHWH, que constitui uma combinação de citações do canto de Moisés em Êx 15 e do canto de Davi em 2Sm 22:

16,19 JHWH, minha fortaleza (Êx 15,2), e meu amparo (2 Sm 22,33), e meu refúgio (2Sm 22,3) no dia da aflição!

Segue-se a visão dos povos que se voltam a esse JHWH e que pode ser lida como um resumo de Is 40–48:

---

[62] Hubert Irsigler, *Zefanja*, Freiburg, 2002, p. 280.

16,19   A ti virão as nações dos confins da terra e dirão:
"Realmente, nossos pais herdaram o logro,
a frivolidade, e nenhum destes foi de valia.
16,20   Pode um homem fazer deuses para si?
Mas eles não são deuses!"
16,21   Por isso, eis que os faço reconhecer,
desta vez faço-os reconhecer minha mão e minha força,
e eles reconhecerão que meu nome é JHWH.

O fato de os povos reconhecerem que os deuses herdados de seus antepassados não passam de frivolidades corresponde aqui ao reconhecimento de que JHWH também se mostrará aos povos como o Deus do êxodo, como enfatizado no v. 21 com alusão a Êx 6,3. Segundo o conceito histórico registrado pelos sacerdotes, com a revelação do nome de JHWH, anunciada em Êx 6,3, começa "uma nova fase na história da revelação divina".[63] Por conseguinte, outra etapa é marcada aqui com uma manifestação análoga do nome de Deus aos povos: de acordo com a redação do Pentateuco feita pelos sacerdotes, o privilégio de reconhecer JHWH não era concedido nem mesmo aos antepassados remotos, mas apenas à geração de Moisés. Em Jr 16,21, esse privilégio é atribuído aos gentios que estejam dispostos a aceitá-lo.

Onde o monoteísmo de Moisés apresenta sua verdade de maneira autorreflexiva, e sobretudo onde a verdade de seu Deus é definida como redenção e reconciliação, *a categoria "reconhecimento"* aparece em primeiro plano na Bíblia hebraica. Para ser divulgada, ela implica a liberdade e exclui por definição a imposição e a violência. No hori-

---

[63] Georg Fischer, *Jeremia 1-25*, Freiburg, 2005, p. 537.

zonte da distinção mosaica, a religião se torna "um assunto pessoal" no sentido bíblico e uma questão íntima. Foi o que Jan Assmann percebeu corretamente ao descrever essa "invenção do homem interior" como uma consequência psico-histórica decisiva do monoteísmo.[64] Isso tem consequências consideráveis para o problema da violência e para a imposição da pretensão à verdade no âmbito da religião. "Pois somente a psico-história, com sua interioridade, consegue entender o caráter imprescindível da tolerância. Com efeito, assim que as religiões secundárias criam o homem interior com sua capacidade de compreender o sentimento dos outros e de se colocar no lugar dos outros, também surge a capacidade de compreender as convicções alheias e, com isso, a de aceitar esses outros em sua diferença. Quem quiser ter liberdade para as próprias decisões também deve conceder essa liberdade aos outros. Além disso, sabe-se que uma conversão puramente externa não se encontra em conformidade com Deus, nem conta absolutamente como religiosa."[65] Se considerarmos justamente essa abordagem, o preço da verdade monoteísta não é a violência, mas a tolerância e a renúncia à violência. Estabelecer a questão da verdade de modo coerente, ter consciência da dificuldade de reconhecê-la e de apresentá-la verbalmente de modo adequado, bem como compreender que tentar afirmá-la como uma forma adequada de vida pode resultar em fracasso, são tentativas que não deveriam

---

[64] Assmann, 2003 (ver nota 3), p. 156; cf. *ibid.*, p. 145.
[65] Arnold Angenendt, "Gewalttätiger Monotheismus – Humaner Polytheismus?", in: *Stimmen der Zeit 130* (2005), p. 319-328, aqui p. 324.

desencadear intolerância e violência, mas, ao contrário, teriam de servir de proteção contra elas.⁶⁶ O paradigma bíblico para esse reconhecimento seria a parábola do joio e do trigo (cf. Mt 13,24-30).⁶⁷ O fato e a razão de ainda hoje as religiões mosaicas terem problemas factuais com essa visão constituem outro tema, e sobretudo amplo, que só posso mencionar, mas não tratar aqui.⁶⁸

---

⁶⁶ Cf. Klaus Müller, "Gewalt und Wahrheit. Zu Jan Assmanns Monotheismuskritik", in: Walter, 2005 (ver nota 13), p. 74-82, aqui p. 80.
⁶⁷ Ver Klaus Schreiner, "'Tolerantia'. Begriffs- und wirkungsgeschichtliche Studien zur Toleranzauffassung des Kirchenvaters Augustinus", in: Alexander Patschovsky/Harald Zimmermann (orgs.), *Toleranz im Mittelalter (Vorträge und Forschungen 45)*, Sigmaringen, 1998, p. 335-389.
⁶⁸ O ensaio publicado aqui inclui textos de outros dois ensaios (Erich Zenger, "Der Mosaische Monotheismus im Spannungsfeld von Gewalttätigkeit und Gewaltverzicht. Eine Replik auf Jan Assmann", in: Walter, 2005 [ver nota 13], p. 39-73; *id.*, "Gewalt als Preis der Wahrheit", in: Friedrich Schweitzer (org.), *Religion, Politik und Gewalt*, Gütersloh, 2006 [no prelo]) e, ao mesmo tempo, oferece outros aspectos. Quanto a minha versão sobre a gênese do monoteísmo, ver Erich Zenger, "Der Monotheismus Israels. Entstehung – Profil – Relevanz", in: Thomas Söding (org.), *Ist der Glaube Feind der Freiheit? Die neue Debatte um den Monotheismus (Quaestiones disputatae 196)*, Freiburg, 2003, p. 9-52.

ÉTICA DA PAZ E DISPOSIÇÃO À VIOLÊNCIA

Sobre a ambivalência do monoteísmo cristão em seus primórdios

Alfons Fürst

1. Tendências monoteístas na Antiguidade

A imposição do monoteísmo na antiga Israel foi um processo que durou muitos séculos e foi acelerado por diversos fatores.[1] Nesse sentido, a convicção de que Deus seria único não surgiu de maneira violenta nem foi imposta. Justamente o avanço da monolatria, da adoração exclusiva de JHWH em Israel rumo ao monoteísmo, ou seja, da afirmação refletida de que haveria apenas um deus e de que esse deus seria o deus de Israel, ocorreu numa fase de debilidade política desse reino durante o exílio babilônio do século VI a.C. e foi caracterizado pela sublimação da violência por meio da educação, do direito e da teologia. No entanto, como mostra sobretudo o desenvolvimento histórico e religioso do século IX a.C., a violência pôde desempenhar todo

---

[1] Um bom panorama sobre o surgimento do monoteísmo é dado por Erich Zenger, "Der Monotheismus Israels. Entstehung – Profil – Relevanz", in: Thomas Söding (org.), *Ist der Glaube Feind der Freiheit? Die neue Debatte um den Monotheismus (Quaestiones Disputatae 196)*, Freiburg, 2003, p. 9-52 (*ibid.*, p. 9, nota 1, uma escolha representativa a partir da bibliografia sobre o tema).

o seu papel. Na revolução de Jeú,² em meados desse século, que é narrada no segundo Livro dos Reis (2Rs 9s.), a adoração exclusiva de um deus ligada ao poder político e militar conduz a assassinatos cruéis e massacres sangrentos. A história do monoteísmo não está livre de violência, e isso desde seus primórdios.

E quanto aos primórdios do cristianismo? Os cristãos nem precisaram descobrir o monoteísmo; herdaram-no do judaísmo. Por conseguinte, a história do início do cristianismo não era marcada, como a da antiga Israel, pelo surgimento do monoteísmo, e sim, poder-se-ia dizer, por sua expansão para além do judaísmo. No século em que durou o processo, o monoteísmo impôs-se em sua versão cristã contra as antigas religiões. Que papel desempenhou a violência nisso?

Até o século IV, bem como no período da Igreja imperial, o cristianismo expandiu-se de maneira pacífica. Seus partidários reuniam-se espontaneamente. Dos modestos e pequenos grupos iniciais surgiu, ao longo de diversas gerações, uma rede de comunidades cristãs, localizadas em cidades e em aglomerações bastante variadas na região mediterrânica. Embora novo e, por conseguinte, de acordo com antigos critérios, maculado pela falta de tradição, o cristianismo mostrou-se extremamente bem-sucedido, e uma das questões mais interessantes sobre seus primórdios remete às possíveis razões para sua notória atratividade.

Uma das causas para tanto, discutidas pelos pesquisadores, tem a ver com o monoteísmo. Na Antiguidade, a religião possuía muitos deuses e cultos, enquanto os cristãos acreditavam apenas em um deus, o de Israel. Mesmo fazendo uma mera comparação

---

² Ver a esse respeito as observações feitas anteriormente por Erich Zenger, p. 28-31.

entre o politeísmo antigo e o monoteísmo judaico-cristão, não é possível compreender adequadamente a história da religião do final da Antiguidade. Antes, a pesquisa voltada a esse tema identifica há tempos, porém de modo mais intensivo nos últimos anos, algumas tendências no mundo não-cristão que apontam na direção do monoteísmo.[3]

Voltando ainda mais no tempo, essas tendências alcançam a filosofia.[4] A partir do momento em que os primeiros filósofos gregos nos séculos VII-VI a.C. começaram a questionar-se sobre o "início" ou a "origem", ou ainda, de maneira mais abstrata, o "princípio" do mundo, a realidade no pensamento grego – de resto, também já no mito – passou a ser encarada como unidade. Quando se puseram a indagar, a fim de esclarecer a multiplicidade da realidade, se deveriam ser aceitos um ou mais princípios, os filósofos gregos (e, depois deles, os

---

[3] Ver especialmente os ensaios na coletânea de Polymnia Athanassiadi/Michael Frede (orgs.), *Pagan Monotheism in Late Antiquity*, Oxford, 1999 (²2002), com comentário crítico de Timothy D. Barnes, "Monotheists all?", in: *Phoenix 55* (2001), p. 142-162, aqui p. 142-148, e Martin Wallraff, "Pagan Monotheism in Late Antiquity Remarks on a Recent Publication", in: *Mediterraneo Antico 6* (2003), p. 531-536.
[4] Descrição já feita por Eduard Zeller, *Die Entwicklung des Monotheismus bei den Griechen*, Stuttgart, 1862, republicado em: *id.*, *Vorträge und Abhandlungen geschichtlichen Inhalts*. Vol. 1, Leipzig, 1865 (²1875), p. 1-29. Ver também Martin P. Nilsson, *Geschichte der griechischen Religion*. Vol. 2: *Die hellenistische und römische Zeit (Handbuch der Altertumswissenschaft V 2/2)*, München, 1950, p. 546-552; Christopher Rowe, "One and Many in Greek Religion", in: *Eranos-Jahrbuch 45* (1976), p. 37-67; John Peter Kenney, "Monotheistic and Polytheistic Elements in Classical Mediterranean Spirituality", in: Arthur H. Armstrong (org.), *Classical Mediterranean Spirituality*, Nova York, 1986, p. 269-292; Martin L. West, "Towards Monotheism", in: Athanassiadi/Frede, 1999 (ver nota 3), p. 21-40; Michael Frede, "Monotheism and Pagan Philosophy in Later Antiquity", in: *ibid.*, p. 41-67.

latinos) decidiram-se majoritariamente pela unidade, e não pela maioria de princípios universais. Os estoicos – para citar a filosofia que teve maior influência no helenismo e no período imperial romano – conceberam um rigoroso monismo, que o imperador Marco Aurélio (161-180) formulava da seguinte forma: "De fato, há apenas um cosmos, que consiste em tudo o que existe; há apenas um deus, que está em tudo; apenas um ser e apenas uma lei; apenas uma razão comum a todos os seres pensantes; apenas uma verdade, que pressupõe que também há apenas uma perfeição dos seres com a mesma ascendência e a mesma razão".[5]

Como a filosofia e a teologia não eram separadas, essa metafísica podia ser expressa igualmente de modo teológico: um princípio, um deus. "Também sabemos", formulava Olimpiodoro, na segunda metade do século VI d.C., o consenso filosófico há tempos já estabelecido, "que a primeira causa é única, a saber, Deus; pois não pode haver muitas primeiras causas".[6] Justamente a filosofia do final da Antiguidade, do neoplatonismo, era marcada pelo "pensamento do uno".[7]

Essa ideia de unidade e suas implicações teológicas traçaram para o monoteísmo cristão os caminhos intelectuais em que ele podia ser conciliado com o mundo antigo por meio da razão. Em virtude das concepções cristãs de encarnação e trindade, restou um abismo entre os conceitos de deus pagão e cristão, percebidos

---

[5] Marco Aurélio, VII 9,2 (154 s., Nickel).
[6] Olimpiodoro, in Plat. Gorg. 4,2 (32,16s. Westerink).
[7] Ver Werner Beierwaltes, *Denken des Einen. Studien zur neuplatonischen Philosophie und ihrer Wirkungsgeschichte*, Frankfurt a. M., 1985; John Peter Kenney, *Mystical Monotheism. A Study in Ancient Platonic Theology*, Hanover/London, 1991.

e utilizados por ambos os lados para se delimitarem mutuamente.⁸ Não obstante, teólogos cristãos como Atenágoras, no século II, e Minúcio Félix, no século III, puderam lançar como atrativo a ideia de que do pensamento de unidade para a crença cristã de deus único havia apenas um pequeno passo.⁹ Todavia, nada sabemos do êxito de tais estratégias propagandísticas. Pessoas eruditas da Antiguidade que pertenciam quase exclusivamente às camadas mais elevadas da sociedade podiam muito bem ter outras razões para não se tornarem cristãs, mas temos um exemplo de que isso podia funcionar: na segunda metade do século II, o teólogo sírio Tatiano atestou expressamente que o cristianismo o convencera, entre outras coisas, devido "à redução de todas as coisas a *um* senhor".¹⁰

O discurso sobre um único princípio do mundo e um único deus não permaneceu restrito ao pequeno círculo dos eruditos e interessados em filosofia, mas, em determinada variante, pertenceu à formação geral do final da Antiguidade.¹¹ Num discurso

---

⁸ A esse respeito, Mark Edwards, "Pagan and Christian Monotheism in the Age of Constantine", in: Simon Swain/Mark Edwards (orgs.), *Approaching Late Antiquity. The Transformation from Early to Late Empire*, Oxford, 2004, p. 211-234, aqui p. 212-217, mostrou-se energicamente contra Frede (ver nota 4).

⁹ Cf. Atenágoras, supl. 5,1-7,1 (319-322 Goodspeed); Minúcio Félix, Oct. 18,5-20,1 (15,7-18,9 Kytzler).

¹⁰ Tatiano, orat. ad Graec. 29,2 (PTS 43, 55,14s. Marcovich).

¹¹ Para um cenário geral, ver Robin Lane Fox, *Pagans and Christians*, London, 1986, p. 34 s. Cf. também Martin Wallraff, "Viele Metaphern – viele Götter? Beobachtungen zum Monotheismus in der Spätantike", in: Jörg Frey/Jan Rohls/Ruben Zimmermann (orgs.), *Metaphorik und Christologie (Theologische Bibliothek Töpelmann 120)*, Berlin/New York, 2003, p. 151-166, especialmente p. 160-162; *id.*, "Pantheon und Allerheiligen. Einheit und Vielfalt des Göttlichen in der Spätantike", in: *Jahrbuch für Antike und Christentum 47* (2004), p. 128-143, que contra a "crua oposição entre o monoteísmo e o politeísmo" (*ibid.*, p. 129) apresenta "tendências à união e à unificação do mundo de deuses pagãos na forma do panteão" (*ibid.*, p. 130-133).

proferido na virada do século I para o século II d.C. na ilha de Rodes, Díon de Prusa observou que havia "pessoas que afirmavam e acreditavam que Apolo, Hélio e Dioniso eram o mesmo deus; muitas dessas pessoas chegavam simplesmente a reunir todos os deuses num único poder e numa única força, de maneira que era indiferente honrar este ou aquele deus".[12] O grande efeito dessa teocrasia – muitos deuses em nome de um único deus – pode ser medido pelo fato de que também aparecia num romance do século II d.C.: no hino à deusa Ísis, de origem egípcia, nas *Metamorfoses* de Apuleio de Madaura, conhecido pelo título de *O asno de ouro*.[13]

Contudo, durante o Império Romano, as tendências monoteístas sobressaíam intensamente não apenas na camada superior, para a qual a formação era acessível como bem de luxo, mas também na religiosidade das pessoas simples. Dois fenômenos podem ser mencionados como exemplos. Um é o da adoração de uma divindade como "deus supremo", Theos Hypsistos, que na região mediterrânica oriental aparece em inscrições e em material arqueológico, sobretudo no que se refere à segunda metade dos séculos II e III.[14] Os partidários pertenciam às camadas inferiores da população e podiam ser encontrados tanto nas cidades

---

[12] Díon de Prusa, orat. 31,11 (LCL Dio Chrysostom 3,16 Cohoon/Lamar Crosby).

[13] Cf. Apuleio, met. XI 5 (269,12-270,2 Helm).

[14] Ver a respeito Emil Schürer, "Die Juden im bosporanischen Reiche und die Genossenschaften der σεβόμενοι θεὸι ὕψιστον ebendaselbst", in: *Sitzungsberichte der Preussischen Akademie der Wissenschaften Berlin 1897*, p. 200-225; Yulia Ustinova, *The Supreme Gods of the Bosporan Kingdom. Celestial Aphrodite and the Most High God (Religions in the Graeco-Roman World 135)*, Leiden/Boston/Köln, 1999, p. 175-283 (com um panorama sobre as tendências henoteístas na religião antiga, *ibid.*, p. 217-221).

quanto no campo. É discutível se se trata de um culto unitário a determinado deus chamado Theos Hypsistos[15] ou se em diferentes cultos locais adorava-se respectivamente determinada divindade como "deus supremo".[16] As inscrições são testemunhos de um mundo divino altamente sincretista, e muitas indicam tendências monoteístas ou, para ser mais cuidadoso, henoteístas ou monolátricas. Destarte, numa estela de mármore de Kula, na Lídia dos anos 256/257 d.C., um sacerdote de Theos Hypsistos é chamado de "sacerdote do único deus" e, logo em seguida, de "sacerdote do sagrado e do justo", uma divindade que aparece não raro na Ásia Menor ocidental.[17] Nesse contexto, cabe a des-

---

[15] Ver Stephen Mitchell, "The Cult of Theos Hypsistos between Pagans, Jews, and Christians", in: Athanassiadi/Frede, 1999 (ver nota 3), p. 81-148, aqui p. 97-110.

[16] Ver Markus Stein, "Die Verehrung des Theos Hypsistos: ein allumfassender pagan-jüdischer Synkretismus?", in: *Epigraphica Anatolica 33* (2001), p. 119-126; Glen Warren Bowersock, "The Highest God with particular reference to North-Pontus", in: *Hyperboreus 8* (2002), p. 353-363, aqui p. 355-359, 361 s.; N. Belayche, "De la polysémie des épiclèses. ὕψιστονς dans le monde gréco-romain", in: B. Belayche *et alii* (org.), *Nommer les Dieux. Théonymes, épithètes, épiclèses dans l'Antiquité*, Rennes, 2004, p. 427-442; N. Belayche, "Hypsistos. Une voie de l'exaltation des dieux dans le polythéisme gréco-romain", in: *Archiv für Religionsgeschichte 7* (2005), p. 34-55; Wolfgang Wischmeyer, "θεὸς ὕψιστος. Neues zu einer alten Debatte", in: *Zeitschrift für antikes Christentum 9* (2005), p. 149-168.

[17] TAM V/1 246. Cf. Peter Herrmann/Kemal Ziya Polatkan, *Das Testament des Epikrates und andere neue Inschriften aus dem Museum von Manisa (Sitzungsberichte der Österreichischen Akademie der Wissenschaften. Phil.-Hist. Klasse 265/1)*, Wien, 1969, p. 51-53, nº 9, com ilustração 15 no quadro VI; Marijana Ricl, "Hosios kai Dikaios. Première partie. Catalogue des inscriptions", in: *Epigraphica Anatolica 18* (1991), p. 1-70, aqui p. 3, n. 2, com ilustração 2 no quadro I; *id.*, "Hosios kai Dikaios. Seconde partie. Analyse", in: *ibid.*, 19 (1992), p. 71-102, aqui p. 91 com nota 91.

crição dessas pessoas por Epifânio, que foi bispo de Salamina, em Chipre, na segunda metade do século IV: trata-se de "pagãos (...) que, embora falem de deuses, não adoram nenhum deles; apenas a um dedicam adoração e o chamam de todo-poderoso".[18]

O segundo fenômeno que mencionamos é a adoração do Sol como divindade.[19] Já nos panteões orientais da Antiguidade, ao deus Sol cabia uma posição central; na Antiguidade greco-romana, a adoração do Sol era difundida, mas não desempenhava um papel central. Todavia, em virtude de diversos fatores, a partir do século II d.C. atribuiu-se a ela uma importância cada vez maior nos amplos círculos da população do Império Romano. O catalisador mais importante para isso foi o vínculo do deus Mitras com o deus Sol; o culto a Mitras foi amplamente difundido, sobretudo no exército romano. Além disso, o Sol na astrologia, que acabou tornando-se moda, era uma estrela com uma posição privilegiada, e o deus Sol foi evocado em inúmeros textos de magia. Entre os eruditos desenvolveu-se uma espiritualidade para a qual se adotou a designação "teologia solar"[20] e que se manifestou, por exemplo, nas exaltações de cunho neoplatônico ao

---

[18] Epifânio, pan. LXXX 1,4 (GCS Epifânio 32, 485,10-12 Holl/Dummer).
[19] Da extensa bibliografia a respeito, ver: Wolfgang Fauth, *Helios Megistos. Zur synkretistischen Theologie der Spätantike (Religions in the Graeco-Roman World 125)*, Leiden/New York/Köln, 1995; Martin Wallraff, *Christus Verus Sol. Sonnenverehrung und Christentum in der Spätantike (Jahrbuch für Antike und Christentum.* Vol. complementar 32*)*, Münster, 2001, especialmente p. 27-39.
[20] A partir de Franz Cumont, "La théologie solaire du paganisme Romain", in: *Mémoires présentés par divers savants à l'Académie des Inscriptions et Belles-Lettres de l'Institut de France 12/2*, Paris, 1913, p. 447-479 (publicado como separata com a data de 1909). Ver também Heinrich Dörrie, "Die Solar-Theologie in der kaiserzeitlichen Antike", in: Heinzgünther Frohnes/Uwe W. Knorr (orgs.), *Kirchengeschichte als Missionsgeschichte*. Vol. I: *Die Alte Kirche*, München, 1974, p. 283-292.

deus Sol feitas pelo imperador Juliano (361-363) e pelo filósofo Proclo no século V. E, *last but not least* – por último, mas não menos importante –, o deus Sol foi introduzido na simbologia do Império Romano. A partir do século II e sobretudo do século III, desenvolveu-se a adoração do *Sol invictus*, do "deus Sol invicto ou invencível", que se tornou culto do Império sob o imperador Aureliano (270-275).[21]

Na adoração do Sol também é possível ler a tendência monoteísta do final da Antiguidade. Por exemplo, nas *Saturnalia* de Macróbio, compostas por volta de 430, o Sol é mencionado como "a única divindade" e apresentado como uma espécie de crença num único deus solar, com tendência panteísta, segundo o modelo estoico.[22] E um camafeu da coleção Briot em Smirna mostra em seu lado redondo os bustos do Sol e da Lua, voltados um para o outro, com duas estrelas entre eles e, dividido em ambas as faces da peça, o seguinte hino: "Deus único no céu, ente e, antes de ente, altíssimo, todo-poderoso, soberano sobre o visível e o invisível".[23]

Diante do pano de fundo desses fenômenos e tendo em vista a imposição do monoteísmo cristão, a história da religião do final da Antiguidade pode ser descrita como segue: na prática do

---

[21] Ver a respeito Gaston H. Halsberghe, *The cult of Sol Invictus (Études Préliminaires aux Religions Orientales dans l'Empire Romain 23)*, Leiden, 1972.

[22] Cf. Macróbio, sat. I 17-23 (81,19-128,1 Willis). Essa passagem é amplamente comentada por Wolf Liebeschuetz, "The Significance of the Speech of Praetextatus", in: Athanassiadi/Frede, 1999 (ver nota 3), p. 185-205.

[23] Cf. Erik Peterson, *ΕΙΣ ΘΕΟΣ. Epigraphische, formgeschichtliche und religionsgeschichtliche Untersuchungen*, Göttingen, 1926, p. 260-264; Armand Delatte/Philippe Derchain, *Les intailles magiques gréco-égyptiennes*, Paris, 1964, p. 266s., n. 381. O texto sobre o camafeu encontra-se em Theophile Homolle, "Nouvelles et Correspondance", in: *Bulletin de Correspondance Hellénique 17* (1893), p. 624-641, aqui p. 635.

culto religioso, o mundo antigo também se encontrava marcado em sua última fase por uma multiplicidade de divindades. No entanto, a partir dos séculos II e III d.C., em diferentes áreas (filosofia, religião, política) e em todas as camadas sociais, começaram a surgir tendências à singularização da representação de deus. Quando Constantino I (306-337), que herdara de seu pai, Constantino Cloro (293-306), a adoração do *Sol invictus*, consagrou-se ao cristianismo, identificando assim o deus Sol com o deus cristão, acabou por situar-se no caminho que levava ao monoteísmo. Se no período pré-constantiniano os cristãos já se tinham aproveitado da disposição monoteísta,[24] agora podiam utilizá-la também politicamente em seu próprio benefício.

2. Uso da violência para impor o monoteísmo cristão?

Agora – só agora – a violência entra em jogo. Até então, o cristianismo aproveitara-se pacificamente do fato de que, no que dizia respeito ao monoteísmo, o espírito da época, por assim dizer, o favorecia. Com o apoio político do cristianismo a partir de Constantino, esse desenvolvimento recebeu um forte impulso, mas também uma ênfase nova: na ligação com o poder do Estado, o cristianismo foi igualmente imposto com o auxílio da coerção e da violência.

Entretanto, o problema do uso da violência na imposição do cristianismo com o apoio político no final da Antiguidade deve

---

[24] Ver Adolf von Harnack, *Die Mission und Ausbreitung des Christentums in den ersten drei Jahrhunderten*, Leipzig, ⁴1924, p. 943 (cf. também *ibid.*, p. 27-29, 37-39, 943-946, 957).

ser observado de modo bastante diferenciado para receber uma descrição adequada do ponto de vista histórico.[25] Em primeiro lugar, pode-se mencionar o dado mais importante: na maioria dos casos, a violência que partia dos cristãos no final da Antiguidade voltava-se contra outros cristãos que tinham outras crenças – por exemplo, contra todos os grupos que eram designados como arianos – ou, como os donatistas na África Setentrional, que dispunham de uma organização eclesiástica própria. Estes eram excluídos da (grande) comunidade eclesiástica como hereges ou cismáticos (razão pela qual nesses conceitos trata-se de rotulações partidárias, estabelecidas por ambos os lados para difamar a respectiva parte oposta) e, sob as condições da Igreja do Império, viam-se expostos às mais diversas sanções do Estado, do exílio (sobretudo de bispos), passando por expropriação, prisão, trabalho forçado, entre outras coisas, até a pena de morte. Por fim, deve-se, contudo, notar que para todo o primeiro milênio na cristandade ocidental houve manifestamente apenas uma execução, a saber, a de Prisciliano de Ávila, em 385 em Trier, que desencadeou uma intensa revolta entre muitos bispos.[26]

Com esses acontecimentos, surgiu uma nova forma de violência com motivação religiosa no mundo dos antigos, que antes

---

[25] Um panorama conciso é oferecido por Peter Brown, "Christianization and Religious Conflict", in: Averil Cameron/Peter Garnsey (orgs.), *The Cambridge Ancient History XIII. The Late Empire, A.D. 337-425*, Cambridge, 1998, p. 632-664, aqui p. 642-650.
[26] Cf. Arnold Angenendt, "Gewalttätiger Monotheismus – Humaner Polytheismus?", in: *Stimmen der Zeit 130* (2005), p. 319-328, aqui p. 326, com remissão a Friedrich Prinz, "Der Testfall. Das Kirchenverständnis Bischof Martins von Tours und die Verfolgung der Priscillianer", in: *Hagiographica 3* (1996), p. 1-13, aqui p. 4-8.

não havia: ações violentas entre diferentes grupos e correntes de uma mesma religião. Não sem razão, o historiador pagão Amiano Marcelino, no final do século IV, achava que os cristãos se comportavam uns com os outros como animais selvagens.[27] Nesse sentido, o cristianismo é, de fato, responsável por ter instituído uma nova forma de violência no mundo.

A famosa interpretação de Agostinho do imperativo bíblico *compelle intrare* encontra-se no contexto de tal conflito interno à Igreja. O cristianismo na África Setentrional dos séculos IV e V estava dividido em duas igrejas, a donatista e a católica. O clima entre ambas era frio, para não dizer hostil, além de envenenado por chicanas e terror que partiam de ambos os lados. Em 405, o imperador decretou, por iniciativa do lado católico, a união obrigatória dos donatistas com este último; os donatistas foram declarados hereges.[28]

A famosa posição de Agostinho em relação ao emprego da coerção em questões relativas à crença religiosa era ambivalente.[29] De um lado, ele estava entre aqueles que rejeitavam a coerção e apostavam no diálogo e na "paciência" para restabelecer a unidade da Igreja: "Originalmente, eu era da opinião de que ninguém

---

[27] Cf. Amiano XXII 5,4 (p. 2, 256, 21s. Seyfarth).
[28] Cf. Codex Theodosianus XVI 6,4 de 12 de fevereiro de 405, confirmado em 30 de janeiro de 412: *ibid.* 5,52.
[29] Peter Brown, "St. Augustine's attitude to religious coercion", in: *Journal of Roman Studies 54* (1964), p. 107-116, foi quem salientou esse fato da maneira mais convincente. Cf. também Klaus Schreiner, "Tolerantia'. Begriffs- und wirkungsgeschichtliche Studien zur Toleranzauffassung des Kirchenvaters Augustinus", in: Alexander Patschovsky/Harald Zimmermann (orgs.), *Toleranz im Mittelalter (Vorträge und Forschungen 45)*, Sigmaringen, 1998, p. 335-389, aqui p. 337s., 367s. Do ponto de vista do diálogo inter-religioso, Agostinho é visto de modo crítico por Noel Quinton King, "*Compelle intrare* and the plea of the pagans", in: *Modern Churchman 4* (1961), p. 111-115.

deveria ser forçado à união com Cristo; antes, dever-se-ia deixar a palavra agir, engajar-se na conversa, convencer com argumentos para que não recebêssemos católicos aparentes no lugar dos conhecidos e genuínos hereges".[30] Pode-se até acreditar nessa afirmação de Agostinho, porém, ao mesmo tempo, será necessário considerar que suas propostas de diálogo no contexto da situação de seu bispado em Hipona também eram motivadas taticamente, uma vez que ele tentou usar a defensiva em que os católicos se encontravam perante os donatistas para tentar impor-se.

Todavia, na situação criada pela legislação imperial de 405, Agostinho ficou impressionado com o êxito das medidas de coerção – depois do fracasso de todos os seus esforços efetivos para chegar a um diálogo – e concordou com elas por insistência de seus colegas de bispado, justificando-as expressamente numa carta de 408: "Os donatistas estão extremamente inquietos, e não há dúvida de que lhes serão salutares a prisão e o castigo impostos pela autoridade instituída por Deus. Pois já estamos muito satisfeitos com a melhora de muitos que tanto perseveraram na unidade católica, que tanto a defenderam e que tão felizes estão por terem-se libertado de seu erro passado que nos sentimos admirados e lhes desejamos felicidade do fundo do coração. Presos pela força do hábito, não poderiam absolutamente pensar em mudar para melhor se esse medo não se lhes sobreviesse e direcionasse a atenção de sua alma para a contemplação da verdade".[31]

---

[30] Agostinho, ep. 93,17 (CSEL 34/2, 461,22-25 Goldbacher); cf. retr. II 5 (CChr. SL 57, 93s. Mutzenbecher). As versões de Donald X. Burt, "Friendly Persuasion. Augustine on Religious Toleration", in: *American Catholic Philosophical Quarterly 74* (2000), p. 63-76, exaurem-se numa repetição conspirativa dessas manifestações de Agostinho sem uma distância crítica.

[31] Ep. 93,1 (CSEL 34/2, 445,12-446,2 Goldbacher).

Agostinho encontrou uma legitimação bíblica para isso, entre outras coisas, na expressão *anánkason eiselthein* (Lc 14,23: ἀνάγκασον εἰσελθεῖν), que no contexto da parábola da ceia (Lc 14,15-24) refere-se a um "convite forçado" (como em Mc 6,45; Mt 14,22),[32] que, no entanto, foi entendido por Agostinho como uma exortação ao uso da coerção, conforme demonstrou em sua versão latina o termo *compelle* (ou ainda: *coge*) *intrare*: "Obriga-os a entrar!".[33] Contra todo escrúpulo que havia manifestado – rejeitava terminantemente a pena de morte –, Agostinho acabou usando a Bíblia para legitimar o emprego de violência em questões de fé.[34] Essa ambivalência também se reflete numa observação nas *Retractaciones*. Quanto à afirmação sobre Jesus em seu tratado a respeito da "Verdadeira religião": "Nada do que ele fez foi com violência, mas tudo com persuasão e admoestação", Agostinho observa restritamente: "Não quis com isso dizer que ele expulsou do templo os vendedores e compradores a golpes de chibata. Mas o que e o quanto isso deve significar? Pois ele também esconjurou os demônios das pessoas, contra a vontade delas, não com palavras de persuasão, mas com a força do poder".[35]

---

[32] Cf. François Bovon, *Das Evangelium nach Lukas*. 2º fascículo: Lk 9,51–14,35 (Evangelisch-Katholischer Kommentar zum Neuen Testament III/2), Zürich entre outras, 1996, p. 513s., 517s.

[33] Cf. ep. 93,5 (CSEL 34/2, 449,16-18 Goldbacher). Os outros exemplos desse uso das passagens da Bíblia nas obras de Agostinho encontram-se em Karl Heinz Chelius, "*Compelle intrare*", in: *Augustinus-Lexikon 1* (1994), p. 1084s.

[34] Michel Spanneut, "Saint Augustin et la violence", in: *Studia Moralia 28* (1990), p. 79-113, apresentou inúmeras outras manifestações de Agostinho sobre o tema em diferentes contextos – até mesmo sobre a querela do donatismo –, porém sem interpretá-las com críticas detalhadas e sem mencionar os pontos de vista posteriores de Peter Brown.

[35] Agostinho, ver. rel. 31 (83) (CChr. SL 32, 206,17 Daur); retr. I 13,6 (CChr. SL 57, 39,77-80 Mutzenbecher); cf. Brown, 1964 (ver nota 29), p. 108.

Obviamente, a justificação bíblica de Agostinho não se sustenta. Trata-se de uma interpretação equivocada. Outra interpretação certamente equivocada é entender essas ideias de Agostinho como apelo à conversão obrigatória, o que não apenas ocorre atualmente,[36] mas também foi praticado posteriormente na história do cristianismo. Seu conceito de coerção e violência nas questões religiosas teve consequências na perseguição medieval aos hereges e, por fim, também nas ocasiões de missão e conversão. Assim, na Reconquista espanhola e na conquista do México e do Peru, os conceitos "heresia" e "idolatria" eram equiparados em construções teológicas duvidosas, a fim de, a partir de então, aplicar medidas coercitivas, aparentemente justificadas pela teologia, contra judeus, muçulmanos e índios e obrigá-los ao batismo em massa.[37] Ainda nessas distorções teológicas, percebe-se a reserva contra a utilização da coerção contra não-cristãos, que primeiro tinham de ser declarados heréticos de algum modo para que a Igreja se sentisse autorizada a aplicar a coerção religiosa.

Por mais horrendo que isso seja, é importante a manifesta distinção feita entre a aplicação de violência interna e aquela externa. Embora Agostinho tenha sancionado medidas estatais contra o culto pagão, não se manifestou favorável à aplicação de coerção na conversão de indivíduos não-cris-

---

[36] Por exemplo, também em Christoph Markschies, *Das antike Christentum. Frömmigkeit, Lebensformen, Institutionen*, München, 2006, p. 59.

[37] A esse respeito, é esclarecedor o trabalho de Peter Dressendörfer, "Der Häresie-Vorwurf als Waffe in der 'Conquista espiritual'", in: Manfred Hutter/Wassilios Klein/Ulrich Vollmer (orgs.), *Hairesis. Festschrift für Karl Hoheisel (Jahrbuch für Antike und Christentum*. Vol. complementar 34), Münster, 2002, p. 412-422.

tãos.³⁸ Assim como toda a Igreja antiga, para ele a expansão universal do cristianismo dependia não da conversão de todo indivíduo, e sim da proclamação do Evangelho no mundo inteiro: "Portanto, entre aqueles povos em que a Igreja ainda não existe, ela tem de estar presente, por certo não para que todas (as pessoas) que lá estão creiam; a promessa vale para todos os povos, não para todas as pessoas em todos os povos; 'pois a fé (coisa) não é de todos'" (2Ts 3,2).³⁹

Os padres da Igreja não esperavam que de fato todas as pessoas se convertessem e partiam de uma divisão remanescente da humanidade entre cristãos e não-cristãos.⁴⁰

---

[38] Nesse sentido, Robert A. Markus, "*Coge intrare*. The Church and Political Power", in: *id*., *Saeculum. History and Society in the Theology of Saint Augustine*, Cambridge, 1970, p. 133-153; em alemão: *id*., "*Coge intrare*. Die Kirche und die politische Macht", in: Gerhard Ruhbach (org.), *Die Kirche angesichts der konstantinischen Wende (Wege der Forshcung 306)*, Darmstadt, 1976, p. 337-361, aqui p. 341, 344, é impreciso, pois reduz a coerção contra donatistas e aquela – que não existia dessa forma – contra os pagãos a uma coisa só; contudo, discorre de maneira diferente e correta na p. 348. O problema esclarecido nas p. 352s. poderia ser resolvido se fosse diferenciado de modo apropriado: "Sua aprovação da imposição coercitiva da ortodoxia cristã pelo Estado (...) não se adequava muito bem (...) ao seu ceticismo em relação a um Império Romano cristão, nem aos meios legais e institucionais da cristianização". De grande auxílio são as indicações textuais em Spanneut, 1990 (ver nota 34), p. 88s., que faz uma distinção correta entre pagãos e cismáticos ou hereges.
[39] Agostinho, ep. 199,48 (CSEL 57, 287,2-5 Goldbacher).
[40] Ver Norbert Brox, "Zur christlichen Mission in der Spätantike", in: Karl Kertelge (org.), *Mission im Neuen Testament (Quaestiones Disputatae 93)*, Freiburg/Basel/Wien, 1982, p. 190-237, reiterado em: *Theologisches Jahrbuch*, Leipzig, 1987, p. 389-421, e em: Norbert Brox, *Das Frühchristentum. Schriften zur Historischen Theologie*, org. por Franz Dünzl/Alfons Fürst/Ferdinand R. Prostmeister, Freiburg/Basel/Wien, 2000, p. 337-373, aqui p. 350-353; Alfons Fürst, "Bis ans Ende der Erde. Der geographische Horizont des antiken Christentums", in: Rainer Albertz (org.), *Räume und Grenzen. Topologische Konzepte in den antiken Kulturen des östlichen Mittelmeerraumes* (no prelo).

Sendo assim, a exigência de conduzir a missão com meios coercitivos não foi recomendada nem cobrada. Nesse sentido, contra a obrigação do culto imperial, Tertuliano objetou "se também não pertencia à lista de sacrilégios tirar a liberdade de alguém para adorar seu deus e proibi-lo de escolher sua divindade, de modo que não estou autorizado a adorar quem quero, mas sou forçado a adorar quem não quero. Ninguém pode querer ser adorado por alguém que resiste, nem mesmo um ser humano".[41] Do mesmo modo, Lactâncio: "E, no entanto, a religião é a única em que a liberdade erigiu sua morada. Com efeito, de todas as outras coisas, ela é algo espontâneo, e a ninguém pode ser imposta a necessidade de adorar o que ele não quer".[42] No início do século VI, o rei ariano dos godos, Teodorico, o Grande, escreveu numa carta aos judeus de Gênova a tão citada sentença: "Não podemos ordenar a convicção religiosa, pois ninguém pode ser obrigado a crer contra sua vontade".[43] Ainda

---

[41] Tertuliano, apol. 24,6 (CChr. SL 1, 134,27-30 Dekkers). Tradução para o alemão: Tertuliano, *Apologeticum. Verteidigung des Christentums*, organizado, traduzido e comentado por Carl Becker, München, 1952 (⁴1992, Darmstadt), p. 151; cf. apol. 28,1s. (CChr. SL 1, 139,1-140,11 Dekkers); Scap. 2,2 (CChr. SL 2, 1127,4-8 Dekkers).

[42] Lactâncio, epit. 49,1s. (72,9-12 Heck/Wlosok); tradução para o alemão: *Lucius Caelius Firmianus, genannt Lactancius, Göttliche Unterweisungen in Kurzform*, introdução, tradução e notas de Eberhard Heck/Gudrun Schickler, München/Leipzig, 2001, p. 113; cf. div. inst. V 13,18 (CSEL 19, 442,16-19 Brandt); 19,11 (CSEL 19, 463, 19-21); 19,23 (CSEL 19, 465, 19-21). Ver a respeito os estudos extremamente esclarecedores de Peter Garnsey, "Religious Toleration in Classical Antiquity", in: William J. Sheils (org.), *Persecution and Toleration*, Oxford, 1984, p. 1-27, aqui p. 14-16.

[43] Transmitido por Cassiodoro, var. II 27,2 (62,4 s. Mommsen). Para o contexto político-religioso, ver Hanns Christof Brennecke, "*Imitatio – reparatio – continuatio*. Die Judengesetzgebung im Ostgotenreich Theoderichs des Grossen als *reparatio imperii?*", in: *Zeitschrift für antikes Christentum 4* (2000), p. 133-148, aqui p. 141-147.

que essas declarações diretas sobre a liberdade de religião fossem raras e permanecessem ambivalentes – a tolerância que, por exemplo, Tertuliano exigia para si mesmo ele negou com toda a facilidade aos outros –,[44] vigorava a ideia de que a conversão e o batismo na época da Igreja antiga eram uma questão de espontaneidade e convicção.[45] A coerção e a violência contra dissidentes como indivíduos foram aplicadas tanto pelo lado cristão ou eclesiástico quanto por aquele estatal, quase exclusivamente, nos lugares onde se tratava de reprimir concepções de fé que se desviavam do cristianismo.[46]

Fenômenos de conversão violenta só foram verificados no século V e são exceção antes do imperador Justiniano (527-565). Ampliando a privação de direitos e a obrigação do batismo, esse imperador intensificou a pressão da cristianização em relação às parcelas ainda pagãs da população do Império Romano, mas que já não eram tão grandes.[47] Todavia, essas medidas não podem ser comparadas, como mais tarde mostram os testemunhos do paganismo existente,[48] às duras perseguições aos pagãos que se

---

[44] Ver Rodrigue Bélanger, "Le plaidoyer de Tertullian pour la liberté religieuse", in: *Studies in Religion 14* (1985), p. 281-291.
[45] De resto, tem-se o mesmo no Alcorão, sura 2,256: "Não há coerção na religião"; Tradução para o alemão: *Der Koran, übersetzt und kommentiert von Adel Theodor Khoury*, Gütersloh, 2004, p. 105; ver a respeito o ensaio de Muhammad Kalisch nas p. 231-250, especialmente p. 243-246.
[46] Todos os exemplos apresentados por Ramsay MacMullen, *Christianizing the Roman Empire (A.D. 100-400)*, New Haven/London, 1984, p. 86-101, sob o (equivocado) título "Conversion by Coercion" para supostas conversões obrigatórias mostram simplesmente medidas coercitivas contra cristãos de outras crenças – um exemplo típico da avaliação errônea dos dados concretos.
[47] Cf. Brown, 1998 (ver nota 25), p. 640s.; Mischa Meier, *Justinian. Herrschaft, Reich und Religion*, München, 2004, p. 38s., 104-106.
[48] Ver Ramsay MacMullen, *Christianity and Paganism in the Fourth to Eighth Centuries*, New Haven/London, 1997, p. 1-73.

estenderam por todo o Império nos anos 528/529, 545/546 e 562 e que tiveram um êxito decisivo. No que se refere ao século V, conheço apenas dois casos:

Um é o da conversão obrigatória de uma comunidade judaica ao cristianismo na ilha de Menorca, em fevereiro de 418.[49] Na ilha havia duas cidades: Magona, na costa leste, e Jamona, na oeste. Em Magona, os judeus faziam parte da parcela da população que era política e socialmente influente e respeitada, e como esta era supostamente a cidade mais importante de toda a ilha, o domínio judaico estendeu-se por todo o território. O judeu Teodoro, líder de Magona, era considerado *patronus* e *defensor civitatis*. As relações entre judeus e cristãos pareciam ser boas, prova disso é que entre os cristãos, como em outras comunidades do final da Antiguidade (por exemplo, em Antioquia), práticas "judaizantes" teriam sido comuns. Em 416, porém, essas relações parecem ter piorado. Uma atmosfera de suspeitas mútuas e desconfiança começou a surgir, entre outras coisas devido às relíquias do protomártir Estêvão, encontradas em 415 na Palestina e levadas para o Ocidente pelo presbítero espanhol Orósio. Sua chegada, em 416, em Menorca, desencadeou uma onda de en-

---

[49] Relatado pelo bispo Severo de Menorca numa carta escrita logo após o ocorrido e por muito tempo considerada não genuína pelos pesquisadores. Sua edição, feita por César Barônio nos *Annales Ecclesiastici* de 1594, foi impressa em PL 20, 731-746, e a edição dos maurinos, em PL 41, 821-832. Edição crítica com tradução em inglês: Severus of Minorca, *Letter on the Conversion of the Jews, edited and translated by Scott Bradbury*, Oxford, 1996. Em sua excelente introdução a essa edição, Bradbury, *ibid.*, p. 1-77, estabeleceu a análise histórica do acontecimento num novo fundamento. Agápio (morto em 941), *Chronik* (PO 8,408), fala de alguns judeus que foram obrigados ao batismo em 411, porém essa informação tão tardia não pode ser comprovada; cf. Bradbury, *ibid.*, p. 53.

tusiasmo religioso, que manifestamente se juntou a extremadas expectativas de fim dos tempos, de maneira que os judeus se converteriam ao cristianismo pouco antes que o mundo acabasse. Severo, novo bispo de Jamona, que era dominada pelos cristãos, defendeu abertamente tais ideias e mostrou-se favorável a um procedimento rigoroso em relação aos judeus.

Após seu relato, que sofreu modificações do ponto de vista hagiográfico, as tensões atingiram seu ápice em 2 de fevereiro de 418. Por medo de invasões, os judeus teriam armazenado armas na sinagoga. O bispo Severo teria convocado suas comunidades de ambas as cidades da ilha a se reunirem em Magona e exortado os líderes judaicos a um debate público. No entanto, como era Shabat, estes últimos não compareceram à convocação e, em vez disso, teriam permitido que a sinagoga fosse revistada, o que não aconteceu. Quando ambos os partidos, cristãos e judeus, estavam a caminho da sinagoga, pedras teriam voado. Era o começo de uma revolta durante a qual os cristãos teriam atacado a sinagoga, tomado posse da prata e dos rolos de Torá que lá se encontravam e queimado o edifício. Intimidada e continuando a sofrer ameaças nos dias que se seguiram, toda a comunidade judaica – segundo Severo, 540 pessoas – converteu-se ao cristianismo. Todavia, outras indicações dão a entender que a conversão obrigatória na verdade teve menos êxito do que Severo apresenta em sua carta.[50]

---

[50] Cf. Bradbury, 1996 (ver nota 49), p. 71s. Outras informações a respeito desse acontecimento em Edward David Hunt, "St. Stephen in Minorca. An Episode in Jewish-Christian Relations in the Early 5th Century A.D.", in: *The Journal of Theological Studies N.S. 33* (1982), p. 106-123; Friedrich Lotter, "Die Zwangsbekehrung der Juden von Menorca um 418 im Rahmen der Entwicklung des Judenrechts der Spätantike", in: *Historische Zeitschrift 242* (1986), p. 291-326; Carlo Ginzburg, "La conversione degli Ebrei di Minorca (417-418)", in: *Quaderni Storici 79* (1992), p. 277-289.

Um caso individual de conversão obrigatória de um pagão foi o do sofista Isocásio de Aigai, na Cilícia.[51] Por volta de 465, ele foi para Constantinopla para assumir o cargo de questor do palácio imperial. Sua lealdade para com os deuses antigos não era segredo, nem tinha muita importância, até uma crise política obrigar Isocásio a consagrar-se – ao menos externamente – ao cristianismo: durante uma revolta em 467, ele foi acusado de politeísmo; no tribunal dos prefeitos pretorianos, ele ficou "nu" diante do juiz, "(...) com as mãos atadas atrás das costas. 'Estás vendo, Isocásio, em que situação foste parar?'", perguntou-lhe o juiz, seu ex-colega Pusaio. "E Isocásio respondeu: 'Estou vendo sim, e não me importo. Como mortal, adveio-me o infortúnio de um mortal. Tu, porém, julgas-me pelas regras da justiça, como costumas fazer quando estás sentado no banco de juiz a meu lado'."[52] Isocásio mostrou o comportamento exemplar e a coragem de um filósofo da Antiguidade perante um poderoso, porém só escapou ao linchamento pela multidão ali reunida porque concordou com o batismo.[53]

---

[51] As informações conhecidas sobre essa pessoa estão reunidas em John Robert Martindale, *The Prosopography of the Later Roman Empire*. Vol. 2: A.D. 395-527, Cambridge, 1980, p. 633s.

[52] *Chronicon paschale* do ano 467 (PG 92, 821-825; a citação encontra-se em *ibid.*, 825).

[53] Apresentação e interpretação da cena segundo Peter Brown, *Macht und Rhetorik in der Spätantike. Der Weg zu einem "christlichen Imperium"*, München, 1995, p. 170-172; a tradução do texto citado encontra-se em *ibid.*, p. 171. A conversão do médico Gésio sob o imperador Zenão (474-491), do modo como é narrada por Sofrônio, mir. Cyr. et Io. 30 (PG 87/3, 3513-3520) – cf. as informações sobre Gésio em Damáscio, vit. Isid. frg. 334 s. (p. 265, Zintzen, a partir de Suda I, p. 520,21-521,8 Adler) – parece fundar-se menos na coerção do que no milagre (contanto que não se atribua a conversão obrigatória de Gésio a sua longa resistência à cura milagrosa pelos mártires Ciro e João). Ver a respeito Polymnia Athanassiadi, "Persecution and Response in Late Paganism. The Evidence of Damascius", in: *Journal of Hellenic Studies 113* (1993), p. 1-29, aqui p. 20.

Enquanto na cristianização da sociedade pertencente ao final da Antiguidade as conversões obrigatórias não desempenharam nenhuma função – foram um fenômeno tardio e permaneceram uma exceção isolada –, nesse processo chegou-se a empregar a coerção e a violência, e justamente contra o culto e os templos pagãos.[54] Constantino privilegiou o cristianismo como culto oficial, porém tolerou outras religiões e cultos: "Cada um deve seguir o que quer o coração", assim escreveu numa carta.[55] Já os filhos de Constantino procederam contra o culto e os templos com leis mais rigorosas: "A superstição deve deixar de existir, e à tolice do sacrifício deve-se pôr um fim!".[56] "Decidimos que os templos serão imediatamente fechados em toda a cidade e em todo o território, e que o acesso a eles passa a ser proibido de agora em diante, de modo que as pessoas vis não terão mais a possibilidade de pecar. Também é nosso desejo manter todo indivíduo longe dos sacrifícios. Quem cometer tal delito será morto pela espada da vingança. Também determinamos que a propriedade de quem for executado dessa forma será confiscada. De maneira semelhante serão punidos os governadores das províncias que se abstiverem de punir tais delitos."[57] No entanto, esses decretos praticamente não tiveram efeito.[58] Foi somente com Teodósio I (379-395) que os cultos antigos

---

[54] As únicas medidas no plano da norma jurídica encontram-se reunidas em Karl Leo Noethlichs, "Art. Heidenverfolgung", in: *Reallexikon für Antike und Christentum 13* (1986), p. 1149-1190. Além das medidas coercitivas sob Justiniano (ibid., p. 1169-1171; ver acima), as conversões obrigatórias diretas não desempenhavam nenhuma função.

[55] Em Eusébio, vit. Const. II 56 (GCS Eus. 1, 64,8 s. Heikel).

[56] Codex Theodosianus XVI 10,2 de 341; cf. *ibid.*, 10,3 de 1º de novembro de 342 ou 343.

[57] *Ibid.*, 10,4 de 1º de dezembro de 346 ou 354. *Ibid.*, 10,6 de 356 pune com a morte a adoração de deuses pagãos e o sacrifício.

[58] Cf. Garnsey, 1984 (ver nota 42), p. 19s.

passaram a ser reprimidos de modo mais enérgico e eficaz a partir de 391.[59]

Nesse período, ou seja, no final do século IV e no início do V, verificou-se uma série de ações contra o paganismo da Antiguidade: proibição de sacrifícios, fechamento e destruição de templos, transformação de templos em igrejas, tortura de pagãos e até assassinato; no entanto, quanto à execução de pagãos, há pouquíssimos testemunhos, nos quais chama a atenção o fato de que as vítimas eram quase sempre filósofos, e os responsáveis, funcionários do Estado.[60] Em muitos casos tratava-se de invasões do tipo *pogrom* a locais de culto pagãos por cristãos, frequentemente monges, que sabiam que seriam totalmente acobertados pela política imperial antipagã. Ataques a sinagogas também se intensificaram nesses anos, e ações ilegais desse tipo também deveriam ser justificadas por leis imperiais com as devidas sanções: "Que a religião dos judeus não é proibida por nenhuma lei está mais do que estabelecido. Por isso, muito nos irritou o fato de serem proibidos de se reunir em alguns lugares. Sendo assim, depois que recebeste essa instrução, tua nobre grandeza (a lei é endereçada aos comandantes militares do Oriente) terá a preocupação de dominar a petulância daquelas pessoas que, em nome da religião cristã, permitem-se atos proibidos e ousam destruir e pilhar sinagogas".[61] Os cristãos passaram a prevalecer política e socialmente no mundo romano e, a partir dessa posição de força, exerciam cada vez mais pressão sobre a prática de culto pagã e judaica.

---

[59] Cf. *Codex Theodosianus* XVI 10,10-12 de 391 e 392: proibição da prática pública e privada de cultos pagãos.
[60] Cf. Noethlichs, 1986 (ver nota 54), p. 1181s.
[61] Codex Theodosianus XVI 8,9 de 29 de setembro de 393.

Johannes Hahn,[62] historiador que se ocupa da Antiguidade, baseou-se num exemplo para demonstrar como esses fenômenos adquirem um caráter diferenciado quando observados e avaliados isoladamente. Enquanto em Alexandria os bispos cristãos, sobretudo Teófilo (385-412) e Cirilo (412-444), impunham-se de modo cada vez mais inescrupuloso e violento contra as parcelas pagãs da população da cidade, culminando na destruição da gigantesca construção do santuário de Sarapis no início de 392 e no assassinato brutal da filósofa Hipácia, que tinha influência política, em 415, em Antioquia o clima religioso era marcado por uma convivência pacífica entre cada grupo (pagãos, judeus e cristãos). Somente após o Concílio da Calcedônia em 451 e da querela dos monofisistas a ele vinculada é que teve início em Antioquia o período dos sangrentos conflitos religiosos[63] – paradigmaticamente para todas as situações: a maioria dos conflitos religiosos do final da Antiguidade era de natureza intrinsecamente cristã.[64]

De modo geral, o estudo desses casos permite mostrar que em tais conflitos o fator religioso era apenas um aspecto de uma situação muito mais complexa, na qual outros fatores predominavam. "Destarte, em muitos casos a violência que mostrava uma motivação manifestamente religiosa deu provas de ser a consequência da exclusão obstinada de grupos da população da vida social

---

[62] Johannes Hahn, *Gewalt und religiöser Konflikt. Studien zu den Auseinandersetzungen zwischen Christen, Heiden und Juden im Osten des Römischen Reiches (von Konstantin bis Theodosius II.)* (Klio Beihefte N.F. 8), Berlin, 2004.
[63] Cf. *ibid.*, p. 122.
[64] Ver os acontecimentos do século V ao VII, comentados por John H. Wolf G. Liebeschuetz, *Decline and Fall of the Roman City*, New York, 2001, p. 257-276.

e econômica. Nela também se articula a insurgência de camadas prejudicadas ou oprimidas; ela pode ser entendida como um indicador da incapacidade de uma comunidade de transformar-se social e politicamente (...) Em contrapartida, conforme justamente esclarece a história de Antioquia até o final do século IV, as comunidades com uma dinâmica econômica e social sustentável e com oportunidades correspondentes para todos os círculos da população mostram-se essencialmente mais aptas à paz no que tange à resolução da disputa religiosa entre os diferentes grupos de crença em suas categorias."[65]

O importante resultado disso é "que o conflito religioso que aparece com frequência em nossas fontes e vez por outra é justamente reclamado por autores cristãos *não* era a regra nas sociedades pesquisadas (mas não só nestas); antes, era exceção – uma exceção que se baseava não apenas em oposições religiosas, mas também remontava a causas sociais e econômicas profundas, geradas de outra forma e que muitas vezes ultrapassavam gerações. Essas situações podiam orientar-se por limites traçados pela religião, unir-se a situações religiosas ou sobrepor-se a elas".[66]

No que se refere à questão sobre o papel da violência na cristianização da sociedade do final da Antiguidade, tem-se o seguinte: "Choques violentos entre partidários dos grupos de diferentes crenças ou invasões em locais concorrentes de culto devem ser encarados em conjunto como um efeito colateral da cristianização".[67] "Em regra, a decadência do paganismo e sua

---

[65] Hahn, 2004 (ver nota 62), p. 274.
[66] *Ibid.*, p. 292.
[67] *Ibid.*, p. 272.

substituição pelo cristianismo (supondo-se que ela tenha realmente ocorrido) sucederam de maneira bem menos espetacular e pacífica, sem que os contemporâneos tenham tido muita informação a respeito."[68]

Assim como no surgimento e na imposição do monoteísmo na antiga Israel, com a imposição do cristianismo no final da Antiguidade, a violência acabou desempenhando uma função, mas a cristianização não decorreu de modo fundamentalmente violento, nem a violência foi um fator dominante. O cristianismo, e sobretudo seu ídolo monoteísta, como bem se pode concluir da tendência ao monoteísmo, parece ter atraído as pessoas dessa época sem ter precisado convertê-las à força.

Resta ainda a seguinte questão: que importância teve sobretudo o monoteísmo dos cristãos para o emprego de violência nos processos descritos? Essa é uma questão naturalmente difícil de responder, pois as ligações entre uma convicção monoteísta e as ações agressivas concretas quase não transparecem nas fontes. Todavia, possivelmente há um exemplo disso no fato de que, no pano de fundo de um comportamento violento, há menos um ídolo monoteísta do que um pensamento dualisticamente estruturado. Shenute de Atribis (morto em 465), abade do chamado Mosteiro Branco no Alto Egito, era tido por seus contemporâneos como homem extremamente violento, do qual algumas ações contra ídolos pagãos e templos ao redor de seu mosteiro são testemunhos.[69] Se perguntarmos qual era o imaginário de Shenute que possivelmente estaria por trás desse comportamento, dependeremos de con-

---

[68] *Ibid.*, p. 293.
[69] Analisado no contexto religioso, cultural, político e social em *ibid.*, p. 223-269.

clusões indiretas, pois Shenute nunca justificou seus atos de violência de maneira teológica. Sua religiosidade tinha uma estrutura extremamente simples. "Suas pilastras são os conceitos obediência, pecado, punição, julgamento, vingança, imprecação, diabo, demônios e Satã."[70] "Diante desse pano de fundo desdobra-se a imagem que Shenute faz de si mesmo e sua atuação como combatente do pecado, de Satã e dos demônios."[71] Tenho a impressão de que o pensamento e a ação de Shenute poderiam servir de exemplo para o fato de que a agressiva intolerância religiosa e a disposição à violência surgem não de um ídolo monoteísta, mas de um pensamento dual tão extremo e simples quanto parece ser o caso aqui.

Essa suposição poderia ser apoiada por uma observação feita sobre uma região totalmente diferente: a partir do século III d.C., também havia cristãos no território do atual Irã, onde compunham a principal minoria religiosa. Na segunda metade do século III, o Estado persa usou de violência contra outras religiões: judeus, budistas, hindus, nazarenos, cristãos, batistas e maniqueus. Michael Stausberg vê a origem dessa violência religiosa no dualismo do zoroastrismo e questiona se a violência em questões religiosas poderia ser o resultado não de um pensamento monoteísta, mas de um pensamento dualista.[72]

---

[70] *Ibid.*, p. 261.
[71] *Ibid.*, p. 262.
[72] Cf. Michael Stausberg, "Monotheismus, Polytheismus und dualismus im Alten Iran", in: Manfred Krebernik/Jürgen van Oorschot (orgs.), *Polytheismus und Monotheismus in den Religionen des Vorderen Orients (Alter Orient und Altes Testament 289)*, Münster, 2002, p. 91-111, aqui p. 105s. e especialmente p. 106, nota 42.

A partir do que já foi dito, conclui-se que, embora na cristianização ao final da Antiguidade não fosse raro o emprego de violência, ele não desempenhava uma função central e que o monoteísmo cristão deve ser visto menos como causa da agressividade do que, no contexto contemporâneo, como aspecto essencial da atratividade do cristianismo. Não obstante, quando os cristãos no final da Antiguidade passaram a dispor de meios e possibilidades adequados, viram-se mais do que prontos para empregar a violência. Em todas as distinções necessárias, esse assunto não deve ser disfarçado por um pretexto apologético. Violência é uma parte não pequena da história do cristianismo.

3. Cristianismo entre violência e ausência de violência

Essas argumentações soam como se a mudança de Constantino fosse mais um pecado original da história da Igreja. Corrompidos pelo poder e pela influência, os eclesiásticos teriam recorrido à violência – na maioria das vezes, em conflitos internos – para impor seus pontos de vista. Em muitos casos deve ter sido assim. No entanto, uma descrição como essa, em preto-e-branco, empurra o problema para a insuficiência humana e atua como se nada tivesse a ver com a convicção cristã como tal. Dizer simplesmente que o uso da violência pelos cristãos teria surgido da aliança com o poder do Estado tem pouquíssimo efeito. É preciso ir atrás de ambivalências mais profundas no próprio cristianismo. Como se explica a oscilação do cristianismo entre proibição da violência e disposição a ela? Como uma religião perseguida se tornou uma religião perseguidora? Como os partidários da religião do amor chegaram a impor novas formas de violência e intolerância religiosa no mundo?⁷³ Será que antes da mudança de Constantino muitos contemporâneos já sentiam o cristianismo como uma ameaça?

Assim como é insuficiente remeter à mudança de Constantino para explicar a violência praticada pelos cristãos, de nada adianta remeter à ausência de violência por parte de Jesus para enfraquecer a crítica de que a crença monoteísta é inevitavelmente intolerante e violenta. A renúncia à violência é peculiar à vida e à anunciação de Jesus.⁷⁴ Além disso, a partir desse momento, essa renúncia passa a ser um componente da identidade cristã; a pretensão do cristianismo à verdade perde autenticidade quando é imposta com violência. Em seus primórdios, a Igreja não traiu essa norma de imediato, mas cultivou uma ética da paz⁷⁵ que

---

⁷³ Esse é o ponto de partida de Gedaliahu G. Stroumsa, "Early Christianity as Radical Religion", in: Ilai Alon/Ithamar Gruenwald/Itamar Singer (orgs.), *Israel Oriental Studies XIV. Concepts of the Other in Near Eastern Religions*, Leiden/New York/Köln, 1994, p. 173-193, aqui p. 173; francês, in: "Le radicalisme religieux du christianisme ancien", in: Evelyne Patlagean/Alain Le Boulluec (orgs.), *Les retours aux écritures. Fondamentalismes présents et passés*, Louvain/Paris, 1994, p. 357-382. Nos detalhes, suas interessantes reflexões carecem muito de uma discussão.

⁷⁴ Ver Martin Hengel, *Gewalt und Gewaltlosigkeit. Zur "politischen Theologie" in neutestamentlicher Zeit*, Stuttgart, 1971, p. 38-46; Gerd Theissen, *Die Religion der ersten Christen. Eine Theorie des Urchristentums*, Gütersloh, 2000, p. 53s.; Claus-Peter März, "'So bist du denn ein König...'. Der gewaltsame Tod Jesu und die gewaltlose Rede vom Heil in seinem Namen", in: Christoph Bultmann/Benedikt Kranemann/Jörg Rüpke (orgs.), *Religion. Gewalt. Gewaltlosigkeit. Probleme – Positionen – Perspektiven*, Münster, 2004 (publicado em 2003), p. 135-146, especialmente p. 139-142, que contrasta o período pré e pós-Constantino de modo bastante nítido (cf. *ibid.*, p. 146).

⁷⁵ Muitas passagens, porém sem reflexão crítica e hermenêutica, em Michel Spanneut, "La non-violence chez les Pères africains avant Constantin", in: Patrick Granfield/Josef A. Jungmann (orgs.), *Kyriakon. Festschrift für Johannes Quasten*, Münster, 1970, vol. 1, p. 36-39. Ver também Ernst Ludwig Gras-

correspondia à anunciação de Jesus e se manifestou sobretudo na reserva em relação ao serviço militar.[76] Os primeiros cristãos viam as profecias de um império de paz, contidas no Antigo Testamento, cumprir-se sob o domínio universal de um deus (cf. Is 2,4; Mq 4,3):[77] "Guerras, assassinatos e maldades havia aos montes, porém, cada um de nós, em toda a terra, trocou o material de guerra: as espadas por relhas, as lanças por utensílios agrícolas, e cultivou a devoção, a justiça, a amizade entre os homens, a fé e a esperança", vangloriava-se Justino, filósofo e mártir cristão em meados do século II,[78] e Ireneu de Lyon fez coro com suas palavras por volta de 185 d.C.: "A lei da liberdade, ou seja, a palavra de Deus, foi proclamada em toda a terra pelos apóstolos que partiram de Jerusalém e trouxe consigo uma mudança tão incisiva que de espadas e lanças para a guerra fizeram-se arados e foices para ceifar o trigo, ou seja, instrumentos de paz. Além disso, eles (os cristãos) não podem mais fazer guerras; em vez disso, quando são atingidos, devem oferecer a outra face (cf. Mt 5,39)".[79]

---

mück, *Äusserungen zu Krieg und Frieden in der Zeit der frühen Kirche (Beiträge zur Friedensethik 3)*, Barsbüttel, 1989.

[76] Para todo o restante que se referir à atitude homogênea e livre de objeções por parte dos cristãos em relação ao serviço militar, que não tratarei aqui, ver em detalhes Hanns Christof Brennecke, "'An fidelis ad militam converti possit?' [Terlullian, de idolatria 19,1]. Frühchristliches Bekenntnis und Militärdienst im Widerspruch?", in: Dietmar Wyrwa (org.), *Die Weltlichkeit des Glaubens in der Alten Kirche. Festschrift für Ulrich Wickert*, Berlin/New York, 1997, p. 45-100.

[77] Sobre esses textos, ver as explicações de Erich Zenger acima, p. 57s.

[78] Justino, dial. c. Tryph. 110,3 (PTS 47, 258,16-19 Marcovich).

[79] Ireneu, adv. haer. IV 34,4 (FC 8/4, 284,7-13 Brox). Sobre a opção contra a violência, a demonstração de poder e a ofensa pública na máxima de Mt 5,39, ver Martin Ebner, "Feindesliebe – ein Ratschlag zum Überleben? Sozial- und religionsgeschichtliche Überlegungen zu Mt 5,38-47 par Lk 6,27-35", in:

Contudo, também há textos cristãos que usam uma linguagem diferente, de teor violento, e a história fornece inúmeros exemplos para o fato de que a prática cristã ficou atrás de suas próprias pretensões. Em oposição a sua tradição pacífica, não eram poucos os eclesiásticos sem escrúpulos que estavam prontos a usar de violência tão logo surgisse uma oportunidade. E aqui estou referindo-me não apenas à violência, em geral do tipo *pogrom*, contra os cultos no final da Antiguidade, a destruição de santuários e ídolos, mas sobretudo ao relacionamento entre os cristãos. Conforme já descrito, na Antiguidade a agressividade contra aqueles que se desviassem dentro do cristianismo, contra os cismáticos e hereges, era muito mais frequente e intensa do que contra pagãos ou judeus.

A partir dessa observação talvez penetremos um pouco mais fundo no problema. De fato, ela nem chega a valer para o período pós-Constantino, quando pessoas e grupos cristãos que eram vistos como heréticos, além das sanções eclesiásticas, também tinham de contar com as punições do Estado. Já no período pré-Constantino, as igrejas cristãs ofereciam tudo, menos uma imagem de pura pacificidade. Desde o início, a história do cristianismo lida com conflitos e desentendimentos. Por si só, tal fato seria uma banalidade se as disputas cristãs não apresentassem determinada qualidade, que está relacionada à confissão monoteísta. Com efeito, os cristãos contendem sobre a verdade nas questões religiosas. Se havia apenas um deus (e apenas um redentor, que era Jesus), então a verdade também só podia

---

Jón M. Asgeirsson/Kristin de Troyer/Marvin W. Meyer (orgs.), *From Quest to Q. Festschrift für James McConkey Robinson*, Leuven, 2000, p. 119-142, especialmente p. 142.

ser uma. Assim entendiam todos os teólogos da Igreja da Antiguidade. Nessa situação, uma polêmica sobre a verdade adquire não apenas dinâmica – a ser estudada em relação ao conturbado desenvolvimento da teologia cristã –, mas também rigor – a ser estudado em relação ao não menos impetuoso desenvolvimento da heresiologia cristã.

Um aspecto da problemática da violência pode ser formulado da seguinte forma: a convicção dos eclesiásticos da Antiguidade de que havia um único Deus e uma única verdade para todos os homens implica certas noções de unidade e universalidade. Por conseguinte, a questão sobre a relação entre monoteísmo e violência conduz à relação entre unidade e multiplicidade.

4. Dificuldades cristãs com pluralidade religiosa

Como suas questões religiosas eram variadas, certamente os cristãos tinham dificuldades específicas.[80] Uma delas está relacionada a sua mentalidade. Uma característica importante dos primórdios do cristianismo era o fato de que a maior parte das pessoas que se convertia era formada por adultos. A Antiguidade conheceu conversões apenas para a filosofia ou para determinada escola filosófica, mas não para uma religião.[81] No cristianismo, as

---

[80] Para a questão a ser tratada, ver a exposição detalhada de Alfons Fürst, "Identität und Toleranz im frühen Christentum", in: *Orientierung 66* (2002), p. 26-31.
[81] Ver Arthur Darby Nock, *Conversion. The Old and the New in Religion from Alexander the Great to Augustine of Hippo*, Oxford, 1933 (²1963); Gustave Bardy, *Menschen werden Christen. Das Drama der Bekehrung in den ersten Jahrhunderten*, organizado por Josef Blank, Freiburg/Basel/Wien, 1988.

conversões tornaram-se um fenômeno de massa. Não sabemos o que levou a maioria dos cristãos e das cristãs a se converter nem o que vivenciaram, tampouco o que a conversão significou para eles mais tarde, simplesmente porque nada consta das fontes. Contudo, alguns eruditos entre os cristãos manifestaram-se a respeito de sua conversão, e seu relato – geralmente feito de modo bastante comedido – permite-nos observar determinado traço de sua mentalidade religiosa.

Um exemplo esclarecedor é o de Tertuliano,[82] que vivia em Cartago, na África Setentrional, era casado com uma cristã e, em algum momento nos anos anteriores a 197, consagrou-se ao cristianismo. Mais não sabemos sobre o processo de sua conversão, porém, a partir de seus escritos, conhecemos a atitude religiosa que ele manifestava como cristão. Tertuliano entendia a consagração ao cristianismo como uma renúncia radical a todas as realizações religiosas e de culto do mundo antigo. Naturalmente, a prática cristã vivida no dia-a-dia parecia cada vez menos inequívoca. No entanto, segundo as exigências, um cristão como Tertuliano entendia a conversão como oposição radical ao ambiente religioso e cultural, sem diferenciações nem acordo. Esta era a mentalidade dos convertidos: nada mais contava, apenas o novo inesperado, quando se vivia a fé cristã. Todo o restante, vivido anteriormente, parecia deficitário em comparação com a nova crença.

Será que essa mentalidade condicionava a intolerância e a disposição à violência? Segundo a rigorosa concepção da Igreja

---

[82] Bastante esclarecedor é Guy G. Stroumsa, "Tertullian on idolatry and the limits of tolerance", in: Graham N. Stanton/Guy G. Stroumsa (orgs.), *Tolerance and Intolerance in Early Judaism and Christianity*, Cambridge, 1998, p. 173-184.

da Antiguidade, converter-se significava distanciar-se da maneira mais clara possível do ambiente religioso, social e cultural, relativizar seus valores e suas pretensões, questioná-lo ou rejeitá-lo. Mesmo quando esse procedimento se mostrava profundamente ambivalente – pois os cristãos não podiam simplesmente abandonar o tempo e a cultura em que haviam crescido e em que continuaram a viver e a pensar –, sua mentalidade era determinada, em primeiro lugar, pela delimitação religiosa. A própria pretensão à verdade foi estabelecida contra todas as outras anteriores que ainda estavam em vigor. "Só há salvação segura se todos adorarem corretamente o verdadeiro deus, ou seja, o deus dos cristãos, que rege o mundo inteiro. Ele é o único e verdadeiro deus a ser adorado do fundo do coração. Pois "os deuses dos pagãos são demônios", como diz o texto (Sl 96,5). Todos servem a esse verdadeiro deus, e quem o aceita para adorá-lo com o amor mais profundo não é insensível nem tolerante, mas cheio de fervor na fé e na devoção. Seja como for, se não proceder desse modo, não poderá admitir que os ídolos dos pagãos sejam adorados nem que seus usos ateus sejam praticados".[83]

Será a intolerância uma consequência necessária da conversão ao deus cristão? Ambrósio escreveu essas frases em 384, em Milão, para o imperador romano, numa época em que tal intolerância religiosa gerava consequências para a *Realpolitik*.

Agostinho também fornece um exemplo esclarecedor. Pouco depois de sua conversão em Milão, em 386, ele se manifestou sobre a busca da verdade da seguinte maneira: assim como o olho humano percebe o brilho da luz de diferentes formas, não se atinge a sabedoria por um único caminho, e só

---

[83] Ambrósio, ep. 17 (al. 72), 1s. (116,5-14 Klein).

se reconhece Deus de acordo com as próprias faculdades.[84] Isso corresponde à compreensão filosófica que o homem do final da Antiguidade tinha da descoberta da verdade, compreensão essa que, por meio da revelação, foi enfaticamente defendida pelos contemporâneos não-cristãos contra a pretensão do cristianismo a ser o único dono da verdade. Sendo assim, no início de 364, o retórico pagão Temisto proferiu um discurso perante o imperador cristão Joviano, no qual expunha que a multiplicidade dos cultos era prova da grandeza inatingível de Deus e das possibilidades limitadas do conhecimento humano; todos oferecem sacrifícios a seu deus porque ninguém entende Deus plenamente.[85] Assim era a tradição platônica, tal como por exemplo demonstra o médio-platônico Máximo de Tiro na segunda metade do século II:

> For God, Father and Creator of all that exists, is greater than the Sun and the heavens, mightier than time and eternity and the whole flux of Nature; legislators cannot name him, tongues cannot speak of him, and eyes cannot see him. Unable to grasp his essence we seek the support of sounds and names and creatures, and shapes of gold and ivory and silver, and plants and rivers and peaks and streams; though desiring to understand him, we are forced by our own weakness

---

[84] Cf. Agostinho, solil. I 23 (CSEL 89, 35,1-36,15 Hörmann).

[85] Cf. Temisto, orat. 5, 67b-70c (98,18-103,15 Schenkl/Downey). Quanto ao contexto político da arguta posição de Temisto, ver Lawrence J. Daly, "Themistius' Plea for Religious Tolerance", in: *Greek, Roman and Byzantine Studies 12* (1971), p. 65-79; sobre a adaptação de seu ponto de vista à espiritualidade neoplatônica, ver Arthur H. Armstrong, "The Way and the Ways. Religious Tolerance and Intolerance in the Fourth Century", in: *Vigiliae Christianae 38* (1984), p. 1-17, aqui p. 8s.

to name merely terrestrial beauties after his divine nature.[86]

Dois séculos mais tarde, em 384, numa solicitação endereçada ao imperador Valentiniano II a respeito da antiga devoção ao cosmos, Símaco, prefeito de Roma, cujas convicções tendiam para o paganismo do antigo Império Romano, defendia os muitos caminhos para se chegar a uma verdade: "De maneira apropriada, aquilo que todos adoram é considerado único. Vemos as mesmas estrelas, o céu nos é comum, o universo nos envolve a todos. Que importa a doutrina que cada um segue para buscar a verdade? Por um único caminho não se chega a um segredo tão elevado".[87] E em 390 o filósofo Máximo de Madaura escreveu a Agostinho que "é graças às forças" de um supremo deus, "distribuídas em todo o universo, que o invocamos sob várias designações, uma vez que nem todos sabemos seu verdadeiro nome".[88]

---

[86] "Pois Deus, pai e criador de tudo o que existe, é maior do que o Sol e os céus, mais poderoso que o tempo, a eternidade e todo o fluxo da Natureza; legisladores não podem nomeá-lo, línguas não podem falar dele, e olhos não podem vê-lo. Incapazes de compreender sua essência, buscamos o auxílio de sons, nomes, criaturas, figuras em ouro, marfim e prata, plantas, rios, cumes e riachos; embora desejemos compreendê-lo, somos forçados por nossa própria fraqueza a simplesmente dar o nome de divina natureza a belezas terrestres." (N. T.)
Máximo de Tiro, diss. 2,10 (20,183-21,192 Trapp); tradução em inglês: *Maximus of Tyre, The Philosophical Orations, translated, with an introduction and notes, by Michael B. Trapp*, Oxford, 1997, p. 23.
[87] Símaco, relat. 3,10 (104,75-106,78 Klein). Sobre essa famosa cena histórica – como se sabe, na contenda sobre a retirada da estátua de Vitória, deusa da vitória, da cúria do Senado em Roma, Símaco não conseguiu impor-se contra Ambrósio –, ver o recente trabalho de Ernst Dassmann, "Wieviele Wege führen zur Wahrheit? Ambrosius und Symmachus im Streit um den Altar der Viktoria", in: Söding, 2003 (ver nota 1), p. 123-141.
[88] Em Agostinho, ep. 16,1 (CSEL 34/1, 37,12-14 Goldbacher).

De modo semelhante discorria o jovem Agostinho quando era um platônico cristão. Porém, no final da vida, ao se tornar um influente bispo e político da Igreja na África Setentrional, percorreu novamente todos os seus escritos e corrigiu a seguinte opinião: "A afirmação 'à sabedoria se chega não apenas por um único caminho' não soa bem. É como se houvesse outro caminho além de Cristo, que disse: 'Eu sou o caminho' (Jo 14,6)".[89] Apenas *um* caminho – Agostinho chegara a essa convicção ao longo da vida. É necessário despender um considerável esforço teológico para delimitar essa posição contra a intolerância e a violência. Como se sabe, Agostinho, que no fim acabou justificando a violência contra os hereges após uma resistência inicial (ver acima), não teve êxito.

Uma segunda dificuldade dos cristãos com a pluralidade religiosa tinha a ver com a imagem que a Igreja da Antiguidade fazia de si mesma e de sua história. Inicialmente, o cristianismo era uma formação altamente diferenciada. Isso vale para todas as áreas: na liturgia, nas estruturas eclesiásticas, nas teologias. Todavia, essa variedade era considerada – com poucas exceções – uma renegação da unidade. Disso resultou, grosso modo, a seguinte equação: verdade é igual a unidade, e o inverso: multiplicidade é igual a erro. Com isso, os bispos e teólogos da Igreja da Antiguidade instauraram uma ideologia que atua até hoje. Já na história do apóstolo Lucas, é modelada a noção de uma origem unitária (a protocomunidade de Jerusalém), que teria dado início a uma corrente de tradição unitária.

Essa imagem da história é uma ficção com um risco considerável. Com raras exceções, a Igreja da Antiguidade era incapaz de

---

[89] Agostinho, retr. I 4,3 (CChr. SL 57, 14,31-33 Mutzenbecher).

aceitar a multiplicidade, que de fato sempre houve, em seu interior. Certamente, a imagem uniforme da Igreja da Antiguidade, tomada a partir de sua origem e de sua história, não era uma consequência direta de sua confissão monoteísta,[90] porém bloqueava o pensamento e a imaginação dos eclesiásticos e, desse modo, talvez tenha contribuído para que ela ficasse sujeita ao uso de violência nas questões religiosas. Só depois do Iluminismo é que a teologia e a Igreja aprenderam a duras penas a pensar de outra forma; contudo, até hoje esse problema continua sem solução.

5. Pluralidade *versus* universalidade

Conforme mencionamos há pouco, a dificuldade dos cristãos com a pluralidade religiosa era relevante não apenas do ponto de vista teológico e interno à Igreja, mas também do lado social e político. No final da Antiguidade, o mundo era em grande parte pluralista. No gigantesco Império Romano, que ia da latitude de clima temperado-frio das ilhas britânicas e do centro da Europa até as zonas subtropicais do Alto Egito, de Gibraltar e do Monte Atlas no Ocidente até o Tigre e o Eufrates no Oriente, viviam inúmeros povos com suas respectivas línguas, culturas e tradições, em conjunto ou paralelamente. A religiosidade dessas comunidades ecumênicas (no sentido antigo) era marcada por uma multiplicidade de usos e cultos que se interpenetravam e misturavam permanentemente num clima bastante favorável ao sincretismo. Essa situação religiosa e por si só variegada parece

---

[90] Esse assunto é tratado por Christian Duquoc, "Monotheismus und Einheitsideologie", in: *Concilium 21* (1985), p. 41-46.

ter-se alterado profundamente nos primórdios do período imperial.[91] Inserida na família, no clã, na tribo e na cidade, a religião, que é uma questão de uso e tradição, passou a ser uma questão de livre-arbítrio. Em termos mercantis, surgiu uma concorrência entre grupos religiosos, desconhecida nos primórdios da Antiguidade, e o novo comportamento que levava a conflitos, principalmente àqueles condicionados pela religião.[92] O cristianismo não chegou ao mundo como novo grupo religioso. Era uma oferta de sentido a mais no mercado das esperanças de salvação e promessas de cura. Contudo, do ponto de vista dos antigos, os cristãos agiam com seu ímpeto missionário e com a enorme importância que, na falta de outras marcas de identidade, eles atribuíam com inabitual agressividade à confissão religiosa.

Resumidamente, esse é o pano de fundo de um debate literário entre o filósofo Celso e o teólogo Orígenes nos séculos II e III e que se mostra bastante elucidativo quanto à tensão entre pluralidade e universalidade. De fato, ambos os oponentes disputaram a respeito da compatibilidade das diferenças nacionais

---

[91] Pelo menos é o que diz John North, "The Development of Religious Pluralism", in: Judith Lieu/John North/Tessa Rajak (orgs.), *The Jews among Pagans and Christians in the Roman Empire*, London/New York, 1992, p. 174-193.

[92] A única exceção marcante poderia ter sido a revolução religiosa de Echnaton (1364-1347 a.C.) no Alto Egito. Todavia, cf. Erik Hornung, *Echnaton. Die Religion des Lichts*, Düsseldorf/Zürich, ²2001, p. 134: "Echnaton e a religião instituída por ele não são episódicos como frequentemente se diz". Com efeito, a adoração exclusiva de Echnaton ao Sol parece menos revolucionária se tiver de ser deduzida de uma supremacia crescente do deus Sol na história da religião do antigo Egito e se encontrar, numa forma alterada, uma continuidade na ênfase da reclusão e da unicidade de Amon na teologia tebana. Ver Klaus Koch, "Monotheismus als Sündenbock?", in: *Theologische Literaturzeitung 124* (1999), p. 873-884, aqui p. 877s., 880.

com o universalismo cristão.⁹³ Sua contenda girava não em torno do monoteísmo como tal, mas em torno da pretensão à universalidade da confissão monoteísta e de suas possíveis consequências para a guerra e para a paz.⁹⁴

Num texto polêmico de 178 contra o cristianismo, cujo título era "Verdadeira doutrina", Celso criticava o monoteísmo cristão. Perto do final, ele diz: "Que seja possível aos habitantes da Ásia, da Europa e da Líbia (ou seja, da África), aos gregos e aos bárbaros reunir-se em torno de uma única lei até os confins da terra".⁹⁵ Se nessa passagem Celso formula de fato um desejo, como entendeu Orígenes, ou se simplesmente faz uma pergunta – "seria possível (...)" –, é difícil decidir do ponto de vista linguístico. Talvez também ele só estivesse reagindo a uma declaração cristã.⁹⁶ É interessante notar que Celso considerava o mono-

---

⁹³ O que vem a seguir é inspirado em Erik Peterson, *Der Monotheismus als politisches Problem. Ein Beitrag zur Geschichte der politischen Theologie im Imperium Romanum*, Leipzig, 1935, republicado em: *id.*, *Ausgewählte Schriften 1. Theologische Traktate*, organizado por Barbara Nichtweiss, Würzburg, 1994, p. 23-81, aqui p. 43-47. Na esteira de Peterson: Arnaldo Momigliano, "The Disadvantages of Monotheism for a Universal State", in: *Classical Philology 81* (1986), p. 285-297, aqui p. 289-293, republicado em: *id.*, *Ottavo contributo alla storia degli studi classici e del mondo antico (Storia e Letteratura 169)*, Roma, 1987, p. 313-328.
⁹⁴ Dessa discussão resultou a análise crítica da tese e da documentação de Peterson feita por Jan Badewien, in: Alfred Schindler (org.), *Monotheismus als politisches Problem? Erik Peterson und die Kritik der politischen Theologie (Studien zur evangelischen Ethik 14)*, Gütersloh, 1978, p. 36-42. Para uma opinião diferente, mas errônea: Hans Zirker, "Monotheismus und Intoleranz", in: Konrad Hilpert/Jürgen Werbick (orgs.), *Mit den Anderen leben. Wege zur Toleranz*, Düsseldorf, 1995, p. 95-117, aqui p. 97s.
⁹⁵ Em Orígenes, Cels. VIII 72 (SC 150, 340,1-4 Borret).
⁹⁶ Cf. a "Verdadeira doutrina" de Celso, traduzida e explicada por Horacio E. Lona (*Kommentar zu frühchristlichen Apologeten*. Volume complementar 1), Freiburg, 2005, p. 471s.

teísmo como tal bastante discutível. Há muito os pesquisadores já perceberam que o ídolo do filósofo platônico Celso indicava fortes vestígios monoteístas;[97] com isso, Celso pertence à tradição de um monoteísmo pagão ou, para dizer com mais cautela: ele é um exemplo típico das tendências monoteístas ou henoteístas do final da Antiguidade, que aliás não eram raras entre os intelectuais pagãos.

Apesar de sua simpatia por tal conceito de deus, Celso passou a criticar asperamente o monoteísmo cristão. De seu ponto de vista, as dificuldades residiam nas implicações desse monoteísmo para o convívio humano. Também nesse aspecto e conforme a interpretação que se faça do trecho citado, talvez ele parecesse ao menos pronto a considerar "uma única lei" para todos os homens. No entanto, acabou por rejeitar essa ideia: "Quem crê nisso nada sabe", interrompeu sua reflexão pouco depois de tê-la manifestado.[98] Como a expectativa de superar as particularidades culturais e religiosas dos inúmeros povos no gigantesco Império Romano em favor de uma religião comum era irreal, somente um conceito politeísta de deus era politicamente razoável.

Para Celso, o modo como os cristãos instituíam um único deus contra todos os outros deuses era sinônimo de revolta no Estado e na sociedade. O monoteísmo cristão só poderia atuar

---

[97] Anna Miura-Stange, *Celsus und Origenes. Das Gemeinsame ihrer Weltanschauung nach den acht Büchern des Origenes gegen Celsus. Eine Studie zur Religions- und Geistesgeschichte des 2. und 3. Jahrhunderts*, Giessen, 1926, p. 113-119; cf. também Michael Frede, "Celsus' Attack on the Christians", in: Jonathan Barnes/Miriam Griffin (orgs.), *Philosophia togata*. Vol. 2: *Plato and Aristotle at Rome*, Oxford, 1997, p. 218-240, aqui p. 228s., 232, que, no entanto, emprega indistintamente o conceito "monotheism".
[98] Em Orígenes, Contra Celso VIII 72 (SC 150, 340,4s. Borret).

de maneira destrutiva sobre a vida política e social. Nesse sentido, sua argumentação era conservadora: "Todo povo honra sua herança paterna independentemente de como ela tenha sido instaurada no passado. Isso parece resultar não apenas do fato de os diferentes povos, conforme lhes ocorria, terem estabelecido diferentes ordens e considerado necessário preservar as deliberações válidas para a comunidade, mas também do fato de que, desde o início, as diferentes partes da terra provavelmente foram distribuídas a diferentes guardiões e divididas em determinadas áreas de domínio, que também as administravam. Por conseguinte, os usos de cada povo poderiam ser praticados do modo correto desde que cumpridos da maneira que agradasse ao guardião. No entanto, a ordem estabelecida desde o início em cada área não poderia ser abolida segundo a vontade divina".[99]

A recusa dos cristãos em adorar outros deuses além do seu próprio e em cumprir os costumes ligados a deuses antigos era chamada por Celso de "o grito de revolta das pessoas que rompem o contato com as pessoas que restaram e delas se separam".[100] "Na verdade, quem afirma pensar apenas num senhor quando fala em Deus está agindo de modo ateu, pois está fragmentando o reino de Deus e instaurando inquietação, como se nele houvesse divisão e outro deus, um adversário."[101]

Celso argumentava politicamente, levando em conta as diferenças nacionais e sociais, contra o universalismo cristão. Só o fato de apresentar uma pretensão como essa já seria motivo para uma revolta, e não apenas abstrata, na esfera metafísica do divi-

---

[99] *Ibid.*, V 25 (SC 147, 74,6-76,14 Borret).
[100] *Ibid.*, VIII 2 (SC 150, 182,7-9 Borret).
[101] *Ibid.*, VIII 11 (SC 150, 196,1-4 Borret).

no, mas real, no Estado e na sociedade. Celso analisou o monoteísmo cristão no contexto da ordem política e social do Império Romano e diagnosticou um considerável potencial de risco. No meu entender, pela primeira vez o cristianismo é relacionado, em princípio, com a intolerância e a violência.[102]

Em sua réplica "Contra Celso", redigida setenta anos mais tarde a pedido de um amigo, Orígenes foi perspicaz o suficiente para reconhecer a pluralidade cultural, religiosa e social no Império Romano como factual. Diferentemente de Celso, porém, ele acreditava que Deus ou o logos divino (Cristo) tinha o poder de superar as peculiaridades nacionais no decorrer do tempo e de colocar todas as almas sob uma única lei. "Nós, ao contrário, dizemos que um dia o logos irá dominar todo ser dotado de razão e transformará toda alma em sua (do logos) perfeição, tão logo cada indivíduo simplesmente faça uso de sua liberdade, escolhendo o que quiser e permanecendo com aquilo que escolheu. Todavia, enquanto para as doenças e feridas do corpo há casos em que qualquer arte da medicina malogra, consideramos improvável que haja nas almas algo proveniente da maldade que não possa ser curado pela razão, que predomina acima de tudo, e por Deus. Pois, uma vez que o logos e o poder de cura inerente a ele são mais fortes do que o mal existente dentro da alma, ele faz com que esse poder atue em cada indivíduo segundo a vontade de Deus, e o fim do tratamento é a eliminação do mal".[103]

Com essa resposta, Orígenes deslocou o problema para um nível teológico. Mais do que expor, ele alude à apocatástase, à

---

[102] No século IV, o imperador Juliano deu continuidade à teologia política de Celso; cf. Momigliano, 1986 (ver nota 93), p. 293-296.
[103] Orígenes, Cels. VIII 72 (SC 150, 340,12-342, 23 Borret).

"restauração de todos", ou seja, à abolição escatológica das diferenças entre os homens, formulada no âmbito da concepção de mundo platônica, quando todos os seres dotados de razão se unem a Deus. Em termos modernos, essa ideia de Orígenes vive de uma elevada sensibilidade à distribuição desigual de oportunidades de vida no mundo, bem como da convicção de que a fé e a esperança, no sentido cristão, visam à superação dessa desigualdade e dessa injustiça.[104] Em termos políticos, trata-se de saber se é possível reunir muitos povos (e indivíduos) diferentes sob o único deus dos cristãos. Como Orígenes percebeu que em sua época, na primeira metade do século III, o discurso não poderia ser muito diferente disso, transferiu a realização definitiva dessa possibilidade para o final do tempo e da história. "Talvez algo do gênero seja de fato impossível para os homens que ainda se encontram em seu corpo, mas não para aqueles que dele estão livres."[105]

Essa esperança pautada no futuro implica o seguinte diagnóstico temporal: em sua época, Orígenes já via as diferenças entre os diversos povos em diminuição. Com efeito, a união escatológica dos povos sob um senhor divino já estava sendo preparada pela união dos povos que se encontravam sob um senhor terreno, o soberano romano: o imperador Augusto (27 a.C–14 d.C.): "É incontestável que Jesus nasceu durante o regime de Augusto, que, por ser o único soberano, acabou, por assim dizer, igualando a maior parte dos homens na terra. A existência de

---

[104] Mais detalhes em Norbert Brox, "Mehr als Gerechtigkeit. Die aussenseiterischen Eschatologien des Markion und Origenes", in: *Kairos 24* (1982), p. 1-16, republicado em: *id.*, 2000 (ver nota 40), p. 385-403.
[105] Orígenes, Cels. VIII 72 (SC 150, 344,60-62 Borret).

muitos impérios teria sido um obstáculo à difusão da doutrina de Jesus em toda a terra (...), pois, nesse caso, em toda parte as pessoas seriam obrigadas a pegar em armas e a guerrear para defender sua pátria. Era o que ocorria antes do regime de Augusto e mais cedo ainda, quando os peloponenses e atenienses tiveram de guerrear entre si, e, do mesmo modo, outros povos tiveram de guerrear contra outros povos. De que maneira essa doutrina pacificadora, que nem sequer permite retaliação aos inimigos, poderia impor-se se as condições em que se encontrava a terra no momento da chegada de Jesus não fossem mais razoáveis em toda parte?".[106]

Uma descrição como essa da importância do Império Romano não era especificamente cristã; também encontrava eco do lado não-cristão, como no discurso proferido em Roma, em 155 d.C., por Aélio Aristides: como Zeus era o único soberano a instituir ordem, Roma, por sua vez, era igualmente a única soberana.[107] No entanto, entre os cristãos essa ideia adquiriu uma nova coloração: ao poder absoluto dos romanos nas regiões ao redor do Mar Mediterrâneo, que por si só aparecia com uma pretensão universal, foi atribuída uma função providencial para a difusão do cristianismo. A paz política (*pax Romana*) posta em prática por Roma e concretamente por Augusto teria sido o pré-requisito para a difusão da religião pacífica do cristianismo.

Uma versão semelhante de um mundo pacífico foi apresentada por Arnóbio de Sicca, de 303 a 305, durante a perseguição aos cristãos realizada por Diocleciano. Segundo sua visão da

---

[106] *Ibid.*, II 30 (SC 132, 360,20-362,33 Borret).
[107] Cf. Aélio Aristides, orat. 26,103 (121,25-122-5 Keil). Outros exemplos dessa ideologia romana em Peterson, 1935 (ver nota 93), p. 31s.

história, no período cristão as guerras diminuíram na maior parte do mundo. A causa disso teria sido a difusão da mensagem cristã de renúncia à violência. Se todos os homens adotassem essa ética de paz, surgiria um mundo pacífico e unido pelo cristianismo.[108]

Enquanto Orígenes interpretava a evolução histórica vendo o mundo em que vivia a caminho de uma imposição universal do cristianismo e transferindo a completa realização dessa perspectiva para fora do tempo e da história, no século IV, Eusébio de Cesareia formava a partir dessa escatologia religiosa uma utopia política muito bem delineada, ou melhor, uma ideologia histórico-política.[109] Na monarquia de Augusto, a paz entraria no lugar dos conflitos do Estado helênico provocados pelo pluralismo e pelo politeísmo: "Quando o redentor e senhor apareceu e, vindo aos homens de Augusto, tornou-se contemporaneamente o primeiro entre os romanos a se tornar senhor sobre os povos, o domínio pluralista exercido por muitos se desfez e a paz abrangeu toda a terra".[110] "Todo o erro do politeísmo foi aniquilado, e desfeitas foram todas as obras dos demônios naquele instante. Além disso, não houve mais sacrifícios humanos nem assassinatos que antes corrompiam o mundo, tampouco conselheiros (municipais), soberanos, tira-

---

[108] Cf. Arnóbio, adv. nat. I 6 (8,1-21 Marchesi).
[109] Cf. Peterson, 1935 (ver nota 93), p. 47-51. A exposição de Peterson sobre a teologia eusebiana do Império é correta, porém reduz a uma única causa a relação com o monoteísmo e, assim, inscreve nos exemplos sua tese totalmente errônea de que apenas um monoteísmo estrito seria útil para uma teologia política, e não a doutrina ortodoxa da trindade; cf. Badewien, 1978 (ver nota 94), p. 43-49.
[110] Eusébio, dem. ev. VII 2,22 (GCS Eus. 6, 332,14-17 Heikel).

nos nem governos regidos pelo povo. Não houve mais as devastações nem os assédios que, por causa disso, existiam em todo lugar e em toda cidade, mas sim Um Único deus, que era pregado a todos, e Um Único império dos romanos, que florescia para todos, e a hostilidade dos povos, que vigorava desde a eternidade de modo conflituoso e irreconciliável, foi destruída. Porém, quando o conhecimento de Um Único deus foi transmitido a todos os homens, e quando nosso redentor nos ensinou a fazer Um Único uso da justiça e da devoção (do conhecimento de deus), passou a existir na mesma época Um Único rei em todo o império dos romanos, e uma paz mais profunda envolveu tudo."[111] Como continuação e coroação desse desenvolvimento, Eusébio comemorou o poder absoluto de Constantino, com cuja conversão ao cristianismo ambas as tradições de unidade e paz, a política-romana e a religiosa-cristã, viriam a ser unificadas: "Constantino (...), único soberano no poderoso Império Romano, mas que também governava todo o mundo, apoderou-se de todo o Império Romano, sem divisões, tal como ele era antigamente, para de imediato levar a todos a mensagem de Deus, o único soberano".[112]

Contra a pólis politeísta e sua soberania pluralista, cuja única consequência foram as guerras, Eusébio combinava entre si o Império Romano, a monarquia do imperador romano, o monoteísmo e a paz. Tratava-se não mais da visão cristã de futuro, como em Orígenes, mas de divulgação política a serviço da política religiosa de Constantino. Ainda que essa imagem da história

---

[111] *Id.*, syr. Theoph. 3,1 (GCS Eus. 3/2, 126*,11-24 Gressmann). Outros exemplos dos textos de Eusébio em Peterson, 1935 (ver nota 93), p. 50, nota 133.
[112] *Id.*, vit. Const. II 19 (GCS Eus. 1, 48,25-28 Heikel).

fosse mais do que contestável, não deixaria de ser extraordinariamente eficaz.[113]

Não me parece fácil decidir quem nesse debate sobre a pluralidade e a universalidade apresentava os melhores argumentos, se Celso ou Orígenes. Num mundo plural do ponto de vista da religião, Celso via na pretensão à validade universal do monoteísmo cristão nada além de uma fonte de conflitos. Orígenes, por sua vez, via na união pacífica de todos os povos no âmbito da religião a contribuição do cristianismo para reduzir o potencial de conflito que as diferenças sociais e nacionais ocultam em si. Para Orígenes, essa esperança se baseava na confiança otimista de que todo homem é capaz de usar sua liberdade de maneira correta e que, em algum momento, também será capaz de saber fazer isso perante experiências dolorosas.[114] Ao contrário de Celso, Orígenes interpretou a evolução histórica de modo que o universalismo monoteísta do cristianismo não produzia violência, e sim contribuía para superá-la.

Tenho a impressão de que, no que se refere à pacificidade ou à disposição à violência do monoteísmo, ainda estamos discutindo as duas opiniões sobre as quais Celso e Orígenes não concordavam. Em sua história posterior, nem sempre o cristianismo contribuiu para reforçar a esperança de Orígenes de que a realizaria ao menos parcialmente.

---

[113] Cf. Peterson, 1935 (ver nota 93), p. 51-56. De resto, a teologia da história de Eusébio encontrou acesso na liturgia bizantina: Wallraff, 2004 (ver nota 11), p. 129, nota 6.
[114] Mais detalhes a respeito em Alfons Fürst, "Lasst uns erwachsen werden! Ethische Aspekte der Eschatologie des Origenes", in: *Theologie und Philosophie 75* (2000), p. 321-338.

6. O impulso do monoteísmo de criticar a ideologia

As diferenças entre Celso e Orígenes referem-se não apenas a sua avaliação específica da pacificidade ou da disposição do cristianismo à violência, mas também se baseiam numa associação fundamentalmente diferente entre religião e política no geral. Com efeito, no contexto da não-diferenciação entre ambas na Antiguidade, o recurso à unicidade de Deus continha um impulso crítico contra a monopolização do divino para atender aos objetivos dos poderosos. Na Antiguidade, domínio e salvação não andavam separados, pois ao soberano cabia a tarefa divina de ordenar e repelir o caos do mundo. O rei era tido como representante dos deuses e como garante humano e divino de um cosmos em funcionamento, apresentado simbolicamente no culto e mantido em movimento.

Segundo a exposição de Jan Assmann,[115] no antigo Egito, essa unidade de domínio e salvação encontrou uma extrema expressão. O faraó encarnava a "justiça", *Ma'at*, a ordem correta do mundo em sentido abrangente; em suas decisões e ações, concretizava-se o ideal da ordem justa. Em um hino a Re, deus criador e deus do Sol, do início do século II a.C., essa estrutura de sentido exprime-se de modo marcante:

> Re instituiu o rei na terra dos vivos
> para toda a eternidade,
> a fim de fazer justiça aos homens e satisfazer aos deuses,
> a fim de concretizar a Ma'at e expulsar o caos.
> Ele oferece sacrifícios de deus aos deuses
> e sacrifícios de mortos aos mortos.[116]

---

[115] Jan Assmann, *Herrschaft und Heil. Politische Theologie in Altägypten, Israel und Europa*, München, 2000, p. 32-45.
[116] Citado a partir de Assmann, 2000 (ver nota 115), p. 37.

Entretanto, enquanto na Mesopotâmia, por exemplo no espelho do príncipe da Babilônia, refletia-se criticamente a possibilidade de que um rei pudesse malograr quanto a essa ordem e, por isso, ser um rei fraco ou ruim, no Egito, o faraó era tido como síntese da *Ma'at* e encarnação do deus Horus; por conseguinte, em princípio, a justiça não podia falhar. Sendo assim, ele também não podia ser criticado. Somente no período ptolemaico, e isso significa sob a influência dos gregos, é que se formulou numa fonte a ideia de um rei sem deus e que se desviasse da lei – uma exceção singular. Em contrapartida, nas fontes do antigo Egito, delineia-se a imagem de uma harmonia totalmente isenta de tensões e conflitos entre o rei e o povo, o Estado e a sociedade. Naturalmente, essa era uma construção idealizadora, porém nela é impressionante a evidência de uma unidade típica da ordem religiosa e política para o antigo Oriente e a Antiguidade.

A esse respeito, na antiga Israel houve um desenvolvimento especial, que conduziu à dissociação entre domínio e salvação.[117] Para o período em que Israel era um Estado, ou seja, do século X ao VIII ou VI a.C., deve-se partir da premissa de que a antiga Israel fazia parte do contexto já esboçado do antigo Oriente. O deus de Israel era, por assim dizer, um deus estatal que dispunha de um templo (em Jerusalém), bem como de um culto correspondente e de um sacerdócio; o rei de Israel era considerado o representante de Deus, e sua entronização era descrita como geração ou nascimento realizado por JHWH: "Tu és meu filho e hoje te gerei".[118] O reino de Deus se manifestava no rei terreno.

---

[117] Ver *ibid.*, p. 46-52.
[118] Sl 2,7; cf. Sl 110,3. Ver a respeito as explicações de Erich Zenger acima, p. 43-45.

Todavia, no âmbito dessas relações fundamentalmente típicas do antigo Oriente, houve na antiga Israel uma evolução na história da religião que pode ser caracterizada como revolucionária. Enquanto em todo o antigo Oriente o rei produzia e intermediava o contato com o deus do reino, em Israel – e apenas lá – o rei era substituído pelo povo: todo o povo recebe as instruções de Deus e se compromete com seus mandamentos, e esse Deus, que na maioria das vezes recebe o nome de JHWH, faz uma "aliança" com "seu" povo. Na teologia da aliança do Antigo Testamento, a categoria política da "aliança", *berît*, que no antigo Oriente caracterizava uma aliança ou um contrato entre o rei e seu vassalo, foi frequentemente transferida para a relação entre Deus e seu povo. O "amor" que o vassalo devia a seu rei[119] era exigido por todo o povo de Israel em relação a seu deus na confissão monolátrica do *Sch'ma Jisrael*, formulada na virada do século VII para o século VI a.C.:

> Ouve, Israel:
> JHWH é nosso Deus,
> JHWH é um/único.
> Por isso, deves amar teu Deus, JHWH,
> com todo o teu coração,
> e com toda a tua alma,
> e com toda a tua força![120]

Essa "transferência", conforme Assmann e Erich Zenger[121] caracterizam esse processo espetacular, conduziu a uma nova re-

---

[119] Bibliografia e exemplos de textos, sobretudo dos contratos de vassalagem e dos juramentos de lealdade neoassírios do antigo Oriente em Assmann 2000 (ver nota 115), p. 61s.
[120] Dt 6,4s. Cf. a respeito Zenger, 2003 (ver nota 1), p. 38-43.
[121] *Ibid.*, p. 43.

lação entre a religião e a política. Diante desse pano de fundo, o surgimento do monoteísmo na antiga Israel era um projeto político ou, de maneira mais precisa, um projeto de resistência política.[122] A transferência de ligação política do rei para Deus foi descrita como libertação da opressão exercida pela violência do Estado. Na época do domínio assírio, o movimento profético do século VII a.C. opunha-se sem exceção às antigas relações de poder. "Os temas de seu protesto eram o sincretismo religioso, o imperialismo assírio e o despotismo interno exercido pelos judeus."[123] Como consequência, o aparato do Estado perdeu seu caráter divino.

Portanto, o surgimento do monoteísmo na antiga Israel baseava-se justamente não na ligação entre monoteísmo e monarquia, mas, ao contrário, na divisão entre rei e Deus até sua oposição, documentada em muitas confrontações críticas de profetas e reis sobre a adoração divina e a justiça social. Walter Dietrich destacou enfaticamente o fato de que, na antiga Israel, o desenvolvimento da monolatria a JHWH – como estágio rumo ao monoteísmo – era sustentado essencialmente por um movimento de resistência político, social e religioso: "Os profetas da oposição do período assírio passaram a ter uma importância permanente, pois eram capazes de impor uma ideia e um ideal contra os ídolos e as ideologias de seu tempo: a ideia de *um* deus que abrangesse todo o mundo da vida e dos povos e o ideal de

---

[122] Ver Walter Dietrich, "Der Eine Gott als Symbol politischen Widerstands. Religion und Politik im Juda des 7. Jahrhunderts", in: *id.*/Martin A. Klopfenstein (orgs.), *Ein Gott allein? JHWH-Verehrung und biblischer Monotheismus im Kontext der israelitischen und altorientalischen Religionsgeschichte (Orbis Biblicus et Orientalis 139),* Freiburg i.d.Schw./Göttingen, 1994, p. 463-490.
[123] *Ibid.*, p. 486.

uma Israel comprometida *apenas* com esse deus; também eram capazes de resistir às tentações e às ameaças do poder, uma vez que confiavam no poder irresistível desse ser Único".[124] A abertura para o monoteísmo refletido em Dêutero-Isaías chegou a ocorrer numa fase de debilidade do Estado de Israel, quando – no período do exílio na Babilônia, no século VI a.C. – não havia rei nem Estado judaico.[125]

Essa ressalva bíblica em relação à sanção religiosa das relações dominantes permaneceu acesa nos primórdios do cristianismo e, além disso, como parte importante da tradição cristã. Por essa razão, a discussão entre Celso e Orígenes é extremamente elucidativa. A principal crítica de Celso às comunidades cristãs tinha em vista o fato de que estas infringiam as noções e normas da ordem social existente, que a seus olhos se distinguiam por meio de uma variedade de leis e costumes religiosos e sociais que se desenvolvera ao longo da história. Como essas noções e normas eram legitimadas por Deus, eram obrigatórias e imutáveis.[126]

Em sua réplica, Orígenes voltou-se contra um relativismo semelhante. Segundo sua defesa, valores e normas religiosos e sociais não deveriam simplesmente ser tomados como dados, mas aferidos pelo critério da "verdade": "Se alguém viesse a se encontrar entre os citas, que possuem leis desprovidas de deus, e fosse

---

[124] *Ibid.*, p. 488.
[125] Cf. Zenger, 2003 (ver nota 1), p. 44-46.
[126] Cf. Celso em Orígenes, Cels. I 1 (SC 132, 78,1-6 Borret) e a passagem citada na p. 106, *ibid.*, V 25 (SC 147, 74,6-76,14 Borret), corretamente interpretada por Jakob Speigl, Der *römische Staat und die Christen. Staat und Kirche von Domitian bis Commodus*, Amsterdam, 1970, p. 186-188; Karl Pichler, *Streit um das Christentum. Der Angriff des Kelsos und die Antwort des Origenes*, Frankfurt a.M./Berna, 1980, p. 122; cf. também Frede, 1997 (ver nota 97), p. 237s.

obrigado a viver entre eles por não ter possibilidade de escapar, agiria de modo bastante sensato se, em nome da lei da verdade, que entre os citas traduz-se em ilegalidade, formasse associações com aqueles que são animados pelo mesmo sentimento, mesmo que isso fosse contra a ordem existente. Diante do tribunal da verdade também se encontram as leis dos pagãos, que remetem aos ídolos e à profusão ateia de deuses, as leis dos citas e o que houver de mais ultrajante do que estas. Por isso, não é fora de propósito formar associações contra a ordem existente e em favor da verdade. Com efeito, assim como as pessoas que se reúnem clandestinamente para expulsar um tirano que tomou o poder numa cidade agiriam de modo honrado, os cristãos que se encontram sob o domínio tirânico do que eles chamam de diabo e mentira formam associações contra o diabo e a ordem estabelecida por ele e em prol da salvação dos outros, que talvez eles consigam convencer a não obedecer a lei que, por assim dizer, seria aquela dos citas e de um tirano".[127]

E, de modo semelhante, numa passagem posterior: "Celso deve dizer-nos por que não seria da vontade de Deus abolir os usos herdados dos pais que permitiam matrimônios com mães e filhas, ou consideravam venturoso aquele que desse um fim à própria vida com uma corda, ou que declaravam como totalmente puro aqueles que se incineravam e se separavam da vida por meio do fogo! Por que não deveria ser da vontade de Deus, por exemplo, abolir o uso comum entre os tauros de oferecer sacrifícios a Ártemis ou aquele uso comum entre muitos líbios de imolar crianças em oferenda a Crono?".[128]

---

[127] Orígenes, *Cels.* I 1 (SC 132, 78,10-80,26 Borret).
[128] *Ibid.*, V 27 (SC 147, 80,12-19 Borret).

Aos olhos de Orígenes, a visão de Celso conduzia a um relativismo em cuja base normas e valores de modo geral já não se fundamentavam e julgamentos de valor já não podiam ser aceitos. Contudo, isso significava a destruição de toda moralidade e de toda ética: "Segundo Celso, por natureza, o que é da vontade de Deus não é considerado divino, mas devido a um acordo e a uma convenção. Pois, enquanto para um povo vale como vontade de Deus honrar um crocodilo e comer aqueles animais que são adorados por outros, para outro povo vale como vontade de Deus adorar o bezerro e, para outro ainda, adorar o bode. Desse modo, segundo as leis de uns, a mesma ação de uma única pessoa seria da vontade de Deus, enquanto para outros seria desprovida de Deus – o que seria totalmente absurdo (...). Há que se observar se isso não indica uma grande confusão sobre o que é justo e o que é da vontade de Deus, bem como sobre o que significa devoção; esta última não estaria sendo claramente definida nem constituiria uma categoria independente, tampouco poderia caracterizar como devotos aqueles que orientam sua ação por ela! Se devoção, vontade de Deus e justiça pertencessem de fato aos conceitos relativos, de maneira que, conforme as circunstâncias e os costumes, o mesmo comportamento seria, ao mesmo tempo, da vontade de Deus e sem Deus, haveria que se observar se, consequentemente, a prudência também não pertenceria aos conceitos relativos, assim como a valentia, a inteligência, o conhecimento e as outras virtudes – nada seria mais absurdo".[129]

A insistência de Orígenes em valores éticos obrigatórios, que, também no contexto da Antiguidade, soa tradicional e conservadora, contém um potencial inesgotável de força subversiva.

---

[129] *Ibid.*, V 27 s. (SC 147, 82,22-29; 82,6-84,15 Borret).

Com efeito, Orígenes era a favor não simplesmente de normas e valores, mas de que todas as concepções e todos os usos, por mais antigos e sagrados que fossem, tivessem de ser responsabilizáveis perante o "tribunal da verdade". A verdade a que Orígenes recorria é naturalmente aquela de um deus da tradição bíblica. Em seu nome ele se opõe ao estabelecimento de um *status quo* e à sacrossanta ordem de mundo desejada por Celso, na qual a religião faz as vezes de uma mera legitimação de uma ordem política e social historicamente contingente. Celso defende um pluralismo e um relativismo conservadores, encenados por meio do culto e protegidos pela metafísica. Orígenes não queria concordar com isso, e precisamente por razões fundamentais. Ele não queria aceitar todas as possíveis ações humanas como sendo da vontade de Deus, e sim fazer uma distinção entre o verdadeiro e o falso, o bom e o mau. Num contexto histórico bastante alterado, nessa crítica de Orígenes a Celso esconde-se a crítica profética à combinação entre religião e poder.[130]

Esses conhecimentos histórico-religiosos podem ser transferidos de modo sistemático e teológico[131] para uma análise fundamental. A insistência monoteísta na unicidade de Deus volta-se contra a identificação entre domínio e salvação. A base para tanto

---

[130] Mais detalhes a respeito em Alfons Fürst, "Monotheismus und Monarchie. Zum Zusammenhang von Heil und Herrschaft in der Antike", in: Stefan Stiegler/Uwe Swarat (orgs.), *Der Monotheismus als theologisches und politisches Problem*, Leipzig, 2006, p. 61-81, e em: *Theologie und Philosophie 81* (2006), p. 321-338 (no prelo), bem como *id.*, "Wahrer Gott – wahre Gerechtigkeit. Politische Implikationen des Monotheismus in der Spätantike", in: Gesine Palmer (org.), *Problem Monotheismus*, 2006 (no prelo).
[131] Conforme Jürgen Werbick, "Absolutistischer Eingottglaube? – Befreiende Vielfalt des Polytheismus?", in: Söding, 2003 (ver nota 1), p. 142-175, aqui p. 161-173.

é formada pela afirmação de que esse deus uno seria o verdadeiro deus, e justamente pelo fato de tornar acessível uma verdade que ninguém poderia evitar. Jürgen Werbick formula essa verdade da seguinte maneira: "A verdade que o Deus bíblico torna acessível aos homens (...) é aquela na qual e pela qual os homens devem encontrar sua determinação. Por essa razão, não verdadeiro deve ser considerado aquilo que vai contra essa determinação, que não valoriza ou que reprime a humanidade e fere a dignidade designada por Deus aos homens".[132]

Com isso, o monoteísmo permite que se questione criticamente a política e o domínio com base em sua legitimação e em seu interesse. O politeísmo pode encenar, legitimar e assegurar religiosamente o domínio, mas não pode criticá-lo nem questioná-lo, pois os deuses, seus defensores e seus opositores nada mais são do que o reflexo impotente e sem perspectiva das coalizões e das guerras de impérios e soberanos terrenos. Em contrapartida, indo contra a suspeita corrente de ser totalitário, o monoteísmo oferece um contraforte estável contra ideologias funcionalistas da imanência e contra pretensões políticas e religiosas à totalidade.[133]

Por conseguinte, não se deve de modo algum contestar o fato de o monoteísmo, ao longo de sua história, ter sido constantemente usado de forma incorreta para favorecer pretensões ao poder e ao domínio. Justamente na história do cristianismo – mas também naquela do judaísmo e do islamismo – tentou-se e ainda se tenta produzir um *continuum* de verdade e poder, representado por "majestades absolutamente cristãs" ou hierarquias

---

[132] *Ibid.*, p. 168.
[133] Cf. *ibid.*, p. 170.

eclesiásticas.[134] Na história dos monoteísmos isolados houve e há uma utilização legítima e abusiva da verdade divina. Justamente perante essa história de abusos, não se deveria esquecer que ao discurso de um único deus é inerente um enorme potencial de crítica ao domínio e às ideologias. A "vontade" de Deus "exige que os homens resistam a transformar em ídolos realidades terrenas; a verdade divina revelada por ele aparece como a objeção àquilo que os homens projetam a fim de sancionar seus interesses por determinadas ideologias".[135]

7. Passado e futuro do monoteísmo (cristão)

Sobretudo devido ao que foi esboçado no capítulo anterior, penso que, em princípio, a ideia monoteísta de Deus não se baseia em intolerância nem gera inevitavelmente violência, mas, muito pelo contrário, disponibiliza um recurso irrenunciável para intervir contra a imposição violenta de pretensões ao poder e ao domínio e a favor da paz e da humanidade. Porém, como justamente a maior parte da história da Igreja fala outra língua, o monoteísmo acabou ficando sob suspeita geral.[136] O cristianismo tem boa parte de sua história contra si. Será que ainda existe futuro perante esse passado? Se não quisermos recair nos extremos ideológicos de uma paixão anticristã ou antirreligiosa nem de

---

[134] Cf. *ibid.*, p. 166.
[135] *Ibid.*, p. 170.
[136] Ver o título apresentado na nota 2 da introdução, referente a Müller, 2002; cf. também *id.*, "Der Monotheismus im philosophischen Diskurs der Gegenwart", in: Söding, 2003 (ver nota 1), p. 176-213, especialmente p. 176-193.

uma apologética cristã barata, o debate tem de concentrar-se nos problemas reais levantados por tal questão. Cito aqueles que me parecem centrais:

(1) Ideias de unidade e universalidade unem-se facilmente às pretensões ao absolutismo de seus portadores, não apenas nas religiões. A desconfiança atual em relação a uniformizações e imposições de toda espécie nutre-se, com toda razão, das experiências históricas do século XX, com pretensões mais ou menos monstruosas à totalidade. "Se as pretensões religiosas ao prestígio não se converterem em repressão e violência, resta-nos perguntar quão pluralistas podem ser sobretudo as religiões monoteístas."[137] Mesmo quando especialmente as igrejas cristãs têm tanta dificuldade para lidar com isso: usando um chavão antigo, a unidade só pode ocorrer *na variedade* e *na liberdade*.

(2) Não poderíamos livrar-nos desse problema fastidioso e, é bem verdade, nada novo, simplesmente renunciando à distinção entre verdadeiro e falso em questões religiosas, que teriam trazido tanta desgraça para o mundo? Essa foi a questão levantada pelo egiptólogo Jan Assmann nos últimos anos.[138] No debate desencadeado por ele e que penetra na consciência de um público mais amplo, há que se esclarecer sobre o que trata a "distinção

---

[137] Körtner, 2003 (ver nota 7 na Introdução), p. 102.
[138] Ver Jan Assmann, *Moses der Ägypter. Entzifferung einer Gedächtnisspur*, München/Wien, 1998 (Frankfurt a. M., ²2000); *id.*, *Die Mosaische Unterscheidung oder der Preis des Monotheismus*, München/Wien, 2003; além disso, *id.*, "Die 'Mosaische Unterscheidung' und die Frage der Intoleranz. Eine Klarstellung", in: Rolf Kloepfer/Burckhard Dücker (orgs.), *Kritik und Geschichte der Intoleranz*, Heidelberg, 2000, p. 185-195.

mosaica" nomeada por Assmann.[139] Com efeito, os respectivos textos bíblicos visam não a uma distinção formal entre um deus verdadeiro e muitos deuses falsos, mas a uma distinção de conteúdo entre liberdade e não-liberdade. O deus de Israel mostra-se o verdadeiro deus, na medida em que institui e protege a liberdade, a justiça e a solidariedade. Na "distinção mosaica" entre verdadeiro e falso nas religiões, trata-se secundariamente da alternativa entre monoteísmo e politeísmo, porém, em primeiro lugar, trata-se daquela alternativa entre a falta de liberdade e de justiça, de um lado, e entre liberdade e dignidade humana, de outro. Foi justamente nessa linha que Orígenes favoreceu o monoteísmo em relação ao politeísmo de um modo, por assim dizer, correto do ponto de vista teológico e bíblico. O que está em debate com a "distinção mosaica" não é simplesmente o número de deuses, mas as implicações éticas do monoteísmo e a liberdade do homem. Nesse sentido, as religiões monoteístas não se devem

---

[139] Ver a sequência em Erich Zenger, "Was ist der Preis des Monotheismus? Die heilsame Provokation von Jan Assmann", in: *Herder-Korrespondenz 55* (2001), p. 186-191, aqui p. 190s., republicado em: Assmann, 2003 (ver nota 138), p. 209-220. Ver também Manfred Weipert, "Synkretismus und Monotheismus. Religionsinterne Konfliktbewältigung im alten Israel", in: Jan Assmann/Dietrich Harth (orgs.), *Kultur und Konflikt*, Frankfurt a. M., 1990, p. 143-179, aqui p. 151s.; logo em seguida: Jan Assmann/Bernd Janowski/Michael Welker, "Richten und Retten. Zur Aktualität der altorientalischen und biblischen Gerechtigkeitskonzeption", in: *id.*, (orgs.), *Gerechtigkeit. Richten und Retten in der abendländischen Tradition und ihren altorientalischen Ursprüngen*, München, 1998, p. 9-35, aqui p. 21-23 no ensaio de Bernd Janowski, "Israel: Der göttliche Richter und seine Gerechtigkeit" (*ibid.*, p. 20-28); Hans-Josef Klauck, "'Pantheisten, Polytheisten, Monotheisten' – eine Reflexion zur griechisch-römischen und biblischen Theologie", in: *id., Religion und Gesellschaft im frühen Christentum. Neutestamentliche Studien (Wissenschaftliche Untersuchungen zum Neuen Testament 152)*, Tübingen, 2003, p. 3-53, aqui p. 25-29.

contentar em defender suas convicções, mas têm a tarefa de converter na respectiva prática seu conceito de deus e de religião.

(3) Por certo, com a apologética as religiões monoteístas nunca tiveram dificuldades, mas sim com a prática. Foi seu fracasso histórico que nutriu a suspeita de que a violência seria inerente ao monoteísmo.[140] No entanto, trata-se de uma conclusão teológica errônea querer deduzir da onipotência do deus reconhecido como único uma pretensão ao poder universal por parte de seus adoradores. Por isso, Eckhard Nordhofen elaborou uma distinção bastante útil, entre um monoteísmo privado e outro usurpador.[141] No monoteísmo usurpador, o próprio partido tem a posse de Deus e o usurpa para interesses próprios. Essa sempre foi a variante mais difundida do monoteísmo, desde os possuidores devotos de Deus – mesmo nas hierarquias eclesiásticas – até o "Deus vult" nos estandartes dos cruzados e no "Deus está conosco" dos fechos de cinturões alemães. Em contrapartida, no monoteísmo privado, Deus é uma grandeza incalculável, não representável, uma realidade que não pode ser apreendida com nenhum dos predicados comuns de Deus, porém, com cuja presença sempre se pode contar – "Estarei lá como aquele que serei" (Êx 3,14). Um deus como esse não pode ser transformado em instrumento da vontade pessoal. Além disso, quanto mais universal for esse deus, mais clara será a divisão entre os interesses pessoais e aqueles divinos, pois já não pode haver uma posse exclusiva de Deus. "Quando perguntamos a respeito do futuro do monoteísmo, tudo depende de saber se a separação entre o monoteísmo privado e aquele usurpador é possível."[142]

---

[140] Conforme Assmann, 2000 (ver nota 115), p. 264.
[141] Eckhard Nordhofen, "Die Zukunft des Monotheismus", in: *Merkur 53* (1999), p. 828-846.
[142] *Ibid.*, p. 842.

AUSÊNCIA E PRÁTICA DE VIOLÊNCIA NO HINDUÍSMO E NO BUDISMO

Devoção tâmil, budismo cingalês e o poder da representação

Annette Wilke

1. Introdução

1.1. Esboço do problema: O conflito no Sri Lanka

Nos templos hindu-tâmeis da Alemanha,[1] uma questão incômoda dá o tom da conversa: haverá nova guerra no Sri Lanka? Já faz dois anos que os tratados de paz foram interrompidos, e a guerra civil entre expoentes da maioria cingalo-budista e a minoria tâmil renova suas ameaças. Os cerca de 60.000 tâmeis na Alemanha, dos quais aproximadamente 45.000 são hindus, têm sua própria experiência de guerra. A maioria deles é de re-

---

[1] Desde o final dos anos 80, vivem 60.000 tâmeis na Alemanha, e destes, cerca de 45.000 hindus, que logo após sua imigração estabeleceram seus locais de culto. No final de 2002 foram contados 25 templos, com uma prevalência no Estado de Nordrhein-Westfalen. Cf. Martin Baumann/Brigitte Luchesi/Anette Wilke (orgs.), *Tempel und Tamilen in zweiter Heimat. Hindus aus Sri Lanka im deutschsprachigen und skandinavischen Raum*, Würzburg, 2003, p. 3-274.

fugiados da guerra civil, que no "verão sangrento" de 1983 deixou seu país e foi acompanhada por sua família. Praticamente não há família que não tenha a lamentar mortos, torturados, e gente que perdeu tudo com a guerra civil cingalo-tâmil. Muitos simpatizam com os LTTE (*Liberation Tigers of Tamil Ealam*), que não tiveram escrúpulos ao escolher a resistência armada para remediar a discriminação étnica a que se viam cada vez mais expostos os tâmeis em seu próprio país. Atualmente, os LTTE são a única organização no Sri Lanka a representar os direitos dos tâmeis. Os primeiros atentados suicidas não foram cometidos por muçulmanos radicais, mas por Tamil Tigers, e o governo cingalo-budista promoveu cruéis carnificinas com o intuito de dominar o movimento militante de resistência. Como em outros movimentos subversivos, para este também vale a regra de que os terroristas de um são os que lutam pela libertação do outro.

O conflito no Sri Lanka tem raízes muito antigas, mas desde 1948, quando o país se tornou independente, ele vem se agravando. Não se trata de uma guerra religiosa, porém foram agentes religiosos, especialmente membros da Sangha budista (ordem monástica), que aceleraram as tensões, aprofundaram e legitimaram a violência. Os primeiros testemunhos já se encontram nas antigas crônicas da ilha, que foram redigidas pelos monges budistas eruditos. Estes viam os tâmeis, e não a si mesmos, como agressores, tal como ainda hoje se argumenta. Tornou-se uma fórmula-padrão opor os agressivos tâmeis ao dócil budismo. O que na verdade se tem em mente no conflito atual são os LTTE, enquanto antigamente a atenção se voltava aos reis tâmeis, que conquistaram o norte do Sri Lanka a partir de Tamil Nadu, ao sul da Índia. O reino indiano contava com um carisma sagrado. Os LTTE são um movimento puramente secular, mas fazem uso de uma base religiosa para introduzir suas criações no vocabulário, nas estratégias de propaganda e nos rituais de memória aos mortos ("comemoração dos heróis").

Bem diferente da imagem cingalo-budista dos agressivos tâmeis, seus patrícios tâmeis que vivem na Alemanha gozam da fama de estarem dispostos à integração e de serem dóceis nas relações sociais, tanto no mercado de trabalho quanto na escola.[2] Por ocasião da festa do templo nas cidades de Hamm e Uentrop, é significativa a observação de um policial: "Quando se trata da comunidade hindu, há que se dizer que sua religião é muito pacífica, (...) muito tolerante".[3]

Por trás das avaliações contrárias estão processos concretos de interação e experiências reais, contextos históricos e culturais diferentes, relações de poder variáveis e desproporcionais de minorias e maiorias, mas também uma realidade complexa, que escapa às meras construções alternativas – e talvez sobretudo às imagens do outro. Por exemplo, a imagem frequente do hinduísmo tolerante e pacífico por parte dos europeus ou a imagem positiva que os budistas fazem de si mesmos, de pertencerem a uma religião "dócil" e amiga da paz, mas igualmente a imagem hostil ou estruturalmente bastante semelhante, por parte de estrangeiros ou dos próprios nativos, que os partidos adversários do Sri Lanka – budistas e tâmeis cingaleses, sendo a maioria hindu – têm uns dos outros, ou seja, de serem os bons que realmente amam a paz, enquanto seus opostos são os que agem de modo violento, agressivo e mau.

---

[2] Kurt Salentin, "Wurzeln in der Ferne schlagen", in: Baumann/Luchesi/Wilke, 2003 (ver nota 1), p. 75-97; Martin Baumann, *Tamilische Flüchtlinge in der Bundesrepublik. Eine Bestandsaufnahme sozialer, ökonomischer und rechtlicher Aspekte der Integration*, London, 2002.

[3] Agradeço a Bernd Mussinghoff esse excerto de uma entrevista realizada durante a festa do templo, em 2004.

1.2. E onde fica a *ahimsa*?
Perspectivas alteradas de pesquisa

Christoph Auffarth e Hubert Mohr começam seu ensaio "Religião" no *Metzler Lexikon* com a seguinte constatação programática: "Em dezembro de 1992, hindus destruíram uma mesquita em Ayodhya, na Índia; seguiram-se semanas de conflitos de rua com muitos mortos. O hinduísmo é considerado uma religião pacífica, enquanto o islamismo é avaliado como agressivo. Nesse caso, ocorreu exatamente o contrário: os hindus destruíram um templo e mataram pessoas, e os muçulmanos são as vítimas".[4]

Segundo os autores, quando Gandhi declarou a *ahimsa*, "não-violência" (literalmente "não machucar"), como "essência" do hinduísmo, ele o fez mais por pragmatismo político e adequação às condições dos britânicos do que como definição efetiva. Recentemente, Michael Bergunder tentou provar que a centralização da não-violência efetuada por Gandhi inspirava-se indiretamente nos discursos ocidentais de crítica ao cristianismo e nas recepções romantizadoras na Índia.[5] Em meados do século XIX, a tipificação do hinduísmo como panteísmo e vizinho espiritual tolerante e não-violento ter-se-ia transformado, para os intelectuais, no monoteísmo intolerante e violento do longín-

---

[4] Christoph Auffarth/Hubert Mohr, "Religion", in: *Metzler Lexikon Religion* 3 (2000), p. 160.

[5] Michael Bergunder ofereceu-me gentilmente o texto de sua conferência a esse respeito ("'Östliche' Religionen und Gewalt"), realizada em 2005 no Congresso "Religion und Gewalt" [Religião e violência], em Berlim. Seu ensaio em francês trata de tema semelhante: "Religions 'orientales' et violence", in: Matthieu Arnold/Jean-Marc Prieur, *Dieu est-il violent? La violence dans les représentations de Dieu*, Strasbourg, 2005.

quo patrimônio europeu. Além disso, com Vivekananda (1863-1902), reformador hindu e monge bengali, o hinduísmo ter-se-ia imposto como principal crença do neo-hinduísmo na Índia. As manifestações de Gandhi em prol da não-violência e da tolerância hinduístas inseriram-se facilmente nessa linha de recepção, e o filósofo também teria influenciado o budismo tibetano: uma carta de Gandhi ao 13º dalai-lama em 1931, na qual o primeiro exprime sua esperança de que o Tibete também deveria seguir o segredo da doutrina *ahimsa*, transmitida por Buda, teria causado "perturbação" no Tibete, pois "não se sabia o que fazer com a palavra *ahimsa*", cujo sentido dado por Gandhi era "totalmente desconhecido" do dalai-lama da época.[6] Uma resposta esclarecedora por parte de Gandhi não demoveu o 13º dalai-lama de aceitar uma resistência armada. Ao contrário de seu antecessor, o atual 14º dalai-lama adotou progressivamente a concepção da *ahimsa* de Gandhi e a transformou no símbolo do budismo, que passou a ser considerado uma religião essencialmente não-violenta.

Ambos os exemplos são continuações – e exacerbações – de uma desconstrução das "religiões orientais", repetidamente expostas na ciência ocidental das últimas décadas. A não-violência essencial do hinduísmo e do budismo e essas culturas religiosas

---

[6] Pelo menos é assim que Bergunder interpreta a resposta a Gandhi, na qual o 13º dalai-lama pede: "Eu ficaria feliz se pudesse explicar-me o significado do termo *ahimsa* na língua inglesa e como conceito religioso". Citado a partir de Bergunder, manuscrito alemão, p. 24; *id.*, 2005 (ver nota 5), p. 127, com remissão ao original inglês em T. Tsering, "Gandhi. An Old Friend of Tibet", in: *Tibetan Review 19* (1998), p. 11-12: "(...) I would welcome your comments clarifying the signification of the word Ahimsa in the English language and in mantra terms".

como um todo evidenciaram-se nesses discursos científicos como constructos dos orientalistas, ou seja, pesquisadores ocidentais de assuntos relacionados à Ásia, e como projeções do imaginário europeu.[7] Sob o olhar dos pesquisadores, as qualidades proverbiais da sabedoria oriental antiga se perderam e se transformaram em invenções da modernidade: o hinduísmo contemplativo, voltado para a unidade mística e tolerante em relação a todas as religiões, a "doutrina pura", racional e antirritualista de Buda, a pacificidade das religiões asiáticas e "do" hinduísmo e budismo em geral. Segundo as teses, os orientalistas tinham uma participação profunda nesse constructo. No século XIX, Max Müller e outros filólogos tentaram entender as culturas de religiões orientais, seguindo o modelo das "religiões do livro", e selecionaram o *Veda*, sobretudo o *Rig-Veda* e os *Upanixades* (*Vedanta*),[8] bem

---

[7] Debates sobre o orientalismo e críticas pós-coloniais foram lançados sobretudo por Edward Said, *Orientalism*, New York, 1978. Quanto à esfera indiana, cf. Paul Hacker, "Zur Geschichte und Beurteilung des Hinduismus", in: *Orientalische Literaturzeitung* 5/6 (1964), p. 40-43; Wilhelm Halbfass, *Indien und Europa. Perspektiven ihrer geistigen Begegnung*, Basel, 1981; Ronald Inden, *Imagening India*, Oxford, 1990; Eli Franco/Karin Preisendanz (orgs.), *Beyond Orientalism. The Work of Wilhelm Halbfass and its Impact on Indian and Cross-Cultural Studies*, Amsterdam, 1997; Jürgen Osterhammel, "Edward Said und die 'Orientalismus'-Debatte. Ein Rückblick", in: *Asien Afrika Lateinamerika* 25 (1997), p. 597-607; Richard King, *Orientalism and Religion. Postcolonial Theory, India and "the Mystic East"*, London, 1999; Peter van der Veer, *Imperial Encounters. Religion and Modernity in India and Britain*, Princeton, 2001.

[8] O *Rig-Veda*, uma coletânea de hinos aos deuses que remonta ao segundo milênio a.C., constitui a mais antiga literatura sagrada da Índia. Os *Upanixades* são textos tardios do *Veda*, surgidos entre o século VII e o II a.C., que documentam a filosofia indiana primitiva e são conhecidos como os últimos excertos canônicos do *Veda*, também chamados de *Vedanta*, literalmente "fim do *Veda*". No sentido transmitido até hoje, a designação "*Vedanta*" é, ao mesmo tempo, entendida como "aperfeiçoamento do *Veda*" e caracteriza o sistema filosófico, ou melhor, a sistematização posterior da doutrina de unidade

como o *Cânon Páli*⁹ como "escritos sagrados" ou "bíblias" dos hindus e dos budistas. Um livro sagrado, que contém a "doutrina primitiva" "da maneira mais pura", também precisa conter a definição de uma autêntica "religião universal". Essa doutrina é vista nos hinos aos deuses do *Rig-Veda* que, segundo Max Müller, ainda demonstravam um monoteísmo puro, à diferença do politeísmo ulterior. Além disso, a "doutrina primitiva" aparece naquela do *Upanixade* sobre a não-dualidade de Deus e da alma individual – doutrina essa que foi recebida como "panteísmo", filosofia harmônica da unidade, mística que ultrapassa a cultura e a "philosophia perennis" – e sobretudo nas "palavras originais de Buda" como uma ética superior e uma orientação racional do sentido que é compatível com o esclarecimento, livre de adornos "supersticiosos", mitológicos e ritualistas.¹⁰

---

dos *Upanixades*. O mais influente comentador e sistemático da história era Shankara (século VII/VIII d.C.), cujo "Kevala-Advaita" ou "Advaita Vedanta", ou seja, não-dualismo rigoroso da unidade de divindade e alma individual, tornou-se a interpretação mais importante e difundida do *Upanixade* e encontrou ampla recepção no hinduísmo dos modernos.

⁹ O *Cânon Páli*, mais antigo gênero literário do budismo, surgiu no Sri Lanka entre os séculos III e I a.C. e foi registrado por escrito por volta de 35 a.C., ou seja, alguns séculos após a vida do histórico Buda (século V/IV a.C.). O *Cânon Páli* contém os ensinamentos de Buda, as regras monásticas e a escolástica dos primórdios do budismo.

¹⁰ Conforme Konrad Meisig, *Klang der Stille. Der Buddhismus*, Freiburg, 1995, sobretudo p. 21-74. Em contrapartida, Bernard Faure, *Buddhismus*, Bergisch-Gladbach, 1998, p. 62s. (primeira edição francesa, 1997): "Não há provas de que o budismo primitivo tenha sido tão 'puro' como se costuma afirmar. Também se pode dizer que o budismo 'puro' – racional e antirritualista ao máximo grau – não passa de um imaginário ocidental que nem sequer possui a legitimidade de uma representação autóctone (originária do próprio país) e que frequentemente se vê diante das representações autóctones com a típica arrogância dos 'orientalistas'. Ao ignorar os aspectos mitológicos e pietistas do budismo, os partidários do historicismo ganham o título de (...) 'eunucos no harém da história' (...) Quando tomado em seu âmbito ritual, o pensamento budista perde sua autenticidade, sua particularidade".

Problemáticos nessa questão eram tanto a concentração textual quanto a nostalgia da origem, para não falar de uma interpretação em parte fortemente projetiva: nem contextos históricos e sociais, nem rituais e literaturas sagradas posteriores – que muitas vezes, na vivência do hinduísmo e do budismo, determinam com intensidade ainda maior do que os "textos originais" *Veda* e *Cânon Páli* a prática religiosa – foram considerados ou até esclarecidos como apostasia da doutrina pura. De fato, o hinduísmo e o budismo tiveram não apenas um escrito sagrado, mas, antes, uma multiplicidade de obras sagradas, e sobretudo o termo hinduísmo, no singular, é enganador, pois se refere a um conceito coletivo que se aplica a muitas tradições religiosas e culturas regionais. A complexa alternância entre a multiplicidade de formações de tradições locais e formas suprarregionais no hinduísmo e no budismo foi totalmente interrompida, e muitas vezes isso é observado ainda hoje no que se refere às introduções científicas de cunho popular. Uma escala considerável na seleção e na interrupção – e certamente também um ímpeto de crítica ao cristianismo – elevou a não-violência e a tolerância essencial a categorias centrais das culturas orientais do saber, o que fez com que ao hinduísmo fosse atestado um Uno-Todo místico e, ao budismo, uma racionalidade e uma ética. Com certa razão, pode-se falar de um produto da cultura europeia, que, no entanto, sobressaiu-se por ter gerado efeitos que criavam a realidade e não ter sido absolutamente unilateral. Tal produto foi assimilado pelos reformadores hinduístas e budistas, aprofundado quando estes recorreram às próprias tradições e convertidos numa prática relevante – por exemplo, por Gandhi e pelo dalai-lama. Foi explorado do ponto de vista nacionalista e serviu (ainda serve) às polêmicas críticas ao cristianismo e ao islamismo. Além de tudo isso, esse produto da cultura europeia marca substancialmente o *éthos* e a imagem que hindus e budistas eruditos fazem de si mesmos. Destarte, processos complexos e contemporâneos de interação determinam a imagem ocidental, bem como a moderna imagem oriental do hinduísmo e do budismo.

Sem dúvida ocorreram mudanças decisivas nas culturas religiosas do Sul da Ásia ao longo do colonialismo, da independência, da formação do Estado nacional e dos processos interativos de recepção. Pesquisadores ocidentais cunharam os conceitos de "neo-hinduísmo", "neovedanta", "neobudismo" e "budismo protestante" para o hinduísmo espiritualizado e moldado segundo os padrões da ética e o budismo dos modernos. O prefixo "neo" ("novo") é problemático, pois corre o risco de repetir a antiga nostalgia pelas origens sob uma nova roupagem e de desconsiderar a constante dinâmica e a reinterpretação das religiões. Nenhuma das concepções é totalmente nova, nem a recepção daquilo que foi dito pelos europeus. Antes, tradições já existentes foram aceitas e refletidas de modo compatível com a modernidade. O conceito sânscrito *ahimsa* também possui uma história antiga – de mais de dois mil anos – na Índia, e o valor da não-violência não é absolutamente uma invenção de Gandhi, pois já existia no antigo jainismo, no budismo e nas culturas da religião hindu. E, no entanto, a interpretação específica que Gandhi faz da *ahimsa* como resistência não-violenta praticamente não se encontra nas tradições antigas. Assim como o Sermão da Montanha não conduz as culturas cristãs a uma consequente renúncia à violência, a *ahimsa* também não significa uma renúncia à violência para as culturas asiáticas. No hinduísmo, a luta chega a ser uma obrigação religiosa das castas guerreiras. A *ahimsa* é um valor específico dos "renegadores", ou seja, das tradições ascéticas dos monges, para as quais também há exceções – por exemplo, as ordens ascetas armadas dos Nagas. Introduzida pelo jainismo, recebida pelas ordens monásticas budistas e adotada em regras monásticas de renegadores hinduístas com o voto programático de não fazer mal a nenhum ser, a *ahimsa* também influiu na ética dos valores da tradição normativa sânscrita dos brâmanes. No entanto, ela implica muito mais o vegetarianismo e a proibição de abate de gado bovino do que a resistência sem violência.

Não obstante, a focagem de Gandhi na *ahimsa* e na tolerância não é uma pura "invenção da tradição", e um exemplo bastante antigo e especialmente notável disso são as proclamações programáticas do imperador Ashoka (cerca de 268-233 a.C.), que ele mandou esculpir numa pedra.[11] Entre outras coisas, Ashoka, que dominou a maior parte da Índia, declara em seus éditos gravados em pedra seu arrependimento em relação a guerras realizadas e ao sofrimento por elas causado: futuramente ele não almejava nenhuma vitória que não fosse o "dhamma" (vitória ética). Uma parte considerável das inscrições de Ashoka trata do dhamma. Esse conceito tem aqui o sentido de moralidade e, mais especificamente, de proteger as religiões em seu império, agir em prol do bem-estar do mundo, preservar os seres vivos, proteger os animais, criar medidas para que os súditos vivam melhor, ajudar os pobres, os velhos e os órfãos, tratar bem os escravos e os serviçais, evitar o ciúme, a crueldade e a inveja, moderar os gastos e acumular riquezas, e muito mais. Impressionante é o posicionamento de Ashoka em relação à antiga sociedade multirreligiosa (jainistas, budistas, hindus védicos etc.), que é bastante próximo do conceito de tolerância:

---

[11] *Die grossen Felsenedikte Ashokas*, edição crítica, tradução e análise de Ulrich Schneider, Wiesbaden, 1978. Quanto ao que segue, cf. também Richard Gombrich, *Der Teravada-Buddhismus. Vom alten Indien zum modernen Sri Lanka*, Stuttgart, 1997, p. 135-138 (primeira edição em inglês, 1988).

> O rei (...) honra todas as comunidades religiosas, sejam elas ordenadas ou provedoras, com presentes e honrarias (...). Contudo, aquele que é amado por Deus considera presentes e honrarias menos (importantes) do que, de modo geral, o crescimento em todas as comunidades religiosas. Porém, esse crescimento é múltiplo. Ele é o ponto de partida [a raiz], a saber, a contenção no discurso, o que significa que não se deve honrar a própria comunidade religiosa nem criticar a alheia sem motivo, ou então estas (a honraria, tanto quanto a crítica) devem ser moderadas caso exista motivo para esta ou para aquela. Todavia, terão de ser honradas justamente as comunidades religiosas alheias (...) Agindo-se assim, incentiva-se em grande medida a própria comunidade religiosa, sendo útil à comunidade alheia.[12]

O símbolo que Ashoka erige no capitel de uma inscrição em coluna era uma roda com muitos raios – na política indiana pós-Ashoka, um símbolo de domínio do reino ideal; no budismo, um símbolo da roda do dhamma, que Buda punha em movimento; na Índia moderna, é o ornato da bandeira nacional. A finalidade ideológica e política é clara: o reino Maurya sob Ashoka era uma grande hegemonia unificada que abrangia todo o subcontinente indiano; porém, na história posterior da Índia, desintegrou-se em muitos principados fragmentados que lutavam entre si, e, a partir do século X, passou para o domínio estrangeiro (islâmico e britânico), restabelecendo-se ulteriormente.

Em descrições da história indiana é comum ler que, sob Ashoka, o budismo era a "religião do reino" ou a "religião do Estado".[13] É o que fontes budistas também sugerem. Assim, por

---

[12] Décimo segundo édito, citado por Karl-Heinz Golzio, *Wer den Bogen beherrscht. Der Buddhismus*, Düsseldorf, 1995, p. 31s.
[13] Cf., por exemplo, Dietmar Rothermund, *Indische Geschichte in Grundzügen*, Darmstadt, 1989, p. 28.

exemplo, crônicas ceilonenses contam que Ashoka era a princípio um soberano cruel que se converteu ao budismo após ter recebido os ensinamentos de um monge mendicante budista. De fato, a doutrina humanista do Estado, que Ashoka defendia em seus éditos inscritos em rochas, é coerente com os ensinamentos de Buda e de textos pedagógicos posteriores.[14] Não são poucos os pesquisadores que explicam a conversão de Ashoka de senhor da guerra em príncipe da paz devido a sua conversão ao budismo. Todavia, na literatura moderna, questionou-se se Ashoka era um budista laico.[15] Embora se lhe atribua uma inclinação pessoal ao budismo, essa religião não era privilegiada no Estado; ao contrário, Ashoka incentivava todas as comunidades religiosas. A imagem ideal do soberano pacífico também é duvidosa. Segundo Leo Both,[16] embora o imperador se esforçasse para reger em prol do bem-estar dos súditos, não foi nenhum "entusiasta religioso"; antes, teria governado com o método "bate e assopra". Se os povos dominados resistissem, Ashoka mostrava-se inteiramente

---

[14] Cf. Gombrich, 1997 (ver nota 11), p. 89-94, e a compilação de textos pedagógicos em "*Bhikku Pasadika*, Grundvortellungen zum Verhältnis zwischen Religion und weltlicher Macht im frühen Hina- und Mahayana", in: Peter Schalk *et alii* (orgs.), *Zwischen Säkularismus und Hierokratie. Studien zum Verhältnis von Religion und Staat in Süd- und Ostasien*, Uppsala, 2001, p. 73-88.

[15] Além de Golzio, 1995 (ver nota 12), cf. Oliver Freiberger, "Staatsreligion, Reichsreligion oder Nationalreligion?", in: Schalk, 2001 (ver nota 14), p. 19-36. Em defesa da tese de que ele era um budista laico: Gombrich, 1997 (ver nota 11), p. 135-138.

[16] Leo Both, "Die Dhamma-Proklamation in den Inschriften Ashokas (ca. 268-233 a.C.) als Mittel zur Herrschaftslegitimation und Herrschaftssicherung", in: *Zeitschrift für Missionswissenschaft und Religionswissenschaft 3* (1999), p. 195-209. Diferentemente de Gombrich, 1997 (ver nota 11), Both acompanha Schneider, 1978 (ver nota 11), ao duvidar do arrependimento e do sentimento de culpa de Ashoka e acha que a pena de morte e a tortura não foram abolidas.

pronto para iniciar uma nova ofensiva militar. Não se pode absolutamente atribuir a uma política pacifista de Ashoka o fato de o reino Maurya ter ruído, como pensavam muitos pesquisadores antigos. Ao contrário, ele teria contribuído para uma estabilização do reino e se mostrado um homem de Estado pragmático que, com seu vigor, teria dominado e mantido sob controle as forças centrífugas da multiplicidade política, econômica e linguística. Por um lado, a política religiosa de Ashoka teria sido marcada pela tolerância e, por outro, pelos interesses do Estado.

Na memória cultural da Índia, bem como do Sri Lanka (até 1978 conhecido como Ceilão), Ashoka tornou-se a figura do soberano ideal e serviu de grande modelo, embora muitos reis tenham sido tudo menos príncipes da paz. Tanto na Índia quanto no Sri Lanka, duas coisas se verificam: o incentivo a várias comunidades religiosas e uma política religiosa exclusivista. É questionável se se pode atribuir à primeira o conceito de tolerância que surgiu na Europa do século XVII: supõe-se que a pragmática política e um *habitus* cultural diferente sejam modelos melhores de explicação. Na verdade, no plano estatal, a ausência de violência nunca foi um valor absoluto. No plano do comportamento religioso e social, a questão é um pouco mais complexa. Provavelmente não é por acaso que na pesquisa se tenha atribuído ao budismo – especificamente àquele teravada monástico – uma ausência de violência muito mais fundamental do que ao hinduísmo.[17] Qual seria então a importância do conceito *ahimsa* no hinduísmo?

No *Manava-Darmasastra* ("Código de Manu"), obra clássica do Darma hindu, que teria surgido pouco antes da era cristã, falta à

---

[17] É o que pensam, por exemplo, Gombrich, 1997 (ver nota 11) e Peter Schalk, *Buddhism among Tamils in Pre-Colonial Tamilakam and Ilam*, 2 vol., Uppsala, 2002, aqui vol. 2, p. 836.

definição do darma o conceito da *ahimsa*: "Perseverança, tolerância, autocontrole, não roubar, pureza, controle dos sentidos, conhecimento, sabedoria, sinceridade, não ter raiva – essas são as dez características do Darma" (Manu 6.92). Em todo caso, a lista permite que se suponha uma postura fundamentalmente não-violenta, e implicitamente o comportamento não-violento e abrangente também é evidente no contexto do mandamento de vegetarianismo presente no Manu, segundo o qual o prazer com o consumo de carne está sempre ligado à violência cometida contra seres vivos (Manu 5.48). De modo bem mais explícito, o *Bhagavad-Gita* (entre os séculos II a.C. e II d.C.) formula um rol semelhante de virtudes: "Não ter instrução, estar livre da presunção, *não usar de violência (ahimsa)*, ser tolerante, honesto, honrar o mestre, ser puro, perseverante, ter autocontrole, não se deixar perturbar por coisas que provoquem os sentidos e, sobretudo, não ser egoísta (...)". A partir de Gandhi, que apreciava sobremaneira o *Bhagavad-Gita*, muitas vezes o texto foi descrito como "Bíblia do hinduísmo". No entanto, atribuir-lhe essa condição pode induzir a erro. Embora o Gita tenha atraído muitos comentários substanciais e instrutivos, na prática pré-colonial vivida na Índia – mesmo entre os adoradores de Krishna –, outros textos sagrados o precederam. Contudo, no Gita dos modernos – sobretudo entre os cidadãos cultos, independentemente das diferenças sectárias –, o Gita tornou-se efetivamente um texto sagrado análogo à Bíblia. Segundo Bergunder, o próprio Gandhi conheceu o Gita em London junto aos teósofos.[18] Chama a atenção o fato de que, mes-

---

[18] Os teósofos, sobretudo Annie Besant e Sir Olcott, tinham uma grande influência no hinduísmo e no budismo, bem como na política cultural da Índia e do Sri Lanka da era contemporânea e moderna, principalmente porque consideravam as religiões orientais culturas do saber muito desenvolvidas. Annie Besant fundou, entre outras coisas, a Banaras Hindu University e traduziu o *Bhagavad-Gita*, Madras e London, [13]1973 (primeira edição, 1904).

mo no Gita, em que a ausência de violência é particularmente mencionada, esta não aparece como valor único ou principal, mas, antes – analogamente ao rol de virtudes do Manu –, é inserida numa lista de propriedades éticas (BhG 13.8-12). Entre as inovações de Gandhi estavam elevar a *ahimsa* à qualidade de única categoria central e universalizá-la como válida para todo o hinduísmo.

A *ahimsa* antes de Gandhi pode ser descrita como um valor fundamental totalmente pautado na ética da mentalidade e pertencente a uma base de valores fundamentais, partilhada pela coletividade. Com estes últimos, ela exprime a racionalidade brâmane dos valores de modo ideal. Para a prática, é relevante o fato de que essa ética da mentalidade é modificada na ética das obrigações, que se destaca especificamente quanto à condição social, à idade e ao gênero – e sobretudo de que no darma dos guerreiros a *ahimsa* definitivamente não significa uma ausência de violência física. Mesmo no *Bhagavad-Gita*, esse darma não caracteriza uma resistência pacífica, e na Índia nunca se viu uma contradição nesse sentido. Os reis tiveram de realizar guerras a fim de poder perceber sua função de proteção. Justamente por isso também há divindades violentas e assustadoras. Por essa razão, já na religiosidade védico-brâmane normativa, a *ahimsa* não é um valor absoluto. Se tomarmos as inúmeras "religiões populares", encontraremos como "essência" da religião até mesmo traços de heroísmo violento, sacrifício sangrento de animais e autoflagelações, que foram rejeitados na tradição brâmane. Desse modo, a forma de lidar com a violência era diferenciada e complexa.

Ainda que a "não-violência" não possa ser determinada como "essência" do hinduísmo, a definição de Gandhi não deixava de contar com estruturas plausíveis. De resto, dificilmente seu conceito de *Satyagraha*, relativo à resistência pacífica, poderia ter alguma influência. Inspirada por Gandhi, a resistência tâmil contra a discriminação cingalo-budista – novas leis proibiam o emprego da língua tâmil sob o *slogan* "Sinhala only" – começou no Sri Lanka, em 1956, sem violência armada, mas com protestos pacíficos.[19] A militância tâmil veio mais tarde, nos anos 70, quando a juventude tâmil se viu praticamente excluída da universidade e perdeu toda crença no governo central. Os jovens acharam que a resistência armada seria mais eficaz do que a não-violência. Às repetidas demonstrações pacíficas dos anos anteriores opôs-se novamente a violência brutal, sem que a polícia intercedesse. Monges budistas, politizados de modo provocatório, atiçavam as desordens com campanhas antitâmeis que atingiam toda a ilha.[20] Até então, esse monasticismo que promovia ofensivas políticas e agitações era desconhecido no Sri Lanka e em outros países budistas. Porém, violência e guerra já haviam existido antes. Como o ensinamento de Buda prega que todo uso de violência é condenável, os Shakyas não ofereceram resistência ao serem mortos – portanto, foram coerentes ao renunciarem à violência, mas este permaneceu um caso isolado. De maneira geral, o mandamento de não matar não impediu guerras nos países budistas.[21] No Sri Lanka, o imperador Ashoka era tido como budista laico e grande modelo de soberano nacional, mas muitos reis ceilonenses – igualmente budistas laicos – foram tudo menos pacifistas convictos. Um deles, Dutthagamani, chegou a justificar como religiosa sua luta contra os tâmeis (ver a seguir).

---

[19] Cf. A. Jeyaratnam Wilson, *Sri Lankan Tamil Nationalism. Its Origins and Development in the 19th and 20th Centuries*, London, 1999, ind. Repr. 2000, p. 84, 88s., 94, 95, 101, 107.
[20] Wilson, 1999 (ver nota 19), p. 89.
[21] Heinz Bechert, *Buddhismus. Staat und Gesellschaft in den Ländern des Teravada-Buddhismus*, 3 vol., Frankfurt/Wiesbaden, 1966, 1973, 1977, aqui: vol. 1, p. 185, também para o que segue.

Todavia, há que se ressaltar que ele constitui uma exceção ilustre. De fato, guerras em nome da religião ou até mesmo guerras religiosas não são comuns no budismo. Nesse sentido, a imagem do budismo corresponde totalmente à realidade.

Tampouco houve maiores guerras religiosas no hinduísmo. No entanto, é questionável se nele isso tem a ver com um sistema geral de valores relativo à não-violência, pois não se pode absolutamente falar de um sistema geral de valores. Não há dúvida de que houve uma série de tensões inter-religiosas, combates religiosos violentos e, principalmente, uma boa quantidade de polêmica verbal – como de resto também no budismo. Contudo, ao lado desses conflitos sobretudo verbais, encontramos um surpreendente caso de inclusão bem-sucedida: no geral, as muitas tradições religiosas da Índia viviam de modo bastante pacífico. Pouca tolerância como *habitus* integrativo e pragmática pura eram responsáveis por essa situação. Além disso, a missão hinduísta era praticamente inexistente até a modernidade. Mais uma vez, porém, isso tem mais a ver com os mandamentos de pureza e os principados fragmentados, que lutavam entre si e, posteriormente, com o domínio muçulmano seguido por aquele britânico. Tal como nas regiões dominadas pelos budistas, naquelas dominadas pelos hindus também havia guerras e conflitos armados. Tratava-se de lutas políticas por poder, território e recursos. Embora não fossem guerras religiosas, a religião acabava entrando em jogo, pois muitas vezes estava estreitamente ligada à política tanto nas religiões hinduístas como no budismo. Meu exemplo para o devocionismo tâmil servirá para ilustrar aquele do hinduísmo, e o do Sri Lanka fará o mesmo com o budismo. Este último é bastante significativo no que se refere à ligação entre religião e violência, mas também é um caso extremo que de modo algum pode ser generalizado.

1.3. Especificação e questionamento

A imagem moderna do hinduísmo e do budismo conta com estruturas históricas plausíveis, mas não deixa de apontar para certas lacunas. Essa dupla observação constitui o tema deste ensaio. Uma das lacunas é composta pelos potenciais de conflito e pela violência. Negá-los seria o mesmo que negar fatos históricos. Fazer deles um tema exclusivo seria o mesmo que criar um novo anticlichê, o que também não é muito pertinente. O fato de determinados sistemas religiosos poderem ser classificados segundo modelos concretos de ações violentas ou pacíficas é uma questão que se move num nível de abstração tão elevado que dificilmente resiste à empiria. Exemplos contrários também podem ser encontrados. Todos os exemplos tratam de outros assuntos além da religião, o que na maioria das vezes chega a ser regra. Porém, mesmo a vida religiosa real é um pouco mais complexa, multiforme, contraditória e ambivalente do que se poderia conceber na simples oposição entre violência e não-violência. O que é decisivo quando falamos de violência é que o caso concreto e empírico de violência só aparece em situações históricas e cenários sociais muito específicos.

Discutir a história regional concreta é uma limitação consciente. Não existe "o" budismo nem "o" hinduísmo, como já se aludiu. A multiplicidade de tradições regionais, as denominações que se desenvolveram ao longo da história e as diferentes estruturas evolutivas não podem ser tratadas da mesma maneira. Desde o início, o budismo no Sri Lanka estava ligado ao poder político, enquanto na China também passou por fases de perseguição. Entre o budismo e o hinduísmo houve muita polêmica áspera, mas também processos de interação tão estreitos que acabaram se unindo: o budismo *newar* contém tantos elementos hinduístas que é difícil decidir se é necessário falar de budismo ou de hinduísmo. Situação semelhante já ocorria na fase final do budismo na Índia (séculos X-XIV). Sendo assim, o "caso Sri Lanka" não pode ser universalizado no que se refere ao budismo nem ao hinduísmo. No entanto, parece mais fácil generalizá-lo do ponto de vista sistemático. Com base nos exemplos do Tamil Nadu e do Sri Lanka, serão feitas pesquisas sobre situações históricas em que a violência vem à tona e se intensifica e sobre o modo como isso é reproduzido, por exemplo, em panoramas historiográficos de hagiografias, crônicas ou constituições nacionais. Esta exposição tem por objetivo elaborar possíveis modelos genéricos de estruturas que estejam relacionadas a circunstâncias e condições que incentivam a violência, bem como aquelas referentes a produção de imagens hostis, a significações e a funções de violência legitimada pela religião.

Outro objetivo deste ensaio é fazer um exame crítico da violência como tema ou tabu no discurso científico. Podem-se facilmente construir imagens do hinduísmo e do budismo que sejam bastante distintas, dependendo da perspectiva central estabelecida e da seleção feita. Violência e não-violência também são uma questão de representação. Isso vale no plano da interação cotidiana e dos meios de comunicação de massa, como a imprensa escrita e a televisão, mas vale igualmente nos discursos eruditos. Nestes, há que se indagar não apenas como eruditos indígenas representam suas tradições, por exemplo, em teologias, hagiografias e crônicas, mas também como os cientistas o fazem. Essa pesquisa deve ser feita primeiramente no hinduísmo. Nela se terá como resultado – por assim dizer, como produto secundário – o modelo de como o pluralismo religioso é tratado no hinduísmo. De maneira mais detalhada são discutidos os movimentos tâmeis de devoção no Sul da Índia (Tamil Nadu) durante a Alta Idade

Média, bem como sua dimensão política, sobretudo porque os hinos extáticos dos xivaístas-tâmeis (*Tevaram*) também são de grande importância para os tâmeis do Sri Lanka e atualmente são cantados como parte regular do culto, mesmo nos templos da diáspora.

2. Representações do hinduísmo e o caso do devocionismo tâmil

2.1. Hinduísmo intolerante

Antes mesmo de a já mencionada mudança de olhar em relação às culturas orientais começar a se impor nos círculos científicos, houve considerações críticas sobre o hinduísmo que já questionavam a tolerância de que falamos. Foi o que fez, de modo extraordinariamente perspicaz, o indólogo Klaus Klostermaier em seu volume sobre o hinduísmo, de 1965. Seu capítulo intitulado "Ortodoxia e heresia"[22] contrapõe a imagem amplamente difundida da tolerância religiosa, baseada numa série de exemplos, a um hinduísmo intolerante, fanático e dividido em seu interior. O registro dos pecados começa com um exemplo de maciça violência física por ocasião de uma grande festa religiosa no século XIX. Vixnuístas e xivaístas teriam promovido uma carnificina

---

[22] Klaus Klostermaier, *Hinduismus*, Colônia, 1965, p. 44-76; ver também *id.*, *A Survey of Hinduism*, Albany, 1989, p. 53-60. Obras anteriores sobre o mesmo tema: Paul Hacker, "Religiöse Toleranz und Intoleranz im Hinduismus", in: *Saeculum 8* (1957), p. 167-179.

em que milhares de vidas se perderam. Klostermaier comenta: "A principal razão do conflito foi a primazia de entrar no rio para o ritual do banho, num momento e num local bastante específicos",[23] e acrescenta que nessas festas religiosas que incluíam o banho, nas quais representantes de diferentes seitas e escolas se encontravam, sempre ocorriam "debates irreconciliáveis" e até "homicídios". Além disso, desde a independência haveria muitas "campanhas subversivas e difamatórias" contra muçulmanos, bem como apelo à luta aberta. Em parte, o jainismo e o budismo já teriam sido superados com violência. A alcunha de "martelo dos jainistas" atribuída a Madhva, filósofo do Dvaita-Vedanta do século XIII, baseava-se em fatos sólidos, e os próprios discípulos de Madhva relatavam que ele acusava Shankara, famoso filósofo do Advaita Vedanta entre os séculos VIII e VII, de ter ensinado o budismo, pior ateísmo que podia existir, sob o nome *Vedanta*, e de ter cometido outros delitos ignominiosos e imorais. "Ateísta" era a expressão mais branda com que também um discípulo de Ramanuja (séculos XI e XII) contemplaria os seguidores de Shankara, embora todos se referissem aos mesmos *Upanixades*. Fontes "fidedignas" relatam que Shankara teria mandado açoitar os kapalipas (xivaístas heterodoxos) devido a sua "religião não-védica". Todo sistema filosófico procura refutar seu contrário classificando-o como falso ou deficiente, e as obras religiosas clássicas, como o *Vixnu-Purana*, apresentam sua doutrina por meio de polêmicas envolvendo hereges e mostram-se repletas de martírios, que são infligidos aos devotos de uma "seita" por mes-

---

[23] Klostermaier, 1965 (ver nota 22), p. 45. Segundo a concepção indiana, um momento determinado com precisão astrológica é tão importante quanto o local exato (a confluência de três correntes) para que se produzam efeitos especialmente propícios.

tres e reis de outra seita. Praticamente não haveria seita que não se desagregasse em grupos rivais e combatentes entre si. Ainda hoje ocorre uma concorrência acirrada e violenta entre swamis e ascetas: intrigas, calúnias e, "não raro, assassinatos" comporiam a "ordem do dia". Tanto no plano dogmático quanto naquele prático, a tolerância não teria ido muito longe. Os hindus, que seguem rigorosamente as prescrições das castas, consideram os que as negligenciam como não-ortodoxos e hereges, mesmo quando estes rezam com entusiasmo e sinceridade. No que se refere às regras das castas, as tendências devocionistas eram tolerantes, mas tinham seus próprios mecanismos de exclusão, seus modos de excomunhão e meios (psíquicos) coercitivos, como a ameaça de uma regeneração ruim. Embora também oferecessem a salvação para os ateus, um pecado cometido contra o nome de Deus era considerado imperdoável. Assim como o hinduísmo se mostrava amorfo como um todo, as prescrições dos grupos isolados mostravam-se intoleravelmente restritas.

Infelizmente, na exposição de Klostermaier faltam indicações bibliográficas mais precisas, mas boa parte das descrições baseia-se em hagiografias legendárias, que, de fato, muitas vezes apresentam os respectivos santos e o próprio sistema de modo apologético e combativo como triunfo sobre outras tradições. Juntamente com a "polêmica envolvendo hereges", a recepção da literatura purânica ou das obras religiosas clássicas é tratada de modo bastante exagerado, mas tem pontos de conexão incontestáveis. As tradições xivaístas, vixnuístas e shaktistas gostam de apresentar-se como as melhores e supremas, e por vezes isso se dá de modo bastante polêmico. Em geral, a militância verbal tem por base tensões reais, mas ela também é propaganda, e a realidade costuma ser menos dramática. A cultura do conflito é parte da convenção literária: desde a era védica registram-se duelos discursivos com perigosa saída para o adversário; em comentários eruditos, cabe ao esperado jogo linguístico destacar enfaticamente o próprio sistema em relação ao outro e, sobretudo nas hagiografias, a vitória ideológica da própria tradição é encenada com ostentações verbais de força.

A versão posterior em inglês do capítulo "Ortodoxia e heresia", escrito por Klostermaier, mostra-se menos brutal do que a variante alemã, contém mais dados bibliográficos e, de maneira geral, está mais próxima do material textual e das situações reais. Assim, falta, por exemplo, a indicação simplesmente errônea de que homicídios comporiam a ordem do dia entre grupos sectários. Na versão alemã, a finalidade primordial de Klostermaier, que por sua vez é apologética, torna-se bastante clara: ele pretende produzir um ensaio sobre o diálogo inter-religioso e, ao defender com entusiasmo sua própria tradição religiosa, o indólogo acaba revelando-se pregador, devoto fervoroso e missionário: "O cristianismo não é um darma restrito de uma comunidade tribal nem um sadhana de um grupo esotérico (...). O fundamento da unidade do cristianismo é (...) a revelação concreta do Deus vivo em Jesus Cristo (...). Não podemos envolver os hindus nas desordens de nossa história [cisões na Igreja etc.] antes de proporcionarmos a eles o encontro com Deus em Cristo (...). O hinduísmo é (...) pré-cristão".[24] Com base nesse pano de fundo – totalmente imbuído de valores –, Klostermaier enfatiza o fato de que a situação da tolerância no hinduísmo não é melhor do que em outras religiões. Nele também haveria hereges, censura, meios de coerção, como a exclusão das castas e até guerras religiosas sangrentas. Muita coisa teria a aparência de tolerância,

---

[24] *Ibid.*, p. 59.

porém, naquilo que realmente é importante e significativo para os hindus, não haveria tolerância alguma. Quem não reproduz a fórmula prescrita é considerado renegador.

2.2. Hinduísmo tolerante

Mais ou menos na mesma época das argumentações severas de Klostermaier publicou-se *The Great Integrators*, um estudo sobre o devocionismo hindu (*bhakti*) do renomado erudito indiano V. Raghavan. O título já indica que, nesse caso, a imagem retratada é totalmente diferente.[25] Uma série de citações programáticas de diversas fontes é apresentada no início do livro como "divisas", a começar por uma citação do *Bhagavata-Purana*: ao contrário das ordens monásticas conflituosas e violentas, retratadas por Klostermaier, fala-se aqui do monge ideal (*sadhu*), que seria piedoso, não-violento e trataria todos os seres com brandura.

No entanto, para Raghavan, trata-se sobretudo da devoção interior, da rejeição ao formalismo vazio e do fato de monges e laicos, homens e mulheres, independentemente de sua condição social, serem unânimes ao crer naquela verdade que glorifica os grandes santos do *bhakti*, não obstante o nome que lhe atribuam ou o modo como a busquem. Segundo Raghavan, a afirmação de que, no que se refere à verdade, não há a menor

---

[25] V. Raghavan, *The Great Integrators. The Saint-Singers of India*, New Delhi, 1966 (reimpressão, 1969), p. 13s. Para o que segue, sobretudo p. 31s., 45, 49, 51-54, 74-82.

diferença entre Xiva e Vixnu, e sim duas formas de igual valor para a divindade suprema, ou a repetida comparação de Rama ou Xiva com Alá, que mais tarde apareceu em santos como Tukaram, Lalla ou Kabir, constituem a principal característica do devocionismo que atravessou a história do século VII ao XVIII e que tem raízes muito antigas. Já da literatura sagrada mais antiga, o *Rig-Veda* (1.164.46), consta a seguinte asserção: a verdade é única, mesmo que os sábios lhe deem muitos nomes (divinos). Raghavan vê nas inscrições em pedra dos éditos pré-cristãos do imperador Ashoka o mesmo espírito de unidade na diversidade, que em igual medida fomentava hindus, budistas e jainistas. Nessas inscrições, esse espírito se mostra tão concretizado como no *Bhagavad-Gita* e numa oração sânscrita contemporânea, recitada com frequência:

> He whom Shaivas worship as Shiva, Vedantins adore as the Absolute, the Buddhists as the Enlightend (the Buddha), the logicians, experts in proofs, as the Author of the Universe, the Jains as the Worthy (Arhan), the ritualists (Mimamsakas) as ordained Duty – may that Hari, the Lord of the Universe, bestow on you the fruits of your desires.[26]

Em vez da limitação dogmática, Raghavan demonstra uma extensão não-dogmática, a aceitação de diversos caminhos e a capacidade de uma síntese fundamental de diferentes pontos de

---

[26] "Aquele que os xivaístas cultuam como Xiva, os vedantas adoram como o Absoluto; os budistas, como o iluminado (o Buda); os lógicos, especialistas em provas, como o Autor do Universo; os jainistas, como o Valioso (Arhan); os ritualistas (Mimamsakas), como o Dever decretado – que esse Hari, Senhor do Universo, vos dê os frutos de vossos desejos."
"Prayers, Praises and Psalms", 1938, p. 414, traduzido por Raghavan, *ibid.*, p. 77.

vista. As seitas fragmentadas e os santos descritos por Klostermaier transformam-se na obra de Raghavan em grandes espíritos e fundadores da harmonia, que integravam as tradições antigas e contemporâneas e faziam da tolerância uma característica nacional. Apesar da polêmica entre as diferentes escolas filosóficas, a verdade fundamental que vai além do nome e das formas nunca teria sido esquecida; apesar das muitas ocorrências isoladas e exclusivistas em que Xiva e Vixnu se viram contrapostos, predominava no geral um tom não-dualista e a primazia do monismo ou da unidade das religiões. Raghavan confere maior importância aos testemunhos que rejeitam a oposição entre imagens divinas diferentes. Ele dedicou alguns estudos aos poetas de Kaveri, do século XVIII, que sistematizaram essa postura de união. Segundo esses autores, fazer diferença entre o nome Vixnu e o nome Xiva era considerado o pior dos pecados.[27]

2.3. Modelo hinduísta do relacionamento com o pluralismo religioso

Como essas imagens diametrais do hinduísmo devem ser avaliadas? Seria simples demais censurar o idealismo de Raghavan e admitir apenas o realismo de Klostermaier. Ambos tendem a universalizar casos isolados e determinados grupos. Ambos procedem de modo seletivo e representam o hinduísmo na forma típica ideal, cada um com seus presságios negativos ou

---

[27] *The Power of the Sacred Name. V. Raghavan's Studies in Namasiddhanta and Indian culture*, organizado por William J. Jackson, Delhi, 1994, p. 204.

positivos e respectivamente contrários. Ambos podem recorrer a fontes originais. Tomadas em conjunto, suas exposições deixam claro que existem diferentes modelos dentro do hinduísmo, que, por sua vez, permitem um posicionamento em relação a outras religiões: os exclusivistas, os inclusivistas e aqueles em que se declara que a máxima realidade seria única, sem par e principalmente sem nome nem forma, e que justamente por isso todas as representações de Deus seriam igualmente aceitáveis. Declaram ainda que a pluralidade é algo que se encontra meramente na superfície e que pode ser explicado com diferentes necessidades humanas. Uma postura claramente exclusivista foi adotada por muitos vixnuístas, porém há variantes regionais. Um vixnuísta ortodoxo do Sul da Índia provavelmente não irá orar por Xiva, enquanto um vixnuísta ortodoxo em Varanasi, cidade de Xiva, irá sempre recorrer ao principal templo de Xiva para fazer suas orações. Entre os xivaístas ortodoxos do Sul da Índia não é raro que se recitem em determinadas ocasiões os milhares de nomes para Vixnu, embora naturalmente vejam em Xiva seu deus supremo que tudo domina. Com alguma razão, Paul Hacker e outros viram no inclusivismo, ou seja, na incorporação hierarquizante ao próprio sistema – comparável aos "cristãos anônimos" de Karl Rahner – o modelo mais frequente.[28] Assim, por exemplo, dizia-se dois milênios antes de Rahner no *Bhagavad-Gita*: "Mesmo os seguidores de outros deuses, que os veneram com toda a fé, honram apenas a mim, embora não exatamente de acordo com a regra" (10.23). Essa subordinação do outro e a superioridade do próprio podem ser formuladas de modo inteiramente polêmico:

---

[28] Paul Hacker, "Inklusivismus", in: Gerhard Oberhammer (org.), *Inklusivismus. Eine indische Denkform*, Wien, 1983, p. 11-28.

segundo postulavam os vixnuístas Pancaratrins, sua própria revelação é que seria o verdadeiro *Veda* primitivo, enquanto o *Veda* conhecido seria uma renegação da verdadeira doutrina.

No entanto, as equiparações entre divindades e doutrinas são supostamente mais frequentes. É o que acontece, por exemplo, com uma série de deusas, que são identificadas entre si ou vistas como as formas de uma grande deusa aparecer. Desse modo, as muitas deusas locais foram incorporadas à grande corrente do hinduísmo sânscrito dos brâmanes. De maneira bastante semelhante, as divindades locais foram declaradas como encarnações de Vixnu ou formas de Xiva. Sob o domínio muçulmano, houve um processo de osmose entre o hinduísmo e o islamismo, e sobretudo os hinos não duais de Kabir ilustram o espírito da unidade, que Raghavan enfatiza com tanta intensidade.[29]

O hinduísmo funciona mais no sentido de adicionar e integrar do que com mecanismos de exclusão. Quase nunca se deixa de lado o antigo, e o novo tem de legitimar-se em relação a ele. Por exemplo, obras tardias da literatura sânscrita foram declaradas como o novo *Veda*, embora seu conteúdo nada tivesse a ver com ele: foi o que aconteceu com os hinos xivaístas do *Tevaram*, que passaram a ser caracterizados como "*Veda* tâmil". Em virtude do costume de equiparar elementos diversos e de substituir uma coisa por outra, Axel Michaels fala de um "*habitus* identificador", que para o hinduísmo seria a característica mais típica.[30] O quanto

---

[29] Sobre Kabir e outros santos (século XV), que na maioria das vezes provinham de castas inferiores e vertiam para a lírica devocionista uma doutrina semelhante ao Advaita Vedanta, cf. David N. Lorenzen, *Praises to a Formless God*, Albany, 1996.
[30] Axel Michaels, *Der Hinduismus. Geschichte und Gegenwart*, München, 1998, sobretudo p. 34, 114, 140, 193, 365-377.

isso tem a ver com tolerância é outra questão que, de preferência, precisa ser negada; todavia, trata-se de uma relação entre unidade e pluralidade definitivamente diferente daquela que ocorre no cristianismo. Com razão, Michaels afirma que, do ponto de vista hinduísta, um monoteísmo como o das três religiões abraâmicas seria um empobrecimento. Mais importante do que a persistência no uno seria a capacidade de também poder colocar em pé de igualdade um segundo ou terceiro. No Ocidente, isso conduziria a um pensamento relativamente incomum, mas bastante eficiente: "A é igual a B, embora ambos sejam diferentes! No hinduísmo, isso não é nenhuma contradição, e sim o conhecimento de que ambos os elementos comungam num plano religioso, o que certamente num plano manifesto só pode concretizar-se em parte. As consequências são uma grande serenidade e uma religiosidade imperturbável, com a qual o Ocidente talvez possa de fato aprender".[31]

Portanto, diferentemente de Klostermaier, o indólogo Michaels promove a visão de mundo hinduísta; contudo, diferentemente de Raghavan, não recorre ao conceito de tolerância, mas a outros valores. Há pouco tempo, Diane Eck, especialista na Índia e historiadora das religiões, que coordena nos Estados Unidos um grande projeto de pesquisa sobre o pluralismo religioso (Harvard Pluralism Project), declarou o hinduísmo como possível modelo para se aprender a lidar melhor com o multiculturalismo:[32] para os hindus, o pluralismo seria algo bastante natural. Seja qual for o

---

[31] Axel Michaels, "Anything goes? Hinduistische Glaubensvielfalt und die religiöse Postmoderne", in: Bodo-Michael Baumuk/Eva Maria Thimme (orgs.), *Glauben. Weltreligionen zwischen Trend und Tradition (Katalog zur Ausstellung 7 Hügel: Bilder und Zeichen des 21. Jahrhunderts)*, Berlin, 2000, B052-056, aqui: 056.
[32] Diane Eck, *A New Religious America. How a "Christian Country" Has Become the World's Most Religiously Diverse Nation*, San Francisco, 2001, p. 86.

efeito da concepção de Deus, no pluralismo sempre nos encontramos, ao mesmo tempo, no contexto de outras tradições religiosas e nunca esquecemos que há modos divergentes de veneração e de formas diferentes de entender a presença do divino. Essa visão de mundo parece feita para os Estados Unidos de hoje: uma compreensão determinada de Deus ou uma forma ritual determinada, ou ainda um caminho religioso que não exclui os outros.

2.4. Devocionismo tâmil como exemplo da interdependência entre religião e política na Índia pré-colonial

À luz das pesquisas mais recentes, a imagem que Raghavan fornece do hinduísmo não é errônea, e indólogas como Diane Eck, que, não diferentemente de Klostermaier, têm uma experiência muito pessoal com a Índia, avaliam o hinduísmo de maneira semelhante à de Raghavan, ou seja, bastante integrada e demarcada. Porém, isso naturalmente se assemelha aos "tipos ideais" de Max Weber, que raramente se encontram na realidade em sua forma pura. Nesse sentido, a imagem que Raghavan fornece do *bhakti* é um tanto unilateral, não apenas porque ele trabalha com o conceito moderno de tolerância, que, sob essa forma, só ocorre raramente na Índia pré-colonial. Embora já no Tamil Nadu da Idade Média os poetas sagrados falassem de Vixnu e Xiva como formas equivalentes de um deus, isso ainda não significa uma harmonia na religião. Assim, Raghavan cita, entre outras coisas, os hinos dedicados por Sambandhar a Xiva (século VII d.C.), porém oculta que o mesmo Sambandhar era um ferrenho combatente do jainismo e do budismo, religiões concorrentes. O santo Sambandhar (Jnanasambandhar) está entre os três trovadores mais eminentes, cujos hinos foram reunidos no *Tevaram*, o *Veda* tâmil, musicados e integrados ao culto nos templos (século X).[33] Em quase todas as suas poesias devocionistas vê-se uma dose mais ou menos forte de polêmica e, segundo relatos, ele teria convertido do jainismo ao xivaísmo a dinastia tâmil dos Pallavas e Pandiyas, residente no Sul da Índia.[34] No Tamil Nadu do século VII, ocorriam processos eleitorais decisivos no âmbito sociorreligioso. Além disso, rivalidades e conflitos religiosos estavam na ordem do dia: a revitalização védico-brâmane e os movimentos devocionistas dos xivaístas e vixnuístas, de cunho afetivo e extático, procuravam reconquistar para o hinduísmo o terreno religioso dominado pelo jainismo e pelo budismo.[35] De fato, a reconquista hinduísta foi bem-sucedida: o xivaísmo e o budismo tornaram-se as tradições religiosas dominantes, o jainismo foi posto à margem e, devido ao domínio muçulmano, o budismo

---

[33] No total, são 64 os santos conhecidos como Nayanars, que pertencem ao movimento *bhakti* dos xivaístas tâmeis entre 700 e 900 d.C. e provêm de todas as camadas sociais. Um ministro da dinastia Chola (séculos X-XII) escreveu a biografia deles. Os Nayanars mais eminentes compõem a "trindade" Appar, Sambandhar e Sundarar. Sete Nayanars, entre os quais Sambandhar, são considerados os compositores do *Tevaram* ("Veneração do Senhor"). Ainda hoje, os hinos do *Tevaram* estão entre os meios religiosos mais populares de comunicação no xivaísmo do Sul da Índia e no Sri Lanka e são recitados ao final do culto nos templos nacionais e naqueles da diáspora. Igualmente eficazes eram os hinos vixnuístas (*Divya-Prabhandham*, "Composição divina"), surgidos no mesmo período.

[34] Cf. Alvappillai Veluppilai, "Tirunacampantar's Polemical Writings against Buddhists and Jains", in: Schalk, 2002 (ver nota 17), vol. 1, p. 446-486, especialmente p. 448s. também para o que segue.

[35] Não se sabe ao certo quão grande era de fato essa "dominância" na prática: a principal região dos jainistas e dos budistas sempre foi o Norte, e o Tamil Nadu era considerado a "região de migração" das comunidades jainistas e budistas que ficaram mais flexíveis devido ao comércio (transnacional).

recebeu seu golpe mortal na Índia, sua terra natal. Contudo, segundo o historiador das religiões Peter Schalk, o problema não era tanto o fato de a não-violência proverbial dos jainistas e budistas não se adequar corretamente à cultura "heroico-macial" dos tâmeis e ser sentida como "antissocial",[36] nem a polarização ou até a violência que, entre outros santos, também é manifesta em Sambandhar, e sim, ao contrário, a assimilação crescente do jainismo e do budismo aos conceitos e rituais hindus que fizeram do hinduísmo o sistema dominante. Além da proteção dos príncipes, suas formas mais populares de religiosidade, ou seja, aquelas talhadas também para os não-ascetas, promoviam a dominância cultural do hinduísmo: o jainismo integrava muitos elementos hindus, e, em sua última fase na Índia (séculos X-XIV), o budismo quase já não se distinguia do hinduísmo. Esses foram processos lentos, imperceptíveis e bastante naturais dentro da zona de contato na Índia, e justamente no Tamil Nadu decorreram sem conflitos, envolvendo, antes, lutas de classes e jogos feudais de poder, nos quais a religião e as diferenças inter-religiosas desempenharam um papel significativo como capital simbólico.

Vale notar que a hagiografia posterior de Sambandhar não chegou a afirmar, por exemplo, sua não-violência, e sim – justamente no período em que viveu – deu forma narrativa a sua polêmica verbal com os atos de violência física mais cruéis. Posteriormente, Sambandhar teria sido responsável pela empalação de 8.000 monges jainistas em Madurai, e uma fonte do século XIII fala até do "divertimento sagrado da empalação". Como nesse caso faltam testemunhos jainistas, esse ato cruel pode

---

[36] Schalk, 2002 (ver nota 17), vol. 2, p. 836.

muito bem suscitar dúvidas quanto a seu verdadeiro conteúdo histórico, mas é digno de nota o fato de as fontes indianas medievais valorizarem positivamente não a ausência de violência, mas a presença dela e de entendê-la manifestamente como defesa e propaganda legítimas dos próprios interesses. O que em Sambandhar era agressão verbal contra fiéis de outra crença, cuja religião era sentida como agressiva e dominante – Sambandhar fala dos "jainistas violentos" –, na imaginação "devota" de intelectuais posteriores foi transformado em genocídio "sagrado" de hereges desprezíveis.

Segundo Burton Stein, por trás da polêmica antibudista e antijainista de um poeta hindu extático do *bhakti* como Sambandhar, há uma luta de classes entre povos rurais e não-rurais ou não-urbanos e urbanos e, em última instância, um conflito econômico.[37] O comércio transnacional de imigrantes budistas e jainistas com as cidades teria ameaçado o estado camponês da dinastia Pallava (a partir de cerca de 400-1012), e os movimentos devocionistas, que se haviam aliado à população rural, teriam dado aos diferentes grupos brâmanes e de camponeses a coesão necessária nessa situação. Em contrapartida, Peter Schalk decla-

---

[37] Burton Stein, *Peasent State and Society in Medieval South India*, Delhi, 1980. Segundo Stein, os movimentos devocionistas hindus associavam-se aos camponeses ou à população rural das sociedades agrárias, enquanto budistas e jainistas estavam ligados a camadas não-rurais da população, a pescadores, caçadores e, sobretudo, a comerciantes urbanos, intelectuais, guerreiros e príncipes (não-tâmeis). Ver também Glenn E. Yocum, "Buddhism through Hindu Eyes. Saivas and Buddhists in Medieval Tamilnad", in: *Traditions in Contact and Change. Selected Proceedings of the XIVth Congress of the International Association for the History of Religion*, Waterloo, 1983, p 143-162; R. Champakalakshmi, "From Devotion and dissent to Dominance. The Bhakti of the Tamil Alvars and Nayanars", in: *id.*/S. Gopal (orgs.), *Tradition, Dissent and Ideology*, Delhi, 1966, p. 135-163.

rou que o conflito deveria ser visto menos na vida econômica do que nas lutas dinásticas por poder e território.[38] Os budistas e jainistas estariam ligados como comerciantes e intelectuais urbanos a soberanos não-tâmeis, enquanto os movimentos devocionistas hindus, sobretudo o *bhakti* xivaísta, sob o domínio dos Pallavas, ter-se-iam transformado em ideologia do Estado, uma vez que teriam vindo em boa hora para a política de expansão dessas dinastias de soberanos tâmeis. Na língua tâmil (a língua da corte entre os Pallavas), os trovadores louvam os locais de peregrinação (o território dos soberanos) e promovem um patriotismo (em termos modernos, nacionalismo), razão pela qual, por sua vez, foram promovidos pelos Pallavas. Sua "xenofobia" devocionista e sua "língua marcial" corresponderiam a uma situação marcial. Nesse ponto, Schalk universaliza a língua de Sambandhar em todo o grupo.

Enquanto a análise ideológica e econômica de Stein sobre o conflito pode ser correlacionada com a interpretação de Raghavan da função integradora dos santos do *bhakti*, Schalk vê os poetas sagrados não como "integradores", mas como "movimento fundamentalista". Em sua devoção exclusiva a Deus, eles até teriam rompido as regras sociais das castas, mas, por outro lado, teriam construído uma "polarização *insider-outsider*" com a afirmação de que gozavam de uma proximidade imediata junto a Deus. Schalk enfatiza a dissensão mútua entre todos os grupos religiosos existentes: xivaístas e vixnuístas, hindus, budistas e jainistas. Estes dois últimos também teriam exercido uma polarização inter-religiosa intensiva e desumana.

---

[38] Peter Schalk, "Pallava Policy on Buddhism", in: *id.*, 2002 (ver nota 17), vol. 1, p. 378-430, aqui p. 420-430.

Raghavan já havia discorrido brevemente sobre a dimensão político-cultural dos movimentos devocionistas tâmeis: na época dos Pallavas, o Sul da Índia teria ficado totalmente sob a influência do budismo e do jainismo; a partir do século VI, a tentativa de fazer o país voltar às "antigas crenças" da religiosidade védica, purânica e devocionista teria dado origem aos trovadores tâmeis, e o retorno posterior à crença antiga se deveria sobretudo a sua influência.[39] Enquanto Schalk elimina o caráter explosivo e violento das poesias do *bhakti*, Raghavan enfatiza sua força de coesão. Segundo este último, o importante papel político-cultural tanto dos trovadores tâmeis (séculos VII-IX), que floresceram sob a dinastia dos Pallavas, quanto dos poetas posteriores do *bhakti* reside numa série de produções de integração que visam à criação da identidade. Entre elas está a unidade territorial, que, porém, segundo o estudioso indiano, é apenas um de muitos aspectos.[40] Para ele parece muito mais significativo o fato de os trovadores e os ascetas errantes, os poetas e as poetisas extasiados com Deus divulgarem, além das fronteiras regionais, templos, locais de peregrinação e diferentes formas de Vixnu e Xiva em seus hinos de glorificação. Também lhe parece significativo o fato de suas poesias e canções populares falarem a língua da maioria da população, e não a língua sânscrita erudita, e de elas atuarem num nível ainda basilar, na medida em que se expressam de maneira emocional e atingem o coração das pessoas. Desse modo, acabaram criando um laço de união[41] na multiplicidade das línguas e dos costumes e geraram a convicção de um país e de uma cultura

---

[39] Raghavan, 1966 (ver nota 25), p. 19.
[40] *Ibid.*, p. 47.
[41] *Ibid.*, p. 48-50.

comuns, apesar das diferenças de usos e formas divinas locais. O argumento central de Raghavan é que a integração espiritual e emocional conduzida pelos santos do *bhakti* seria ainda mais fundamental do que aquela política e administrativa e de que esse laço emocional no culto no templo foi institucionalizado.[42]

Seja qual for o modo como o *bhakti* tâmil é avaliado, o caso de Sambandhar mostra claramente que Klostermaier também não está errado ao enfatizar intensamente que o hinduísmo não conhece mecanismos de exclusão, agressão nem hereges. Todavia, é discutível se os conflitos inter-religiosos têm algo a ver com as questões religiosas ou, antes, se não estão relacionados a uma concorrência acirrada pela proteção por parte dos príncipes, por prestígio e influência. Sabe-se que, no que se refere aos templos no Sul da Índia, entre os Pallavas e os Cholas, seu culto ampliou-se do ritual religioso individual para ritos elaborados em prol do bem-estar do rei e do reino e que surgiu uma estreita rede de relações entre as elites que estavam no poder, a saber, os especialistas religiosos e os clientes aristocráticos. Estudos históricos baseados em inscrições mostram que a obtenção e a manutenção do poder político no Sul da Índia medieval estavam associadas sobretudo à influência em instituições não-políticas, como aldeias, corporações e templos.[43] Com o auxílio dessas instituições,

---

[42] *Ibid.*, p. 15, 21s.
[43] James Heitzmann, "State formation in South India", p. 850-1280, in: *The Indian Economic and Social History Review 24* (1987), p. 35-61, sobretudo p. 41-44; George W. Spencer, "Religious Networks and Royal Influence in Eleventh Century South India", in: *Journal of the Economic and Social History of the Orient 12* (1969), p. 42-56, sobretudo p. 45; *id.*, "Royal Initiative under Rajaraja I", in: *The Indian Economic and Social History Review 7* (1970), p. 431-442; Burton Stein, "The Politized Temples of Southern India", in: Hans Bakker (org.), *The sacred centre as the focus of political interest*, Groningen, 1992, p. 163-177.

puderam-se obter meios econômicos e exercer certa propaganda. Os reis exerciam uma influência essencial sobre os templos, mas, por outro lado, os templos também se aproveitavam disso. Dirigentes de templos e mosteiros assumiam a função de intermediários entre os soberanos e as instituições sociorreligiosas e serviam aos soberanos como conselheiros espirituais. Em contrapartida, os templos recebiam ricas doações dos reis e um prestígio correspondente. Nessa época, os templos acabaram tornando-se importantes fontes de rendimento e poder, e uma politização da religião é evidente. Schalk tem razão ao achar que o conflito interestatal e inter-religioso entre as comunidades religiosas hinduístas, jainistas e budistas estava no centro da concorrência pelo sistema econômico dos templos e pela proteção dos reis, que nos últimos tempos beneficiava não mais os indivíduos, mas a religiosidade institucionalizada.[44] O fato de a intensidade da militância verbal de Sambandhar se dar mais contra os jainistas do que contra os budistas deve-se à proteção que os jainistas recebiam de muitos príncipes do período anterior aos Pallavas,[45] enquanto os budistas teriam sido marginalizados no Tamil Nadu e associados ao Lanka (Ceilão, Sri Lanka),[46] a terra do demônio

---

[44] Schalk, 2002 (ver nota 17), vol. 2, p. 835-838. Segundo Schalk, os soberanos tâmeis promoviam sobretudo os trovadores bardos, seus panegíricos e suas poesias épicas.

[45] Madurai, onde, segundo a hagiografia de Sambandhar, o "divertimento sagrado da empalação" teria tido lugar, foi regido por um soberano jainista, que chegara ao poder depois de subjugar um soberano tâmil-hindu.

[46] Além disso, Schalk, 2002 (ver nota 17), vol. 2, p. 837-840, cita uma série de razões para a forte influência dos jainistas e a influência menor dos budistas no Tamil Nadu da época: ideológicas (melhor compatibilidade com a filosofia védica e integração mais fácil entre o pensamento purânico e o rito do templo), linguísticas (tâmil e sânscrito em oposição ao prácrito e ao páli dos budistas), sociais (casamentos mistos) e econômicas (ricos comerciantes jainistas).

Ravana.[47] Segundo Schalk, no que se refere aos príncipes – tanto os hinduístas quanto os budistas, no Sul da Índia como no Sri Lanka –, trata-se menos de religião e crença do que de pragmatismo político.[48] Esse pragmatismo teria duas formas principais: a política religiosa exclusivista e sectarista, bem como aquela integrativa e pluralista, que em parte são praticadas pelo mesmo soberano, em parte são manejadas por diferentes dinastias de maneira bastante distinta. Para Schalk, enquanto os Pallavas se dedicavam totalmente à tradição védica e pós-védica e promoviam, de modo exclusivista, a devoção hindu com vistas a um "nacionalismo tâmil", a dinastia dos Cholas que os sucedeu preferiu tomar o rumo da tolerância e da proteção da pluralidade, que, na prática, acabou mostrando-se mais eficaz.

Também no que concerne às tradições hindus de outras regiões do país e especialmente à adoração de deusas, a política e a religião deram provas de uma estreita interligação até o período do domínio colonial britânico. A ligação com o poder ultraterreno da divindade e o emprego de ritos religiosos produziram um reino carismático e forneceram a base ideológica para as funções de proteção do reino, bem como para a autoafirmação dos príncipes, sua política de expansão e suas ações de guerra, tanto entre os vários reinos hindus fragmentados quanto na luta da dinastia Vijayanagara e dos maratas contra as tropas de ocupação muçulmanas e, finalmente, nas coalizões bélicas e não-bélicas entre príncipes hindus e soberanos muçulmanos contra outros reinos hindus. A aliança entre soberanos hinduístas e islâmicos não é atípica. Praticamente não se faziam guerras por religião. A questão era, antes, de política

---

[47] Ravana é o adversário central do herói divino Rama na epopeia Ramayana.
[48] Schalk, 2002 (ver nota 17), p. 842.

de força, lutas territoriais por recursos e sobretudo defesa e proteção diante das invasões por parte de outros soberanos. A politização da religião e a sacralização da política também contavam com uma série de lados positivos. Com os reis, a religião foi colocada a serviço do Estado e da coletividade. Os reis eram responsáveis pela proteção e pela prosperidade do país e tinham de apresentar bons resultados. A religião os ajudava a conseguir poder político e sagrado, mas também abria caminho para possíveis protestos, caso eles não cumprissem suas funções de proteção.

No plano ideológico, o fato de não terem sido registradas maiores guerras religiosas tem menos a ver com a *ahimsa* do que com o "*habitus* identificador" de caráter aditivo e inclusivista. A religião forneceu diferentes modelos de unidade integrativa que foram utilizados sobretudo pelos detentores do poder político: a devoção do *bhakti* com sua "interação emocional" entre Pallavas e Cholas; o tantra com sua gnose ritualizada, seus diagramas unificadores e as correspondências micro e macrocósmicas entre soberanos nepaleses e outras dinastias;[49] o *Vedanta* da escola de Shankara, com sua filosofia unitária e supraindividual dos soberanos Vijayanagara, ao mesmo tempo divina e humana.[50] Foi somente na modernidade – ou seja, no discurso colonial e pós-colonial – que um *Vedanta* popularizado afirmou-se como única doutrina de unidade e chegou a ser apresentado por reformadores como simples hinduísmo.[51] Isso ocorreu de forma totalmente

---

[49] Cf. David Gordon White, *Kiss of the Yogini. "Tantric Sex" in its South Asian Contexts*, Chicago, 2003, p. 123-151, 262; *id.*, *Tantra in Practice*, Princeton, 2000, p. 32-35.
[50] Cf. Hacker, 1964 (ver nota 7) e Annette Wilke, *Ein Sein – Ein Erkennen*, Berna, 1995, p. 336-338.
[51] A esse respeito, cf. Halbfass, 1981 (ver nota 7) e Van der Veer, 2001 (ver nota 7).

teleológica, pois o *Vedanta* místico e não-teísta está mais adequado à universalização da religião. Unificação, integração e inclusão podem ser descritas como modelos hinduístas de cultura. No entanto, isso não significa tolerância nem harmonia, como já ficou claro. Ao longo da história, o discurso de integração chegou a ser demarcado pela polêmica e foi acompanhado, mesmo internamente, por agressão verbal.[52] Defensores modernos do Hindutva repetem um modelo estrutural que também já apareceu nas poesias e hagiografias de Sambandhar. Mais nova é a militância física em relação às religiões dos antigos poderes coloniais, que pode ser justificada com relações de poder modificadas. Todavia, trata-se apenas de grupos muito pequenos, que não recuam perante a disposição física à violência. Generalizá-los é um problema de representação que aparecia com frequência na imprensa popular e na literatura científica dos últimos anos.

Mesmo na exposição de Klostermaier sobre o hinduísmo, que de resto não era muito profícua, a violência física real limita-se de maneira notável a dois casos concretos: a batalha pelo balneário, que ocorreu no século XIX sob o comando das ordens religiosas[53] – (como se sabe), em parte ordens militantes –, e os grupos modernos e militantes do Hindutva, que podem ser nomeados de maneira concreta.[54] Não se pode simplesmente cen-

---

[52] Para um exemplo atual, ver Annette Wilke, "'Conversion is Violence'. Christentumskritik und kulturell-religiöse Selbstbehauptung im zeitgenössischen Südindien", in: Ulrich Berner/Christoph Bochinger/Klaus Hock (orgs.), *Das Christentum aus der Sicht der Anderen*, Frankfurt, 2005, p. 185-225.
[53] Por exemplo, os nagas xivaístas nus portam armas. A respeito do "caminho do heroísmo", cf. Michaels, 1998 (ver nota 30).
[54] Em primeiro lugar, há que se nomear aqui o grupo Rashtriya Svayamsevak Sangh (RSS), extremamente agressivo, indicado por Klostermaier na edição inglesa de 1989 (ver nota 22), p. 59, junto com dois outros grupos.

surar o hinduísmo por atos de violência nem universalizar fenômenos singulares como grupos militantes modernos. Além disso, devem-se distinguir os diferentes grupos e as diferentes "seitas" do hinduísmo sânscrito e brâmane e do hinduísmo popular.[55] A relação com a violência pode ser muito diferente dentro dessas formas de religião. Para o bramanismo tradicional, que se tornou amplamente normativo, ou para o hinduísmo sânscrito dos brâmanes, a delimitação estrita é menos típica como integração consciente e inclusivismo hegemônico.

2.5. Ortodoxia plural e ortopráxis

Além do traço problemático e fortemente apologético, o capítulo de Klostermaier, intitulado "Ortodoxia e heresia", contém muitas constatações importantes e particularmente úteis para se compreender melhor o hinduísmo. Fundamentais são as afirmações de que, no hinduísmo, a ortodoxia não é um conceito definido de modo inequívoco e de que ora se dá mais ênfase à práxis do rito, ora a regras sociais, ora a aspectos teórico-dogmáticos. Os ritos dos ortodoxos numa parte do país foram rejeitados por ortodoxos de outra parte, e algo semelhante ocorreu com as doutrinas. Sobre a "essência" do hinduísmo não há uma concordância geral. Antes, todo hindu tem sua própria definição, seja da ortodoxia dos *Vedas* e da existência de um deus supremo, seja do banho diário e da recitação diária de textos védicos ou do vegetarianismo. Nesse caso, Klostermaier chama a atenção para

---

[55] Mais detalhes a respeito em Michaels, 1998 (ver nota 30), p. 37-39.

algumas características fundamentais do hinduísmo e, na versão inglesa, completa dizendo que, de modo geral, no hinduísmo trata-se menos de ortodoxia do que de ortopráxis.

No hinduísmo não há estruturas eclesiásticas oficiais nem um magistério, ou melhor, não apenas um magistério[56] e, desse modo, também não há "a" ortodoxia nem "a" ortopráxis, e sim diferentes ortodoxias que variam de região para região e até na mesma região dependendo das pessoas e dos grupos. De mais a mais, ortodoxias e ortopráxis não são absolutamente fixas nem estáveis, e sim, tal como outras instituições religiosas, estão sujeitas a processos de mudança cultural. No hinduísmo atual, encontramos fortes tendências à unificação. O discurso colonial e pós-colonial de uma espiritualidade não-dual acarreta consequências bastante amplas e conta com toda sorte de facetas eminentes na política cultural e até polêmicas na política. Sendo assim, na "World Hindu Conference", realizada em 2003, em Colombo, uma série de palestrantes hinduístas postulou como remédio para a situação de crise no Sri Lanka a "unidade" religiosa "na multiplicidade e a multiplicidade na unidade" – um conceito integrativo e harmônico, para o qual se recorre aos *Upanixades*, a Shankara e a Vivekananda; que leva a afirmar de bom grado que na Índia também há uma burguesia culta, moderna e urbana, mas não a refletir que, não obstante, tradições regionais e cultos locais são monopolizados pelos vedanta-inclusivistas e que a oposição crítica aos dalit é ignorada. O congresso no Sri Lanka contou com uma harmonia bem-intencionada entre as

---

[56] Os grandes mosteiros (*matha*) e os abades (*acharya*) da tradição Shankara e de grupos xivaístas e vixnuístas possuem funções e estruturas semelhantes àquelas do magistério.

religiões e uma finalidade pacífica por parte do Hindutva num país cingalo-budista, dominado por etnias nacionais. Todavia, ambos os grupos do congresso deixam claro que as elites tâmeis dos hindus têm concepções diferentes de ortodoxia e ortopráxis: enquanto o grupo inglês do congresso intensifica uma finalidade vedanta,[57] o grupo de língua tâmil dedica-se exclusivamente ao Shaiva-Siddhanta e à poesia devocionista tâmil. Isso mostra que também hoje, sob o signo de tendências de universalização, as culturas religiosas regionais continuam sendo um fato.

Portanto, dependendo dos portadores e dos grupos sociais, o hinduísmo de que estamos tratando difere, e isso também vale para o budismo. Geralmente a realidade é bem mais complexa do que os "tipos ideais" de Klostermaier e Raghavan – violência e discórdia de um lado, união, integração e tolerância, de outro. Uma alternativa simples como essa é algo raro, que não ocorre nem mesmo no espaço mais restrito ou dentro do mesmo grupo. O termo coletivo "hinduísmo" abrange não apenas inúmeras tradições e correntes religiosas diferentes, mas também uma grande quantidade de especialistas em religião, de sistemas de ritos e ortodoxias. De modo geral, estes últimos conviveram de maneira pacífica. No entanto, essa coexistência foi e é determinada não apenas por uma convivência tranquila ou até por uma harmonia familiar e pacífica, mas também por tensões. Não houve grandes guerras religiosas, porém ocorreram conflitos e muita polêmica verbal – certamente também uma condução bem-sucedida da questão da pluralidade e boas contribuições provindas do êxito da inclusão.

---

[57] Patrick Harrigan/S. Pathmanathan/P. Gopalakrishnan (orgs.), *2nd World Hindu Conference Souvenir. Glimpses of Hindu Heritage*, Colombro, 2003.

Para o hinduísmo, bem como para o budismo, vale o mesmo que para outras tradições religiosas. É o que Christoph Auffarth esboça como traços gerais de violência e religião: "A paz almejada por todas as religiões é um fato que se desenvolve a partir delas de maneira totalmente teológica, mas o contrário também (...) a religião é uma característica de identidade e de distinção das comunidades, que nos conflitos pode tanto ser utilizada por fomentadores da guerra e por defensores da violência, quanto ser exigida por pacifistas e adversários da violência".[58]

3. Representações do budismo e o caso do Sri Lanka

Quando em 1957 a ocupação chinesa no Tibete adotou medidas ameaçadoras, o atual dalai-lama, Tenzin Gyatso, visitou o túmulo de Gandhi em Delhi, durante sua viagem à Índia. Em sua autobiografia de 1962, ele se lembra: "Quando estive lá, perguntei-me qual sábio conselho Mahatma teria me dado (...). E eu tinha absoluta certeza de que ele (...) teria intervindo em favor de uma campanha pacífica pela paz do povo tibetano (...). Eu acreditava e ainda acredito, de maneira inabalável, na não-violência que ele ensinava e praticava. Decidi seguir sua conduta de maneira ainda mais firme (...)".[59] Segundo Elliot Sperling e Michael Bergunder, a radical profissão de fé de Tenzin Gyatso pela não-violência desenvolveu-se apenas gradualmente, e os autores chamam a atenção para diferentes ponderações nas autobiogra-

---

[58] Christoph Auffarth, "Gewalt", in: *Metzler Lexikon Religion 1* (1999), p. 494.
[59] Dalai-lama, *Mein Leben und mein Volk*, München, 1962, p. 115.

fias de 1962 e 1990.⁶⁰ Contudo, já em 1962 Tenzin Gyatso resume: "Partindo do único ponto de vista importante de *nossa* religião, essa foi a única política possível (...)".⁶¹

De fato, nas diferentes tradições do budismo encontram-se muitos pontos de contato com um comportamento pacífico. Já no budismo mais antigo (hinaiana, teravada) não faltavam técnicas espirituais de paz a uma imaginação ativa, tal como a emissão de paz e benevolência a todos os pontos cardeais, a fim de criar um *habitus* de não-violência e amizade e transmiti-los para o ambiente. A ideia de que o mérito podia ser transferido levou no maaiana ao juramento dos bodisatvas de renunciar à própria salvação até o mundo inteiro estar salvo, e a uma ética de compaixão abrangente. Num caso extremo de participação piedosa, os bodisatvas prefeririam praticar a violência contra si mesmos a praticá-la contra os outros.⁶²

As representações ideais não impediram que também ocorressem guerras no mundo budista, e, no fundo, isso não afetava a

---

⁶⁰ Logo após Elliot Sperling, "'Orientalismus' und Aspekte der Gewalt in der tibetischen Tradition", in: *Kunst- und Ausstellungshalle der Bundesrepublik Deutschland* (org.), Mythos Tibet, Köln, 1997, p. 264-273, Bergunder, 2005 (ver nota 5), p. 127s., recorre a uma frase de Tenzin Gyatso, 1962 (ver nota 59), p. 163, em que este expressa sua "ambivalência" entre sua crença no caminho da não-violência e sua admiração pela coragem do povo tibetano de defender-se sozinho. Essas passagens e a réplica a Gandhi faltam na autobiografia de 1990 (*Das Buch der Freiheit*, p. 136s., 184).

⁶¹ Dalaia-lama, 1962 (ver nota 59), p. 314. Destaque em cursivo: A. W.

⁶² Assim, conta-se que o rei Shibli teria cortado a própria carne a fim de salvar uma pomba das garras de um açor: Meisig, 1995 (ver nota 10), p. 139. Cenas extremas de abnegação piedosa também marcaram o teravada ulterior; cf. Allvappillai Veluppillai, "The 'puttapakavan stanzas' in the peruntokai. Text, transliterated and translated", in: Schalk, 2002 (ver nota 17), vol. 2, p. 811-827, especialmente p. 821.

mensagem budista. As guerras eram parte do ódio, da cobiça e da ignorância do mundo perpetuado, e esse mundo era, por definição, um mundo de sofrimento e efemeridade. Por isso, o objetivo religioso não podia ser a paz no mundo, mas, de modo muito mais básico, a dissolução do sofrimento existencial e imanente ao mundo. Embora o Buda tenha pregado a ética, que pode ser traduzida diretamente em comportamento pacífico e que também vale para os ensinamentos posteriores, absteve-se de dar instruções concretas de como é preciso comportar-se perante a questão da guerra e de dizer se uma guerra de defesa seria justificável. Guerras foram realizadas com toda brutalidade até mesmo entre países budistas. A capacidade de o dalai-lama impor, de maneira convincente, uma política coerente da não-violência como única forma apropriada da resistência tibetana merece respeito. Todavia, essa capacidade também tem a ver com relações políticas de poder e não é, necessariamente, a única política budista possível, nem mesmo na modernidade. Foi o que mostrou um congresso em Tóquio, em 1959, no qual – perante o desafio da questão do Tibete – discutiu-se como o mundo budista se colocava em relação à defesa nacional: enquanto representantes do maaiana defendiam o ponto de vista de que uma guerra de defesa seria admissível, caso todos os meios pacíficos já tivessem sido esgotados, os representantes do teravada declaravam-se unanimemente partidários do pacifismo.[63]

Apenas nos tempos modernos é que surgiram esforços para um ecumenismo budista, promovidos sobretudo por monges do Ceilão (desde 1978 conhecido como Sri Lanka), e para isso contribuíram de certa forma não apenas circunstâncias idealis-

---

[63] Bechert, 1966 (ver nota 21), vol. 1, p. 186s.

tas, mas também interesses variados, tal como o fortalecimento renovado da posição da Sangha budista, que perdera sua extraordinária posição de influência na cultura no Ceilão do período colonial. Uma percepção aguçada do perigo também ficou clara em seu franco engajamento pró-Tibete de 1959: este último foi marcado pelo medo de que a existência dos budistas do mundo inteiro estivesse em perigo diante do comunismo "agressivo". O mesmo medo da exterminação cultural determinou, no mesmo período e em nível nacional, a posição dos budistas em relação aos tâmeis, e a esse respeito sua coerência pacífica caiu por terra. Do ponto de vista psicológico, tratava-se da reanimação do mesmo trauma antigo, que tornava as contradições mais claras: a destruição da cultura monástica e a expulsão a que a Sangha ceilonense foi submetida no século XIII pelo soberano tâmil Magha, e que depois voltou a ser temida pelos tâmeis do Ceilão (e do Tamil Nadu) e realmente evidenciada no Tibete. Quanto à solidariedade, que de resto era pouca e que Bechert constata em relação à questão do Tibete justamente nos países do teravada,[64] os teravadins tinham a convicção de pertencer a um budismo "puro". Ainda em 1963/1964 – por ocasião da fuga do dalai-lama para Lhasa, os budistas de Burma expressaram de modo bastante claro que nada tinham em comum com os tibetanos.

Isso serve como prova menos da falta de compaixão e de amor do que do simples fato de que os representantes do budismo *não* se percebiam como *uma* religião. Ao longo dos séculos, surgiram formas bem diferentes do budismo em diversos países. Mesmo quando este parece mais homogêneo do que o

---

[64] *Ibid.*, p. 191-195.

hinduísmo, uma vez que se toma como referência um fundador comum, há grandes diferenças regionais e de tradições de ensino. Essas diferenças se esclarecem sobretudo pela inculturação determinada pelas missões. Diferentemente do hinduísmo, o budismo soube o que era a missão, uma vez que o próprio Buda teria dado a ordem de difundir o darma budista (na língua páli: dhamma). A missão budista decorreu de modo bastante pacífico, talvez porque o budismo se deva a um fundador de família nobre, tenha sido apoiado por uma burguesia urbana e praticado por monges eruditos, que logo encontraram proteção nas novas regiões de missão. O budismo soube aculturar-se perfeitamente e incorporar as tradições religiosas específicas de cada país – seja de modo inclusivista, como no caso das divindades tradicionais da Ásia Central, seja por meio da identificação, tal como ocorreu com o taoísmo filosófico da China. Todo país budista pode ser observado isoladamente e em detalhes, e isso vale sobretudo para os países do maaiana. Nem sempre o Buda histórico desempenhou ou ainda desempenha o papel principal, e nos pormenores há uma variedade considerável no que diz respeito às doutrinas, às práticas, às formas de organização dos mosteiros, à relação com a Sangha e com o domínio político ou no que se refere a monges e laicos. Isso também vale para o mandamento do vegetarianismo – na Ásia, um aspecto importante da não-violência, que, no entanto, não foi nem é absolutamente mantido em todas as regiões.[65] Além disso, houve e há diferenças consideráveis entre formas de expressão muito tradicionais e formas de expressão do budismo popular (oráculos, culto dos antepassados etc.).

---

[65] Isso vale até mesmo para os brâmanes da Índia.

De modo geral, eram mais homogêneos os países do teravada que continuavam a cultivar o budismo, entre os quais se encontra o Sri Lanka. Até o século XIX, ou seja, até o domínio colonial britânico, o budismo nesse país era, a rigor, apenas a religião da Sangha, ou seja, um budismo monástico.[66] Com frequência os laicos também adoravam divindades hindus e, na maioria das vezes, estavam familiarizados apenas com a história de vida do Buda e com os cincos mandamentos éticos dos laicos; sua prática budista manifestava-se essencialmente no fato de apoiarem a Sangha materialmente. No centro do budismo teravada, concentrado nos mosteiros, havia sempre a aspiração individual à perfeição. Aos membros da ordem, que fizeram dessa aspiração o conteúdo de sua vida – e particularmente um ser humano totalmente "desperto" (Buda) –, atribuíram-se consequências benéficas que também ocorreram na comunidade. A disciplina da ordem, o estudo, a meditação, a forma de vida monástica ou até a solidão e a ascese dos chamados "monges da floresta" constituíam nesse caso a "essência" do budismo, e ainda hoje muitos laicos do Sri Lanka veem nesse modo de religiosidade virtuosa o verdadeiro budismo.[67]

---

[66] Literalmente, "Sangha" significa "coletividade", e originalmente a "comunidade" budista abrangia monges, freiras, bem como homens e mulheres defensores do laicismo. Todavia, na prática a Sangha designava concretamente, no Ceilão e em outros países, apenas os monges ordenados. A ordenação das freiras, que na hierarquia estavam sempre subordinadas aos monges, logo foi interrompida.

[67] Michael B. Carrithers, "'Sie werden die Herren der Insel sein.' Buddhismus in Sri Lanka", in: Heinz Bechert/Richard Gombrich (orgs.), *Der Buddhismus. Geschichte und Gegenwart*, München, 2000, p. 140-168, aqui p. 160-163, 167. No que se refere aos monges eremitas da floresta, que até hoje exercem grande influência e têm uma atuação intensa, pois mantiveram e mantêm o antigo ideal monástico como modelo, eles se dedicam exclusivamente à ascese e à meditação e seguem regras mais rigorosas do que os monges residentes nos

Isso parece corresponder inteiramente à imagem que Max Weber fazia das religiões indianas contemplativas e "escapistas", nas quais não haveria nenhuma ponte para a ação prática do dia-a-dia no mundo.[68] Todavia, a fusão frequentemente muito estreita entre religião e política no Sul da Ásia está entre os conhecimentos científicos mais importantes das últimas décadas, e isso também vale para o budismo teravada.[69] Como especialistas hinduístas em religião, os monges eram conselheiros dos detentores do poder político e dos "promotores de reis". Inversamente, os reis eram patrocinadores importantes e exerciam uma influência parcialmente maior na organização da ordem budista do que nos templos do Sul da Índia. No Sri Lanka, por exemplo, as reformas das ordens foram iniciadas pelos reis, e os

---

mosteiros, nas aldeias e nos templos das aldeias ou na própria zona rural. Cf. também Michael B. Carrithers, *The Forest monks of Sri Lanka. An anthropological and historical study*, Delhi, 1983. Na Sangha atual, há cerca de 20.000 monges e, entre eles, cerca de 600 moradores da floresta.

[68] Max Weber, *Gesammelte Aufsätze zur Religionssoziologie I*, Tübingen, 1988 (primeira edição, 1920), p. 239, 254, 261-264; mais detalhes no vol. II, 1988 (primeira edição, 1921). Weber construiu as culturas religiosas orientais como oposições tipológicas à "elaboração ativamente ascética do mundo" e à conduta metódica de vida, marcada pela ética e pela racionalidade e seguida pelas igrejas e pelas seitas protestantes no Ocidente, além de ter visto nas diferentes posições religiosas amplas consequências para a mentalidade e o racionalismo econômicos.

[69] A sociologia da dominação, elaborada por Max Weber, já introduzia ideias importantes a esse respeito. Weber faz uma distinção tipológica entre uma dominação carismática, tradicionalista e patriarcal e outra juridicamente racionalizada. Se a primeira se baseia nas qualidades mágicas, carismáticas e extraordinárias de determinadas pessoas ou no que é habitual como norma inviolável e na devoção em relação à tradição sagrada, a última se fundamenta na ligação impessoal com normas racionalmente impostas: Weber, 1988 (ver nota 68), vol. I, 268-273. A fusão entre religião e política no tradicional Sul asiático é bem elaborada com os dois primeiros tipos.

monges, por sua vez, imiscuíram-se nas questões mundanas de dominação. Se Weber caracterizou o budismo como religião de intelectuais, religião soteriológica e de escapistas, as pesquisas mais recentes destacaram o budismo como religião política e "veículo do poder régio" nos países teravadas do Sul asiático.[70] Assim, por exemplo, as estupas e seu culto, aos quais as antigas pesquisas atribuíam um significado apenas religioso (adoração de relíquias, peregrinações etc.), foram evidenciadas como metáforas do reino e meios de comunicação do poder político. No Sri Lanka, o rei legítimo tinha de estar de posse da relíquia que era o dente de Buda, e o templo em que essa relíquia ficava guardada contava com vigilância militar, conforme prova uma inscrição do século XII.[71] Em Burma, o rei Anuruddha (1057) até fazia guerras para pôr as mãos nas relíquias que, justamente

---

[70] Stanley J. Tambiah, *World Conqueror and World Renouncer. A Study of Buddhism and Polity in Thailand against a Historical Background*, Cambridge, 1976; W. Skrobanek, *Buddhistische Politik in Thailand*, Wiesbaden, 1976; D. E. Smith, *Religion and politics in Burma*, Princeton, 1965; Bardwell L. Smith (org.), *Religion and legitimation of power in Thailand, Laos and Burma*, Chambersburg, 1978. Sobre o Sri Lanka: *id.* (org.), *Religion and legitimation of power in Sri Lanka*, Chambersburg, 1978; H. L. Seneviratne, *Rituals of the Kandyan State*, Cambridge, 1978; R. A. L. H. Gunawardana, *Robe and Plough. Monasticism and Economic Interest in Early Medieval Sri Lanka*, Tucson, 1979; *id.*, "The People of the Lion. The Sinhala identity and ideology in history and historiography", in: J. Spencer (org.), *Sri Lanka, History and the Roots of Conflict*, London, 1990, p. 45-86; Gombrich, 1997 (ver nota 11); Carrithers, 2000 (ver nota 67).

[71] A inscrição deixa claro como o mundo monástico, o exército e as classes de comerciantes estavam interligados; cf. Civacuppiramaniyam Patmamatan, "A Polonnaruvai Slab Inscription of the Velaikkarar as Cutodians of the Tooth Relic Temple at Vijayarajapuram", in Schalk, 2002 (ver nota 17), vol. 2, p. 737-757.

por conferirem poder a quem delas tinha posse, eram tão cobiçadas.[72]

Nos tempos modernos ocorreram profundas transformações no budismo. Em todos os países budistas verificam-se movimentos de renovação, que são resumidos sob a expressão "engaged buddhism". A esse respeito, o Sri Lanka assume um papel decisivo e precursor: no passado, era o primeiro país budista a realizar missões; em tempos recentes, foi o primeiro país de um "engaged buddhism" fortemente voltado para o mundo.[73] No decorrer do colonialismo, dos esforços pela independência e do pós-colonialismo, a classe média erudita passou a ter uma nova consciência de seu budismo e sofreu uma transformação fundamental na Sangha. Se antes a vida monástica era totalmente cercada pela aura do transcendental – e Max Weber tinha razão a esse respeito –, o novo budismo era universalmente voltado para o mundo e socialmente engajado, demonstrava ter uma preocupação racionalista, educativa e de caridade social, reprimia as formas de expressão do budismo popular e se destacava por uma intensa participação dos laicos.

Todo país desenvolveu suas próprias características de renovação budista mediante o engajamento universal,[74] e, com

---

[72] Bechert, 1966 (ver nota 21), vol. 1, p. 185.
[73] Cf. Heinz Bechert, "Die Erneuerung des asiatischen und die Entstehung des abendländischen Buddhismus", in: Bechert/Gombrich, 2000 (ver nota 67), p. 336-360.
[74] Em todo o mundo budista houve movimentos parecidos. A mobilização para um budismo engajado e voltado para o mundo também se encontra, por exemplo, em Taiwan sob os monges chineses do continente que para lá migraram em 1959. A designação chinesa/taiwanesa "budismo para as pessoas" ou "budismo humanista" significa aqui uma forte intelectualização e uma revalorização do nível de formação da Sangha, além da construção do budismo como religião da elite (também entre os laicos) e de uma crítica e uma repressão ao budismo popular de Taiwan.

frequência – mas nem sempre –, isso constituía uma reação às missões cristãs e ao colonialismo, porém, sem exceção, também significava que esses países queriam certificar-se em relação a essa religião e determiná-la novamente sob o signo de todos os processos culturais de modernização, bem como das evoluções econômicas, sociais e políticas. No Sri Lanka, o esforço pela retomada budista e pela responsabilidade social e política atrelava-se à vontade de independência nacional. Até hoje, o etnonacionalismo cingalo-budista surgido nesse contexto tem uma força política e social contínua. Nesse âmbito, formou-se desde o final do século XIX um monacato ativista e político, que começou a atuar nacional e internacionalmente.[75] Em 1891, Anagarika Dharmapala fundou, com a sociedade Mahabodhi, a primeira organização budista internacional, com o objetivo declarado de reconquistar para o budismo o Bodhgaya indiano, o local da revelação de Buda. Em 1947, surgiu entre os membros da Sangha ceilonense o projeto de uma "união do Sul asiático" como "terceira força" na política mundial; em 1950, o "World Fellowship of Buddhists"; em 1963, o projeto de um *commonwealth* e de um mercado comum budista. Em 1966, em Colombo, foi fundado o "Conselho Internacional da Sangha budista" (World Buddhist Sangha Council), com o objetivo de lutar contra as guerras e pela paz mundial e de opor a mensagem budista da compaixão e da sabedoria à violência universal e ao pensamento materialista e imoral. Num forte contraste com esse programa internacional de paz, a política nacional da Sangha e das elites financeiras e

---

[75] Sobre o engajamento internacional, que será esboçado apenas brevemente na sequência, cf. Bechert, 1966 (ver nota 21), vol. 1, p. 187s.; id., 2000 (ver nota 73), p. 359s. Sobre o ativismo nacional, ver abaixo.

políticas dos budistas laicos tendeu a uma autoafirmação racista e à violência. O mesmo Anagarika Dharmapala, que dera início aos esforços budistas em favor do ecumenismo em nível internacional e introduzira a meditação dos laicos em nível nacional, era um combatente agressivo e exclusivista das outras religiões e defendia uma teoria das raças (inspirada no Ocidente) do arianismo cingalês contra dos drávidas tâmeis.[76] Na segunda metade do século XX, argumentos de cunho ético e racista foram novamente validados por cingaleses budistas, que pretendiam afirmar-se como "filhos do país" contra concidadãos tâmeis.

Na próxima seção, será discutida uma representação do budismo no Sri Lanka, que coloca a política, a religião – o reino, a cultura monástica pré-colonial, a Sangha pós-colonial e a autoridade pública democrática da modernidade – e os pontos de vista econômicos no centro da questão. De um lado, a indagação recai sobre os recursos simbólicos em que se baseia o moderno etnonacionalismo cingalo-budista: Sri Lanka como Dhammadipa, ou seja, "ilha da moralidade", sua história de mais de dois mil anos, as "grandes narrações" dessa história em forma de crônicas budistas e, finalmente, os fatores de identidade, que são a língua e a "essência cingalesa" (ou tâmil). De outro, trata-se das fusões bastante concretas entre política, economia e religião, seu agravamento nos conflitos bélicos do passado e do presente e, sobretudo, de processos interativos, bem como de fatores contingentes, que acenderam e aceleraram os conflitos entre cingaleses e tâmeis.

---

[76] Peter Schalk, "Buddhistische Kampfgruppen in Sri Lanka", in: *Asien. Deutsche Zeitschrift für Politik, Wirtschaft und Kultur 21* (outubro de 1986), p. 30-58, aqui p. 30; cf. também Michael Roberts, *Sinhala-ness and Sinhala Nationalism*, Colombo, 2001, p. 1-33, aqui p. 13.

3.1. Dhammadipa: "A ilha da moralidade"
Sobre a construção de uma nação budista

O budismo tem no Sri Lanka uma história muito longa e respeitável, que remonta ao século III antes de Cristo. Com efeito, o Sri Lanka foi o primeiro país budista a se tornar missionário, o que o levou a passar por uma mudança decisiva. Na Índia antiga, a regra da ordem, ou seja, o modelo da Sangha, fazia parte do caminho intelectual de um pequeno grupo de monges peregrinos e mendicantes. No Ceilão, essa regra tornou-se o princípio condutor de uma religião estabelecida, ou melhor, de uma "nação religiosa". Isso exprime de maneira bastante clara a autodedesignação tradicional do "Dhammadipa", que dá prioridade à Sangha[77] – e não a um poder mundano – e define o Ceilão ou o "Lanka" como um país essencialmente budista: como "ilha da moralidade" ou "luz da moralidade", isto é, como o país em que os princípios morais do budismo predominam. Centrar o foco na designação do Dhammadipa e na história antiga tem efeito explosivo na história contemporânea: a partir dos anos 50, os monges acusaram continuamente os políticos cingaleses que estavam no poder de não serem patriotas, de não conhecerem a história do país e de não terem nenhum sentimento pelo *éthos* budista, que seria o componente essencial do Sri Lanka. Na ver-

---

[77] Elucidativa a esse respeito é a tradicional anedota sobre a conversão de Ashoka: atraído por um monge mendicante budista, que caminhava enquanto meditava e que ele observava da janela do palácio, mandou chamá-lo. Quando o monge veio a seu encontro, entregou ao imperador o recipiente de esmolas e sentou-se no trono. Ashoka deve ter pensado: "Agora (...) esse monge se tornará o dono desta casa", e deixou-se converter ao budismo depois de ouvir o sermão do monge: Carrithers, 2000 (ver nota 67), p. 156.

dade, só é possível entender a atual politização da Sangha considerando e pensando a perspectiva histórica, o que os monges perderam em *status* e prestígio e o que querem recuperar sob novos sinais políticos.

Segundo as crônicas antigas, o missionário budista Mahinda, que percorreu a ilha em 250 a.C., era ninguém menos do que o filho do imperador Ashoka.[78] Já com seu primeiro sermão ele teria conquistado o rei ceilonense da época como primeiro convertido. Desde o princípio havia uma ligação entre o monacato e o reino no Sri Lanka, e o vínculo entre a elite monástica e o domínio político permaneceu estreito por muitos séculos. O Buda histórico (um monge peregrino) era chamado de "senhor Buda" ou "grande rei Buda", e a cosmologia era construída de acordo com o soberano: o mundo inteiro encontra-se sob o protetorado de "nosso sagrado rei Buda". Já por volta do século II a.C., os monges eram vistos como "promotores do rei". Os soberanos universais serviam à ordem com gestos parcialmente extremos de humildade, e a favoreciam tanto que os monges acabaram tornando-se senhores feudais. Devido à administração das instalações de irrigação, da produção agrícola e das propriedades rurais, os monges que dominavam o campo político como exemplos e pregadores aproximaram-se já, desde cedo, dos senhores de terra laicos e foram transformando-se cada vez mais em "pequenos reis". Do século IX ao XII, os mosteiros eram os maiores proprietários de terra. Os monges receberam o título de "senhores", e os grandes mosteiros na capital tinham o domínio dos pequenos estados do reino cingalês. No início do século

---

[78] Sobre esse parágrafo, cf. Gombrich, 1997 (ver nota 11), p. 148s., 154s., 166-171, 174-176, e Carrithers, 2000 (ver nota 67), p. 141, 146-160.

XIII, essa cultura monástica sofreu um colapso com o usurpador tâmil Magha (1214-1235), porém foi parcialmente recuperada pelo rei cingalês Parakkama Bahu II (1236-1270), e a Sangha foi legalmente assegurada como proprietária de terras. Nos séculos XVII e XVIII, último período do reinado cingalês, quando os europeus já haviam dominado as regiões costeiras e os cingaleses estavam afirmando sua independência no interior do país, a Sangha ainda mantinha os privilégios como proprietária de terras.

Contudo, a partir do século XIX, ocorreram duas mudanças políticas incisivas que remodelaram toda a Sangha: em 1815, a conquista do Ceilão pelos britânicos e, em 1947, a independência nacional. Sob os britânicos, a Sangha perdeu seu patronato régio e toda a sua antiga posição de domínio.[79] Também na vida social como um todo ocorreu uma mudança marcante devido a uma nova administração centralizadora, à imposição do inglês como língua franca, à industrialização e à urbanização. Na administração e nos "white collar jobs" atuavam apenas os hindus e os católicos tâmeis. Os budistas laicos transformaram-se em especialistas em religião, estudavam as traduções inglesas dos textos sagrados e adquiriam métodos de meditação com suas leituras. Mas também houve uma "secularização" das elites urbanas – ao menos do ponto de vista dos membros da Sangha: eles criticavam os budistas cingaleses de formação inglesa por não conhecerem mais nenhuma palavra em cingalês, por terem se tornado capitalistas e serem especialistas apenas em bailes de *cocktail-partys* e por não se importarem mais com a religião e os valores budistas. A politização crescente dos monges é visível nesse contexto.

---

[79] A esse respeito e para o que vem a seguir, Roberts, 2001 (ver nota 76), p. 16s., e Wilson, 1999 (ver nota 19), p. 100s.

Hoje já não se trata de concorrência pela liberalidade do rei, e sim de influência política. Por exemplo, num texto memorável de 1955, endereçado ao governo e intitulado "The Betrayal of Buddhism", os monges sempre responsabilizam os missionários cristãos (portugueses, holandeses e britânicos) e o domínio colonial britânico pelas inúmeras cisões (as novas *nikayas*) e pela decadência da Sangha. Para eles, o principal problema está na perda do patronato régio. De fato, pela supressão de todo apoio eram responsáveis os "pressure groups" cristãos, que, em relação a todas as tradições religiosas, criticavam o governo colonial e liberal sobretudo por proteger pagãos supersticiosos.[80] Note-se, entre parênteses, que os missionários cristãos ficavam surpresos com o fato de os monges budistas lhes oferecerem pouca hostilidade e muito espírito de cooperação.[81] Todavia, os monges tornaram-se cada vez mais combatentes, apologéticos, "conscientes das coisas do mundo", nacionalistas e exclusivistas, e no Sri Lanka pós-colonial sua ira contra os britânicos e os cristãos transferiu-se inteiramente para a minoria tâmil.[82]

O precursor desse processo foi a personalidade mais importante da história moderna do budismo do Sri Lanka, Anagarika Dharmapala (1864-1933), que escolheu conscientemente um estilo de vida entre o monacato e o laicismo, tornando-se o novo herói nacional. De modo programático, ele declarava que buscava não a salvação, mas que tinha em vista promover o bem-estar comum. Foi Dharmapala quem formulou o *slogan* central

---

[80] Cf. Gombrich, 1997 (ver nota 11), p. 177-200.
[81] *Ibid.*, p. 182.
[82] Cf. Stanley J. Tambiah, *Buddhism Betrayed? Religion, Politics, and Violence in Sri Lanka*, Chicago, 1992; H. L. Seneviratne, *The Work of Kings. The New Buddhism in Sri Lanka*, Chicago, 1999; Schalk, 1986 (ver nota 76).

para o etnonacionalismo cingalo-budista contemporâneo: "Meu país, minha raça, minha religião e minha língua tornaram-se para mim quatro joias de valor inestimável [em alusão às 'três joias' ou aos 'três refúgios' para Buda, para a Sangha e para o darma]. Considero minha obrigação proteger as quatro joias".[83] De maneira mordaz, ele opunha ao cristianismo a "*branda religião do budismo*"[84] e declarava guerra às "divindades barrigudas do paganismo, que bebem uísque e comem carne bovina"[85] (ele se referia aos britânicos) e aos "brâmanes supersticiosos", bem como aos "monges egoístas"[86] do Ceilão. Contudo, em pouco tempo muitos monges tornaram-se social e politicamente ativos (por exemplo, como capelães em prisões e no exército, participando da política e da assistência social), ao passo que muitos partidários do laicismo tornaram-se ascetas intramundanos[87] que criticavam os monges por sua secularização e sua traição às regras da ordem.[88]

---

[83] Tradução alemã da citação reproduzida na obra de Peter Schalk, "Present Concepts of Secularism among Ilavar and Lankans", in: *id.*, 2001 (ver nota 14), p. 54.
[84] Gombrich, 1997 (ver nota 11), p. 192.
[85] *Ibid.*, p. 194.
[86] *Ibid.*, p. 196.
[87] O budismo reformado dos laicos contemporâneos, que coloca a meditação e a ascese intramundana no centro dos interesses, foi caracterizado pela pesquisa como "budismo protestante". Paralelamente, hoje se pode observar entre os laicos um budismo do tipo *new age*, que, entre outros, se orienta por Sai Baba, mas sobretudo também um "renascimento budista do hinduísmo" ou uma "spirit religion" adequado ao hinduísmo popular e que privilegia a obsessão pelo transe. Cf. Gombrich, 1997 (ver nota 11), p. 177-213, e Richard Gombrich/Gananath Obeyesekere, *Buddhism Transformed. Religious Change in Sri Lanka*, Princeton, 1988.
[88] Carrithers, 2000 (ver nota 67), p. 160-168.

Uma consequência da independência nacional foi uma nova interpretação da Sangha: sua remodelação em ordem política. Uma constituição democrática significava que todos podiam participar da política. Surgiu a ideia de uma responsabilidade política do monacato, o que deu origem à nova categoria dos monges políticos. Em 1946, o monge e intelectual Walpola Rahula escreveu uma apologia dessa função.[89] Ele evocou os precedentes da função política da Sangha no antigo Ceilão e os interpretou como uma responsabilidade que o senso cívico deve ter em relação à nação. Atualmente, muitos monges consideram sua missão orientar politicamente os membros da comunidade. Desde os anos 50 predomina um traço marcadamente etnonacionalista dentro da Sangha. Quando em 1956 se comemorou o jubileu de 2.500 anos do nirvana de Buda, um quarto dos monges se uniu para reprimir a influência dos cristãos cingaleses e dos hindus tâmeis, fazer do Ceilão novamente um "Estado nacional budista" e exigir o cingalês como língua nacional oficial. O clamor "Sinhala only" ("apenas cingalês"), que se propagava na época, estava estreitamente ligado à autoafirmação budista e ao conceito do Dhammadipa. Manifestamente, o fato de que, a partir de 1956, grupos organizados de cingaleses passaram a usar de violência contra os tâmeis que protestavam de maneira pacífica não foi sentido por muitos membros da Sangha e do governo como oposição à finalidade religiosa e ética de uma "ilha da moralidade". A imagem cultural que faziam de si mesmos era totalmente diferente: para fazer parte do Dhammadipa, ou seja, de um país escolhido, abençoado pela graça de Buda e especialmente dotado com a presença do budismo, e para proteger esse país, a ameaça

---

[89] *Ibid.*, p. 165.

e a imposição da cultura estrangeira chegaram a ser válidas por um período.[90] Essa imagem da escolha especial e da necessidade de proteção – inclusive por meio de violência – sempre que a ilha é ameaçada encontra-se firmemente ancorada na memória cultural. Graças às antigas crônicas, ela foi narrativamente cultivada, aprofundada e interiorizada. O Dhammadipa é não apenas um conceito abstrato, mas também uma realidade sentida emocionalmente. Devido a seu prestígio e seus contatos pessoais, a maioria dos monges continua a exercer influência no governo, com o intuito de promover um nacionalismo budista.

A designação tradicional "Dhammadipa" já define claramente o país como nação religiosa. Bechert caracterizou o Ceilão como um dos Estados nacionais mais antigos com religião, língua e cultura comuns dentro de um único território. Ele alega que ainda hoje a maioria dos habitantes do Sri Lanka é composta de budistas cingaleses. Obviamente isso está correto, mas esse tipo de representação do Sri Lanka é unilateralmente marcado pela imagem que os cingalo-budistas fazem de si mesmos e ultrapassa a autodesignação do "Dhammadipa". Diferentemente da fórmula "Sinhala only", esse conceito não contém uma referência linguística nem racista-étnica. Não obstante, a designação do Dhammadipa e as crônicas escritas pelos eruditos budistas já sugerem que o Sri Lanka sempre foi cingalês. Com alguma razão, em vez de um Estado nacional precoce ou de uma nação religiosa, pode-se falar de um etnonacionalismo precoce, que se intensificou visivelmente desde a independência na direção de uma religião, uma língua, uma cultura, um Estado e um território.

---

[90] A esse respeito, ver a análise de Roberts, 2001 (ver nota 76).

Isso é problemático, pois também há minorias de hindus tâmeis, de cristãos e de muçulmanos, bem como de cristãos cingaleses. Do ponto de vista histórico, não está nada claro se a população primitiva era puramente cingalesa, conforme já sugerem as crônicas, e este é um dos pontos de conflito da atual política. Supostamente, no período pré-cristão, já havia tâmeis no Sri Lanka, e é possível que houvesse até dinastias tâmeis. O Norte da ilha (Jaffna) encontra-se tão próximo da ponta sulista do Tamil Nadu que antigamente era possível ir de um país a outro com um simples barco de pesca. Hoje a maioria cingalesa abrange 74%, e a minoria tâmil, 18% da população. A maior parte dos tâmeis é composta por xivaístas hindus (cerca de 15,5%). Emigrações e invasões de hindus tâmeis ocorreram nos séculos V, IX, X, XI e XIII. Culminaram do século XIII ao XV num reino hindu ao Norte do Sri Lanka. Desde esse período, todo o Norte é região tâmil. O olhar cingalo-budista via e vê essas invasões como uma ameaça crescente. É o que transparece nas crônicas. Nelas se pode constatar um deslocamento da apresentação dos tâmeis: de um ponto de vista a princípio totalmente neutro e até simpatizante dos tâmeis a outro bastante hostil e excludente.

3.2. Produção da figura do inimigo nas representações historiográficas

A seguir, serão apresentados menos discursos científicos do que representações indígenas dos cingalo-budistas, da maneira como são refletidos pelas antigas crônicas da ilha, e me apoiarei sobretudo na fonte mais importante, o *Mahavamsa*, literalmente a "Grande crônica" (século VI), bem como no antigo *Dipavamsa* (século IV), no *Rasavahini* posterior (século XIII) e no trabalho comparativo de Sven Bretfeld, que inclui outras crônicas.[91] Por meio dessas crônicas, os monges criaram uma doutrina estatal budista. Segundo Gombrich, justamente o *Mahavamsa* era "uma carta constitucional do nacionalismo cingalo-budista", pela qual os reis ulteriores se orientavam, por exemplo Parakkama Bahu II, no século XIII, em sua guerra contra os tâmeis.[92] Nessa época em que o reino tâmil ao Norte começou a se estabelecer com êxito, o *Culavamsa* ("Pequena crônica") foi complementado como continuação imediata do *Mahavamsa* até o século XVIII.[93]

Notável é o fato de as crônicas, embora escritas por monges, apresentarem um conteúdo pouco religioso e espiritual e quase nada da história da ordem. Seu principal conteúdo é, antes, a história política sob uma veste legendária. Quanto mais recentes são as crônicas, mais evidentes são a construção da imagem dos tâmeis como inimigos e o olhar budista-nacionalista. Isso já tem início no *Mahavamsa*, que contém uma lista da sucessão dos reis do Lanka e outra de seus méritos religiosos. Recebe destaque especial o rei Dutthagamani Abhaya (século II a.C.), cuja expedição militar contra os tâmeis teria salvado a religião budista da destruição iminente. O episódio de Dutthagamani toma quase um terço (MhV 22-32) de toda a crônica (MhV 1-37). Seu caráter polêmico no âmbito religioso e político não se limita abso-

---

[91] Sven Bretfeld, *Das singhalesische Nationalepos von König Dutthagamani Abhaya*, Berlin, 2001 (introdução, tradução e comentários do *Rasavahini*); *The Mahavamsa or The Great Chronicle of Ceylon*, translated by Wilhelm Geiger, London, 1980 (primeira edição, 1912). Ver também Steven Kemper, *The Presence of the Past. Chronicles, Politics, and Culture in Sinhala Life*, Ithaca, 1991; K. M. de Silva, *A History of Sri Lanka*, London, 1981.
[92] Gombrich, 1997 (ver nota 19), p. 147.
[93] *Ibid.*, p. 146.

lutamente a um passado cruel nem a um reino medieval. Antes, Dutthagamani também foi modelo e herói nacional na independência e na modernidade. Lalith Athulatmudali, ministro da defesa do Sri Lanka, chega a considerar-se o novo Dutthagamani, tendo contribuído decisivamente para as piores agressões contra os tâmeis nos anos 1950-1980.[94]

Dois episódios relativos a Dutthagamani atraíram, não sem razão, a atenção das pesquisas: em primeiro lugar, a circunstância de que na campanha contra o rei tâmil Elara a guerra era vista como religiosamente justificada, e, segundo a crônica, Dutthagamani combatia os tâmeis por razões puramente religiosas, chegando a declarar explicitamente que lutava pelo budismo e não por seu reino (MhV 25.16-18). A segunda passagem, que suscita maior atenção, era a justificação literalmente desumana da guerra pela Sangha. Quando Dutthagamani – como anteriormente Ashoka – arrependeu-se depois da vitória de ter matado tanta gente durante a guerra, os santos budistas (Arhats) o tranquilizaram com as seguintes palavras (MhV 25.109-111):

> Esse ato não colocou em vosso caminho rumo ao mundo celeste nenhum obstáculo. (Apenas) uma parte e meia das pessoas foi morta por vós, ó soberano dos homens. Houve quem recorresse [às "três joias"] e quem chegasse a manter os cinco preceitos da virtude [mandamentos dos budistas laicos]. Os outros eram hereges e imorais; morreram como gado [ou: são como gado]. Vós, porém, usareis de diversos modos para trazer à luz a doutrina de Buda. Por isso, não vos desespereis, ó senhor dos homens.

Bretfeld resume que o *Mahavamsa* nomeia duas razões para a autorização do assassinato dos tâmeis: a) por não serem budistas,

---

[94] Wilson, 1999 (ver nota 19), p. 142.

tampouco são pessoas, mas gado,[95] e b) as instituições budistas do Sri Lanka estão ameaçadas e precisam ser salvas. A primeira razão soa um tanto cruel e "não budista", o que foi proporcionalmente enfatizado por outros pesquisadores. Nela se pode ver uma demonização do adversário como monstro ou ser inumano, conforme se transmitiu transculturalmente: ao inimigo simplesmente é negado seu caráter humano. Mas isso também faz parte da propaganda budista: apenas o budista, que vive como budista, é realmente um ser humano.

Vale notar que falta essa primeira justificação do inumano nas crônicas posteriores, que, de resto, agravam o conflito de modo manifesto e sempre apresentam o adversário como sendo mais cruel e maior do que realmente é. Mais tarde, para Dutthagamani, a única justificação é a situação de guerra forçada pelo usurpador tâmil. No *Mahavamsa* ainda não há nenhuma guerra de defesa; mais evidente é uma guerra de ataque. O heroico e bélico Dutthagamani entra no conflito contra a vontade de seu pai (MhV 24.1-7) e sob a auspiciosa proteção de 500 monges que o acompanham, matando nada menos do que 32 príncipes tâmeis antes de assassinar Elara, nobre rei tâmil, e reconquistar Anuradhapura, cidade fortificada.

---

[95] O termo "gado" é polêmico, pois, segundo o shaiva siddhanta dos tâmeis – portanto, a genuína doutrina dos assassinados –, o teologúmeno central diz que as pessoas ou almas humanas são "gado" (*pashu*), o universo mental e material é "corrente" (*pasha*), e Deus (Shiva) é o "senhor" (*pati*), cuja adoração e cuja graça são as únicas capazes de romper as correntes funestas. A "parte e meia das pessoas" é feita apenas de budistas ou de homens que estão no caminho para se tornarem budistas. Aparentemente, apenas "meia" pessoa é alguém que recorreu, ou seja, que proferiu a profissão de fé budista, enquanto pessoa completa só é considerada aquela que se comporta seguindo os mandamentos morais budistas.

Gombrich vê em Dutthagamani uma imagem contrária e "fundamentalmente diferente" de Ashoka, ao passo que Bretfeld enfatiza sua "ambiguidade": por um lado, ele era um budista laico devoto[96] e um soberano de guerra arrependido ao estilo de Ashoka; por outro, um conquistador que usava sua espada com violência. A recepção budista não sente aqui nenhuma contradição. Dutthagamani está entre os heróis mais populares do Sri Lanka por ter vencido o usurpador Elara e seu gigantesco exército e por ter libertado o Norte da ilha do domínio estrangeiro dos tâmeis. Justamente por ter conseguido "unificar o Lanka sob um único protetorado" (MhV 25.17) ele é um novo Ashoka. Após a vitória, regeu o império unificado do Lanka por 24 anos como legítimo soberano e promotor do budismo. Com o surgimento do moderno nacionalismo cingalês, Dutthagamani acaba transformando-se na figura simbólica da resistência e da libertação em relação aos "estrangeiros" que exercem uma influência política, religiosa e cultural na sociedade cingalesa. A rivalidade é intercambiável: em primeiro lugar, a luta é contra os colonos e missionários britânicos; mais tarde, contra a minoria tâmil. O argumento permanece o mesmo: o budismo moderado precisa proteger-se dos agressores.

O monge e historiador cingalês Walpola Rahula – ele próprio um defensor da nação cingalo-budista – constata:

> Duttha-Gamani (...), undoubtedly the greatest national hero of early Buddhist Ceylon, organized a great crusade to

---

[96] Na qualidade de budista laico ideal, ele tinha em vista como primeira regra de virtude honrar e apoiar a Sangha. Segundo MhV 25.113s., ele se lembra de seu juramento de nunca comer algo sem antes destinar uma parte à Sangha. De acordo com 24.22-31, ele destinou à Sangha sua última porção de arroz.

liberate Buddhism from foreign rule. His war-cry was "Not for kingdom, but for Buddhism". The entire Singhalese race was united under the banner of the young Gamani. This was the beginning of nationalism among the Sinhalese.[97]

Na pesquisa mais recente, a construção da história por Rahula foi posta em dúvida, uma vez que pouco considera o fato de que as crônicas são menos uma descrição histórica no sentido que lhes dão os historiadores modernos do que uma memória cultural de determinado grupo e praticamente uma exposição preparada sobre a religião e o nacionalismo. Segundo Bechert,[98] nessa exposição ocorre uma reinterpretação radical da história e uma falsificação de conteúdos didáticos fundamentais. Nesse sentido, a historiografia se torna um ato político que tem por objetivo declarar os adversários da nação cingalesa como adversários do budismo e alçar a luta contra eles à categoria de obrigação religiosa. Essa também é a opinião de Gunawardana,[99] historiador do Sri Lanka, para o qual, na história real de Dutthagamani e Elara, não teria havido um adversário num conflito com motivação religiosa, e sim contraentes num jogo de poder feudal,

---

[97] Walpola Rahula, *History of buddhism in Ceylon. The Anuradhapura Period, 3rd Century BC – 10th Century AC*, Colombo, 1956, p. 79, citado em Bretfeld, 2001 (ver nota 91), p. XVII-XVIII. Para o que segue, *ibid.*, p. XVIIIss.
"Duttha-Gamani (...), indubitavelmente o maior herói nacional do antigo Ceilão budista, organizou uma grande cruzada para libertar o budismo da influência estrangeira. Seu grito de guerra era 'Não pelo reino, mas pelo budismo'. Toda a raça cingalesa estava unida sob a bandeira do jovem Gamani. Esse foi o começo do nacionalismo entre os cingaleses." (N. T.)
[98] Heinz Bechert, "The Beginnings of Buddhist Historiography. Mahavamsa and Political Thinking", in: Smith, *Sri Lanka*, 1978 (ver nota 70), p. 1-12.
[99] R. A. L. H. Gunawardana, "Prelude to the State", in: *The Sri Lanka Journal of Humanities 8* (1982), p. 1-39.

do qual o primeiro teria saído como único soberano. Segundo Gunawardana, as inscrições mostram que a imagem dualista do *Mahavamsa* é falsa: não havia um reino tâmil ao Norte com um usurpador tâmil, nem um reino cingalo-budista unificado ao Sul, e sim apenas dois grandes centros de poder. Kulke[100] também apoia a tese de uma falsificação histórica: construções religiosas monumentais dessa época não demonstram nenhum tipo de postura antitâmil consequente. Quanto ao *Mahavamsa*, trata-se de um texto hagiográfico, que deve ser distinguido das elaborações posteriores. A vitória de Dutthagamani sobre os tâmeis teria sido, antes, um *tópos* literário como ideologia antitâmil. Somente mais tarde se teria empregado o mito com o intuito de despertar os sentimentos de nacionalismo.

Uma revisão histórico-crítica do *Mahavamsa*, baseada numa comparação com o antigo *Dipavamsa* ("Crônica da ilha") e com uma bibliografia comentada já existente, mostrou que na "Grande crônica" uma série de antigos temas narrativos de cunho popular era mesclada e aperfeiçoada. Nesse sentido, a versão original do episódio de Dutthagamani foi uma epopeia de guerra puramente secular e popular, que encontrou acesso na prática monástica da recitação e experimentou uma reinterpretação religiosa e nacionalista na associação com outros temas narrativos:[101] a tradição narrativa dos monges fez do herói popular de guerra o salvador do budismo, motivado e sancionado pela religião. Ain-

---

[100] Hermann Kulke, "Sectarian Politics and Historiography in Early Sri Lanka. Wilhelm Geiger's Studies on the Chronicles of Sri Lanka in the Light of Recent Research", in: Ulrich Everding/Asanga Tilakaratne (orgs.), *Wilhelm Geiger and the Study of the History and Culture of Sri Lanka*, Colombo [sem data, atas de uma conferência, 1993], p. 112-136, especialmente p. 128s.

[101] Conforme já demonstrado por Geiger e prosseguido por Bretfeld, 2001 (ver nota 91), p. XXXIIIss.

da no *Dipavamsa* (por volta do século IV d.C.), o mesmo tema aparece de maneira bem mais sucinta: apenas 13 versos contam a história que no *Mahavamsa* é aumentada para 861 versos. A narração que fala do rei tâmil Elara como um rei ideal que faz milagres parece derivar de uma fonte popular bem diferente, pois foi completamente eliminada das crônicas posteriores. O *Mahavamsa* ainda reflete uma posição mediana ambivalente: enquanto em MhV 25 a Elara é negado todo caráter humano, o que significa que os tâmeis seriam hereges e imorais – portanto, o budismo também tem seus hereges –, em MhV 21 o rei tâmil seria nobre, governaria com devoção e sem fazer distinção entre amigos e inimigos. Embora ele seguisse a fé errada, seria tolerante em relação ao budismo.

Com alguma certeza, antes do surgimento do *Mahavamsa*, a imagem de Dutthagamani já atravessava a história de uma evolução: segundo uma variante mais antiga, o rei não teria conseguido dormir por um mês, não por consciência pesada, mas de alegria por sua vitória. Somente quando um grupo de monges recitou do *Cânon Páli* para ele é que o rei se acalmou e conseguiu dormir novamente. Mesmo em outras passagens, uma reinterpretação marcada pela religião e pelo nacionalismo é evidente: assim, conforme uma versão mais antiga, um homem chamado Theraputtabhaya pede ao rei Dutthagamani que compareça à Sangha a fim de derrotar suas paixões (metaforicamente, seus "ladrões"), enquanto numa crônica posterior Theraputtabhaya é encarregado pelo rei de subjugar os rebeldes na região montanhosa do Sri Lanka. Por fim, no *Rasavahini*, o monge Theraputtabhaya despe-se de seus trajes a fim de, como "grande guerreiro," preservar o budismo da destruição pelos tâmeis.

Para todas as narrações posteriores, entre as quais o *Rasavahini* do século XIII, a apresentação de Dutthagamani pelo

Mahavamsa tornou-se um critério obrigatório, enquanto versões e temas narrativos mais antigos foram suplantados. O objetivo do *Rasavahini* era ilustrar a relação entre os méritos religiosos (sobretudo as doações à Sangha) e as boas re-encarnações. Dutthagamani é descrito como semelhante a bodisatva: em sua vida anterior, teria tomado a decisão de não renascer no mundo celeste, mas na terra como rei, a fim de aumentar os méritos religiosos (um rei tem boas possibilidades de ser liberal em suas doações) e de atuar em prol da doutrina budista. É evidente, porém, que o *Rasavahini* não leva em conta as doações, que são tratadas apenas brevemente, e sim, sobretudo, a guerra contra Elara como ato religioso digno de mérito, conforme fica claro pela extensão de sua descrição e pelos versos finais (Ras 26):

> Se boas pessoas renunciarem à divindade que é iminente à (próxima) existência em virtude de seu comportamento; se se dedicarem de várias formas e sempre consolidarem a força de seu caráter; se desejarem que a doutrina do vencedor perdure e sempre se esforçarem para isso, então sempre obterão o máximo mérito e alcançarão a felicidade celeste.

Obviamente, essa conclusão devota e edificante é um comentário à ação bélica de Dutthagamani em prol da "longa duração da doutrina do vencedor"; a violência não apenas é sancionada, como também digna de mérito em termos religiosos!

No *Rasavahini* surge uma postura antitâmil, cujo rigor ainda era totalmente desconhecido do *Mahavamsa*. O deslocamento da importância dada à descrição de Elara mostra esse fato de modo bem marcante. Como no antigo *Dipavamsa*, no *Mahavamsa* Elara ainda é considerado um grande e milagroso soberano, e sua moralidade acima da média é adornada com muitos detalhes num capítulo inteiro (MhV 21.13-34), ao passo que a dessacralização da estupa pelos tâmeis (MhV 23.9) é indicada apenas brevemente e de passagem. Numa inversão exata, no *Rasavahini* a oposição é elaborada com riqueza de detalhes, e uma imagem clara do bem e do mal é criada: Elara já não possui características positivas e passa a ser chamado de "inimigo do Lanka". Os tâmeis são nomeados "sujeira tâmil" e "inimigos da doutrina de Buda". Seus atos de crueldade em relação à religião budista e a cultura cingalesa são descritos pormenorizadamente. Até mesmo um membro da ordem despe-se de seus trajes para unir-se à guerra. Conforme resume Bretfeld, tudo isso seria ignorado pelo *Mahavamsa*, porém corresponderia à ilustração de obras posteriores, que surgiram entre os séculos XIII e XVIII.[102] O domínio de Elara sempre é descrito como especialmente militante e devastador para a sociedade budista. O perigo que provém dos tâmeis recebe muito mais ênfase do que no *Mahavamsa*. Bretfeld supõe, certamente com razão, que essas representações são influenciadas por acontecimentos políticos ulteriores, sobretudo pela "invasão devastadora do tâmil Magha"[103] no início do século XIII.

No século XIII também surgiu a continuação do *Mahavamsa* e do *Culavamsa*. Analogamente à importância desmedida conferida a Dutthagamani no *Mahavamsa* do século VI, no *Culavamsa* o relato sobre o rei Parakkama Bahu I (1153-1186) é de uma extensão desproporcional.[104] Esse rei não apenas reuniu um conselho para "limpar" a ordem, proporcionando à Sangha um novo período de prosperidade, mas também se destacou por sua crueldade e sua falta de consideração.[105] O MhV 76.102 fala

---

[102] *Ibid.*, p. XXXIX-XL
[103] *Ibid.*, p. XL.
[104] Gombrich, 1997 (ver nota 11), p. 146.
[105] Bechert, 1966 (ver nota 21), vol. 1, p. 185; Carrithers, 2000 (ver nota 67), p. 153.

de uma guerra impiedosa e da empalação dos prisioneiros. Por certo, como especialmente cruel é descrito o usurpador Magha (1214-1235), do Sul da Índia, ele que deixou na Sangha um trauma permanente ao expulsar brutalmente os monges dos mosteiros e escravizar a nobreza. Segundo a crônica, por sua vez, o novo soberano ceilonense, Parakkama Bahu II (1236-1271), ao partir para a guerra contra os tâmeis, deve ter-se lembrado primeiro de todos os tâmeis não-budistas que haviam usurpado o trono, o que o teria levado a apoiar-se no *Mahavamsa*.[106]

A mesma lembrança cultural voltou a ser evocada no século XX. As crônicas eram sempre novas "coping strategies" de tratar as insistências ameaçadoras e transformar as influências estrangeiras. Essas crônicas chegavam a reagir como um sismógrafo a novas situações. A ampliação posterior do *Culavamsa* menciona não apenas o Magha tâmil e suas desastrosas ações, mas também os missionários portugueses. O mesmo modelo é encontrado no *Ingrisi Hatana* de Vägali Mudali, em que o heroico rei Vikrama Rajasinha é chamado metaforicamente de "terra" (o interior bom), e os britânicos, de "mar" (o exterior mau).[107]

3.3. Parêntese: a memória cultural e os intelectuais como reforço da violência

Parece-me importante reter certos pontos, pois as crônicas são não apenas elucidativas quanto ao efeito prolongado de conflitos

---

[106] Gombrich, 1997 (ver nota 11), p. 147.
[107] Roberts, 2001 (ver nota 76), p. 6.

históricos e psicológicos e à produção e ao funcionamento daquilo que Jan Assmann chama de "memória cultural", mas também quanto aos mecanismos da produção da imagem hostil e da demonização crescente do "outro". No que se refere a meu exemplo, a convicção religiosa não desempenha o papel principal nessa demonização, mas é estabelecida como fator simbólico e poderoso da delimitação. Diversos níveis estão interligados de maneira complexa:

a) O *Mahavamsa* primordial reconstrói no século VI a fase inicial do budismo no Sri Lanka. Dutthagamani (século II a.C.) se estabelece no reflexo da crônica cerca de cem anos após a chegada de Mahinda como soberano budista sobre toda a ilha. Aparentemente, no início do conflito entre cingaleses e tâmeis – de modo semelhante ao que ocorria na Índia nesse mesmo período – havia reinos concorrentes. Analogamente ao que ocorreu no Tamil Nadu do século VI, que era dominado pelos Pallavas, no Sri Lanka, junto com as duas tradições religiosas (budistas e xivaístas)[108] surgiram duas etnias e comunidades linguísticas (cingaleses e tâmeis).[109] Vale notar que apenas numa breve passagem (MhV 25.109-111) dos primórdios do *Mahavamsa* faz-se menção à religião dos tâmeis ("animais", "heresia"). Desde o início os tâmeis são vistos como adversários políticos e passam a ser considerados um perigo cada vez maior – sobretudo para as instituições budistas.

---

[108] Na verdade, três, se considerarmos o jainismo no Tamil Nadu, ou mais, se levarmos em conta o vixnuísmo e outras tradições hindus.
[109] A crônica é redigida em páli, língua litúrgica do *Cânon* e dos comentários, mas o sermão dos monges budistas sempre era realizado na língua local, e o cingalês parece mesmo ter sido fomentado para a literatura sagrada, por exemplo com uma tradução hoje extinta do *Cânon Páli* já em 400 d.C.: Gombrich, 1997 (ver nota 11), p. 159-162.

Para os monges, os soberanos tâmeis já representam um perigo real, sem que precisem recorrer a atos de violência devastadores, à profanação da estupa e de mosteiros, nem à expulsão, como ocorreu no século XIII: já com soberanos devotos, que não – ou não apenas – protegiam o budismo, todo o poder e o esplendor dos mosteiros teriam desaparecido em pouco tempo. A ideologia é menos ameaçada do que as bases materiais e econômicas de subsistência. Um "Lanka unido" ou, concretamente, um Estado budista é o que têm em mente – com uma racionalidade voltada tanto para um fim quanto para um valor. Portanto, seu apoio à política de poder de Dutthagamani é totalmente coerente.

Do ponto de vista de um leitor ocidental atual, é de espantar que a violência seja continuamente sancionada. No entanto, a situação é um pouco mais complexa: é digno de nota o fato de que nos versos finais do episódio referente a Dutthagamani seja exaltado seu arrependimento e não seu ato (MhV 25.116). As crônicas ulteriores são "mais éticas", na medida em que tornam Elara mais cruel e estilizam o conflito como guerra de defesa. O assassinato de um homem devoto como Elara talvez tenha ofendido gerações posteriores de monges – e, à luz da história recente, Elara já não podia ser bom de modo algum. Todavia, evidentemente Ashoka sempre foi tomado como o grande modelo não em virtude de sua não-violência ou de sua tolerância religiosa, mas porque conseguiu colocar o subcontinente indiano sob "um único protetorado" e criar uma grande nação budista. Do ponto de vista da racionalidade voltada para um valor, isso é bom, pois um dos princípios do país governado pelo budismo é ser um país abençoado por Buda e um "país da moralidade". Conforme dizia explicitamente o *Mahavamsa* primordial, o indivíduo só poder ser realmente humano como budista. Dutthagamani fez com que surgisse essa visão de um Dhammadipa. Na crônica primordial, totalmente ao estilo da antiga poesia épica e tâmil, ele é audaz, heroico, generoso, nobre (entre outras coisas, prepara uma respeitável comemoração de renúncia para Elara), idealista (luta por objetivos superiores: o budismo e a unidade do país) e vencedor. Comparativamente a outras religiões, há que se notar o *tópos* de que Dutthagamani vence a batalha sobretudo porque seus guerreiros haviam atado as relíquias de Buda a suas lanças – algo análogo também foi feito pelo imperador cristão Constantino I (escudos com o monograma de Cristo).

Partindo de outra perspectiva, a mesma história pode ser lida de maneira diferente, a saber, como jogo feudal de poder: é Dutthagamani quem ataca, não os tâmeis. Seu juramento de lutar pelo budismo teria gerado o murmúrio de que algumas pessoas seriam mortas (MhV 25.16-18). A religião serve à construção da alteridade com o objetivo de ampliar seu campo de domínio ou, falando de modo positivo, de "unificar o Lanka sob um único protetorado" (MhV 25.17). Segundo a crônica, já antes de Elara, Anuradhapura, a cidade (capital) "reconquistada", havia caído nas mãos de soberanos tâmeis "legítimos" (MhV 21.10s.), que se alternavam com cingaleses. Graças à guerra ofensiva de Dutthagamani, a balança do poder no jogo feudal pendeu para o lado do soberano cingalo-budista: até o final do século VIII, Anuradhapura foi sede dos reis ceilonenses. Segundo Gombrich, em seguida, invasões provenientes do Sul da Índia tornaram-se um problema permanente, o que fez com que a capital fosse transferida para que o perigo pudesse ser evitado.[110] Invasões tâmeis do final do século X e do início do século XI, que ocorreram novamente em 1215, teriam desestabilizado o

---

[110] *Ibid.*, p. 145.

reino cingalês, conduzido à decadência interna da ordem e levado os cingaleses a perder o Norte da ilha com a ulterior invasão tâmil no século XIII.

O fato de Dutthagamani ser considerado o grande herói nacional deve-se a conceitos históricos como "libertação", "usurpador Elara" e "país unido", mas só se torna realmente compreensível à luz dos acontecimentos posteriores. Todavia, o episódio referente a Dutthagamani, já no *Mahavamsa* primordial, é construído como "grande narração" devido a sua notável extensão e até como história da origem. Com uma narração sobre a origem, um grupo cria um presente comum e uma identidade coletiva promissora com base no constructo de um passado comum: ao se "budificar", o herói popular Dutthagamani, a partir da antiga epopeia de guerra e ao se comparar o campo de domínio de Dutthagamani com a nação budista unificada de Ashoka, criou-se uma memória cultural coletiva dos cingalo-budistas. Segundo Jan Assmann,[111] essa memória cultural forma-se com base na ação recíproca de três fatores: (i) a maneira como uma cultura recorda seu passado, (ii) a imagem que essa cultura tem de si mesma e (iii) o modo como essa cultura segue adiante, ou seja, forma sua tradição. As guerras criam um forte sentimento de comunidade e constituem a comunidade política. Nas crônicas isso é trabalhado, perpetuado e sempre associado à narração sobre Dutthagamani, com os acontecimentos futuros mudando o passado: por meio de reservas (esquecimento consciente e revisão da história) e ampliações (elaboração da experiência presente), Elara transforma-se num malfeitor. A identidade coletiva forma-

---

[111] Jan Assmann, *Das kulturelle Gedächtnis. Schrift, Erinnerung und politische Identität in frühen Hochkulturen*, München, 2002 (primeira edição, 1992).

-se principalmente com a delimitação e a *différence* e, em caso extremo, com as imagens do inimigo.

Narrações de fácil compreensão têm um poder especial na produção de uma autoimagem e de uma memória culturais. São muito eficientes porque, no nível narrativo, utilizam um forte apelo emocional ao se dirigirem ao leitor e ao ouvinte. Todo cingalês sabe quem foi o audaz Dutthagamani, que enfrentou corajosamente os invasores estrangeiros. Aos ouvidos dos cingalo-budistas, sua ação não é a de soldado experiente, ávido por guerras e pelo poder, mas é audaz e libertadora: defesa da ameaçada ilha da moralidade; libertação do domínio estrangeiro, da guerra e do sofrimento; criação da unidade, da ortodoxia e da moralidade; vitória de uma religião superior. Não apenas a dimensão ideológica, mas também o lado emocional e estético das crônicas formam um elemento central que tem lugar em vários níveis. A popularidade dos poemas épicos e da poética no Sri Lanka (e no Tamil Nadu) é comprovada ao longo dos séculos. As crônicas são ambas as coisas: tanto historiografias hagiográficas e narrações de guerras quanto obras poéticas. Merece menção especial o fato de que, seja qual for a situação em que os monges da Sangha são descritos, há um acúmulo de linguagem poética e de presságios promissores e enigmáticos. No nível estético-verbal, produz-se a convicção emocional de que se está sob a proteção de uma bênção promovida por um poder superior. Para os monges carismáticos que realizam milagres, esse poder torna-se passível de ser "realmente" experimentado pelo intelecto e pelos sentidos.

b) Vale notar que nas passagens mais antigas – ulteriormente suprimidas – Elara ainda é descrito como rei que corresponde muito mais ao ideal de tolerância de Ashoka do que Dutthagamani e harmoniza-se muito mais com a imagem de hinduísmo proposta por Raghavan do que com aquela proposta por Klostermaier. Por outro lado, Magha, rei tâmil posterior, parece estar relacionado com a destruição dos mosteiros no sentido da imagem do hinduísmo oferecida por Klostermaier – pelo menos assim é recebido. Se, além disso, Elara perde totalmente suas qualidades virtuosas, divinas e sobrenaturais no imaginário coletivo e se torna cada vez mais cruel, cria-se um interessante paralelo com a crueldade crescente de Sambandhar na hagiografia tâmil do Sul da Índia, que, assim como o *Rasavahini* e a continuação da história do *Mahavamsa*, também surgiu no século XIII! Todavia, num caso trata-se de uma atribuição estrangeira e, no outro, de uma atribuição nacional. Há que se observar, porém, que, segundo a crônica budista, no século XII o soberano Parakkama Bahu I infligiu o mesmo martírio da empalação (aos prisioneiros de guerra)[112] que no século XIII a hagiografia do Sul da Índia atribuiu ao xivaísta Sambandhar (que o teria infligido aos jainistas). No Tamil Nadu indiano e no Ceilão desse período, as linhas de frente parecem ter endurecido. Ou seriam os textos que estariam reagindo uns aos outros? Supõe-se que seja não apenas isso, mas também. Definitivamente, houve um intercâmbio interativo.

O *Mahavamsa* primordial e sua construção de um "nacionalismo cingalês religioso" surgiram durante a dinastia Pallava no Sul da Índia (cerca de 400-985), que fomentava um "nacionalismo tâmil religioso". Em oposição a isso, os Cholas do Sul da Índia (985 – cerca de 1200), que substituíram os Pallavas, favoreciam todas as comunidades religiosas. Consta de inscrições

---

[112] MhV 76.102. Bechert, 1966 (ver nota 21), vol. 1, p. 185, menciona essa passagem de modo sucinto e sem especificar em detalhes a identidade dos prisioneiros. Eu mesmo não pude consultar essa ampliação do MhV; a tradução do *Mahavamsa* por Geiger contém apenas a parte mais antiga da crônica (MhV 1-37).

que Rajaraja I (985-1016), primeiro grande soberano Chola, fez doações às ordens budistas. Nesse período ocorreu uma intensa adaptação do budismo do Tamil Nadu e de Burma ao hinduísmo, e essas fusões também se expandiram até o Ceilão: quando Parakkama Bahu I chegou ao poder, os mosteiros budistas já estavam "hinduizados", conforme comprovam as inscrições da época:[113] nelas a linguagem do devocionismo tâmil é levada ao pé da letra (*alvar, perumal, nayanmar* etc.), o Buda (*puttar*) é descrito e adorado como deus supremo – com os mesmos atributos e epítetos de Xiva, deus supremo hindu –, e as divindades e os ícones hindus são integrados ao culto budista. As polêmicas jainistas deixam claro que, do século X ao século XIV, o budismo no Tamil Nadu também absorveu o tantrismo e que muitos monges consumiram carne e álcool: os jainistas (que, como minoria, também foram incentivados pelos Cholas xivaístas) julgavam com rigor o consumo de carne, apontando a contradição com o mandamento budista da não-violência.[114] A confissão de não-violência certamente não impede um dos autores de se autodesignar como um "machado dos Shakyas [budistas]".[115]

Na virada do século XII para o XIII, o clima volta a ficar claramente acirrado. Já por volta de 1110 o reino dos Cholas, que

---

[113] Civacuppiramniyam Patmanatan, "A Tamil Pillar Inscription from Mankanay", in: Schalk, 2002 (ver nota 17), vol. 2, p. 757-767, especialmente p. 761-766s.; *id.*, "Buddhism in Nakapattinam", in: *id.*, p. 569-609, especialmente p. 584ss.; Roberts, 2001 (ver nota 76), p. 6.

[114] Alvapillai Velupillai, "Jain Polemics against the Buddhists in the nilakeci", in: Schalk, 2002 (ver nota 17), vol. 2, p. 609-632, especialmente p. 624s., 627; cf. *id.*, "Jain Polemic against Buddhism in the tirukkalampakam", in: Schalk, *ibid.*, p. 632-644, especialmente p. 642s. A assimilação budista do devocionismo tâmil também é amplamente comprovada nessa obra jainista: *id.*, p. 634-641.

[115] *Ibid.*, p. 633.

havia praticado uma política de pluralismo religioso, começa aos poucos a se dissolver, desafiado por uma série de pequenos reinos ascendentes, entre os quais o dos Pandyas. Também no Ceilão o início do século XII é um período de lutas feudais pelo poder. Em 1110, a relíquia do dente é guardada por militares, e dentro da área do templo é construída uma academia militar. Parakkama Bahu I estabelece seu domínio no âmbito das lutas armadas e internas dos cingaleses a fim de comandar a parte norte da ilha.[116] Com a invasão devastadora de Magha (século XIII), a Sangha vive seu pior período até então, e pouco depois o Norte torna-se tâmil para sempre. De grande importância para o budismo ceilonense foi a ascensão final dos Pandyas ao poder no vizinho Tamil Nadu com Jatavarman Sundara Pandya (1251-1268), que não apenas pôs um fim no reinado Chola, mas também empreendeu expedições militares rumo ao Ceilão e embelezou os templos de Xiva e Vixnu no Sul da Índia com as riquezas roubadas. No entanto, o mesmo príncipe Pandya também financiou templos budistas no Tamil Nadu, conforme comprova uma inscrição,[117] e, após muitas vitórias sobre os tâmeis, Parakkama Bahu II (1236-1271) manda vir monges do Tamil Nadu, a "região inimiga", para restaurar a Sangha local.[118]

Sendo assim, as relações entre o Tamil Nadu e o Ceilão não eram apenas bélicas. Crônicas e inscrições falam línguas dife-

---

[116] Civacuppiramaniyam Patmanatan, 2002 (ver nota 113), p. 764s.
[117] Alvapillai Veluppillai, "The Significance of a Damaged Tamil Pautta. Inscription from Tiruccopuram of the Thirteen Century", in: Schalk, 2002 (ver nota 17), vol. 2, p. 662-666. O local é mencionado numa poesia de Sambandhar, na qual o poeta pergunta por que Xiva se alegra nesse lugar de budistas e jainistas mentirosos.
[118] Gombrich, 1997 (ver nota 11), p. 148.

rentes: a primeira, a da hostilidade, e a segunda, a da inclusão e até da fusão. A cultura dos eruditos e a prática vivida sofrem uma ruptura. Do ponto de vista sociopolítico, a inclusão era possível onde o controle da Sangha e do reino permaneciam intangíveis. Onde as outras partes tornavam-se muito poderosas a resposta era a violência. Nesse campo, a ficção literária atuava com intensidade e exacerbação. A literatura Vamsa posterior elidiu a inclusão do nobre Elara e, com o constructo do mau Elara e da retórica hostil ("sujeira tâmil"), inspirou ainda mais violência.

Segundo o sociólogo Coser, os intelectuais contribuem essencialmente para a intensificação e o aprofundamento dos conflitos na medida em que despojam as lutas usando as "verdades eternas" de suas motivações pessoais e transmitem ideologias com uma orientação coletiva.[119] Esse fato confirmado para a Europa também vale para os monges eruditos do Sri Lanka medieval e para os hagiógrafos indianos – é interessante notar que um ministro Sambandhar escrevia biografias de Sambandhar. Enquanto nas hagiografias indianas as religiões, ou melhor, os budistas e os jainistas são os malfeitores, nas crônicas ceilonenses esse papel cabe ao grupo étnico dos tâmeis. Em ambos os casos trata-se obviamente de uma questão de delimitação, talvez em virtude do mesmo tipo de conflitos feudais e territoriais por poder; porém, dentro da mesma região do Tamil Nadu, somente o fato de se pertencer a uma religião pode servir de característica de delimitação, ao passo que no Sri Lanka os tâmeis são claramente declarados

---

[119] Lewis A. Coser, *Theorie sozialer Konflikte*, Berlim, 1972 (primeira edição em inglês, 1956), p. 138s.

como adversários políticos. Por outro lado, na parte cingalesa a identidade é definida não com base na língua e na etnia, mas com base na religião (budismo). Naturalmente isso se explica pelo fato de que os cronistas também eram monges budistas. Todavia, isso mudou com o conflito da modernidade: há monges, portanto, intelectuais budistas, que surgem como "pressure group", mas que passam a argumentar não apenas com o budismo, mas também com a língua cingalesa, o patrimônio cingalês e o conceito de nação. No lado tâmil, desde sempre houve um conflito puramente político tanto no que se refere à imagem que o povo faz de si mesmo quanto à imagem que faz do outro.

c) O deslocamento para o lado budista instaura-se numa mudança fundamental das estruturas políticas. Contudo, o que se deve levar em conta é o fato de que já na Baixa Idade Média ocorreu um acirramento entre cingalo-budistas e tâmeis, acirramento esse que perdurou e que continuamente foi evocado. As causas das guerras eram sempre a política, o poder, o território e o controle. O próprio *Mahavamsa*, em que aos poucos se constrói uma imagem hostil dos tâmeis, talvez já pudesse ser uma reação a uma invasão tâmil no século V, mas o texto não oferece nenhuma indicação a respeito. Todavia, certo é que isso vale para o *Rasavahini* no século XIII e para outras fontes deste e do período subsequente. Nas crônicas posteriores ao século XVI, novos "inimigos estrangeiros" tornam-se palpáveis: os cristãos e os britânicos. Por volta de 1740, segundo a concepção cingalo-budista, missionários e cingaleses católicos parecem ter adquirido demasiado poder. No *Culavamsa* descreve-se a queima de seus livros e sua expulsão.

3.4. Espiral de violência: "grupos budistas de luta" e "renunciadores" dos LTTE

Se no limiar entre os séculos XIX e XX Dharmapala tivesse oposto o "budismo brando" ao cristianismo, no Sri Lanka pós--colonial dos anos 70 outro modelo teria sido evocado: o budismo brando da maioria cingalesa e a "nação una" do Sri Lanka são ameaçados pela agressiva minoria tâmil e, mais especificamente, pelos Tigers. O conflito já se preparava no período colonial, quando os tâmeis tendiam a prosperar devido a um tratamento igualitário dado a todos os grupos. De modo geral, imperava entre os cingaleses desse período uma visão de decadência cultural, e, segundo Michael Roberts, eram sobretudo os jornalistas e os literatos que difundiam uma imagem de ameaça iminente à cultura e à língua cingalesas, imagem essa que era muito mais intensa do que o apelo à proteção do budismo e do que o protesto de movimentos budistas de revitalização contra a difamação da própria religião pela arrogância britânica e pela evangelização cristã.[120] Segundo Jeyaratnam Wilson, até 1920/1922, a autoafirmação budista tinha, antes, um papel marginal. Em primeiro lugar, ele enfatiza a luta *comum* pela independência que os intelectuais cingaleses e tâmeis conduziam contra os britânicos, os cristãos e a ocidentalização.[121] Nesse período, os tâmeis não eram absolutamente vistos como minoria, mas como segunda maioria e etnia fundadora ("founding race") do Ceilão junto com os cingaleses. Na luta comum pela independência dessas "duas maiorias" teria surgido *um* nacionalismo. Com a reforma

---

[120] Roberts, 2001 (ver nota 76), p. 12s.
[121] Wilson, 1999 (ver nota 19), p. 47-51.

constitucional de 1920 deu-se a reviravolta: os cingaleses exigiram sua maioria real e quantitativa e estabeleceram com sucesso o princípio da representação territorial. A partir de 1922 havia apenas uma maioria, e os tâmeis se viam como uma minoria marginalizada.[122] As consequências foram dois nacionalismos, um cingalês e outro tâmil. Somente em 1956 a religião veio à baila com o manifesto "The Betrayal of Buddhism", a exigência "Sinhala only" e a declaração de que os cingaleses budistas eram os verdadeiros "filhos da terra".

Wilson reduziu o conflito atual a um expressivo denominador: existem uma maioria com um complexo de minoria e uma minoria com um complexo de maioria.[123] A motivação imediata para o desencadeamento do conflito foram as novas leis linguísticas reclamadas pelos monges e laicos budistas em 1956 e que entraram em vigor em 1960: o cingalês foi estabelecido como única língua ("Sinhala only") na administração e no sistema educacional, e as escolas foram laicizadas.[124] Essa reação ao inglês introduzido pelos britânicos, que era identificado com uma primazia do cristianismo e com uma degradação do budismo cingalês, implicava uma desvantagem extrema para a população de Jaffna, preponderantemente tâmil e hindu em sua maioria: em Jaffna encontrava-se a maior parte das escolas missionárias, e a educação era o único capital da população empobrecida da região. A partir de 1956, recomeçaram os protestos pelos princípios de Gandhi, protestos esses que, no entanto, foram encerrados com violência, e um acontecimento em 1958 foi essencial para dar

---

[122] *Ibid.*, p. 55.
[123] *Ibid.*, p. 5, 55.
[124] *Ibid.*, p. 100s.

continuidade a outras ocorrências: o Ministério dos Transportes mandou colocar nas placas dos ônibus públicos que circulavam por regiões tâmeis a palavra "Sri", em língua cingalesa. Esse fato beirava a provocação consciente e mobilizou a resistência de toda a população tâmil. Numa ação de protesto realizada coletivamente, as letras cingalesas foram trocadas por aquelas tâmeis. A reação cingalesa não faltou. Monges budistas começaram uma campanha por toda a ilha e pintaram – principalmente em Colombo – o cingalês "Sri" nos muros de casas habitadas por tâmeis. Essas marcas facilitavam a identificação das casas quando, em maio de 1958, desencadearam-se os tumultos antitâmeis.[125]

Nos anos 70, sob a condução de Velupillai Prabhakaran (que mais tarde tornou-se líder dos LTTE, movimento fundado em 1976), os jovens tâmeis já não acreditavam na resistência pacífica e deram voz às armas e às bombas. Ocorreram assassinatos políticos. Com a militarização da juventude tâmil, a guerra civil e o etnonacionalismo tâmil desenvolveram-se num crescendo. Quando, de 1972 a 1974, o governo impôs medidas constitucionais draconianas que continuariam a limitar os direitos dos tâmeis e discriminariam comunidades religiosas não-budistas, a exigência de um Estado tâmil autônomo tornou-se manifesta. De 1977 a 1979, o nacionalismo tâmil se intensificou com a exigência de quotas para tâmeis nas universidades ("leis de padronização"). As diferentes condições de admissão e o diferente sistema de notas para cingaleses e tâmeis foi fundado de maneira racista e étnica pela presidente Bandaraineke: "If you go only by pure marks, Colombo, Jaffna and Kandy will get all places. I

---

[125] *Ibid.*, p. 89.

want to go on a racial basis".[126] Portanto, especialmente os jovens eram bastante atingidos, e isso talvez explique a escalada de violência. Até esse período houve muitos partidos de oposição tâmil que eram pacifistas. Mas suas propostas de acordo (estrutura estatal federalista, igualdade de direitos linguísticos e profissionais, proteção das minorias religiosas etc.) de nada adiantaram. Por fim, restou apenas o partido mais militante: os temidos "Tigers" com a maior quota de homicídio em todo o mundo.

Em reação ao "terrorismo tâmil", formou-se após 1977 uma série de organizações de cúpula e partidos de cunho laico e budista. Seus membros se autodesignavam "filhos da terra", reclamavam uma intervenção enérgica a favor da herança cingalesa, um monopólio cingalês do comércio e a "unidade" do país. A divisão da ilha deveria ser evitada com toda a força, e até a transferência de monges e cingaleses budistas para tradicionais regiões tâmeis foi incentivada por alguns. Schalk introduziu o conceito "grupos budistas de luta" para essas organizações.[127] Todavia, seus meios de luta não eram bombas, mas discursos públicos, cartas abertas, panfletos, símbolos de militância e, sobretudo, influência política. Assim, por exemplo, a "Organização Cingalo-

---

[126] Publicado no *Tribune* semanal de agosto de 1979 e citado por Wilson, *ibid.*, p. 103.
Se você se basear apenas nas notas, Colombo, Jaffna e Kandy ocuparão todos os lugares. Quero prosseguir com uma base racial. (N. T.)
[127] Schalk, 1986 (ver nota 76). Desses grupos também participavam membros da Sangha, e a "Frente Popular" foi criada em 1985 simplesmente por um dos maiores dignitários budistas. Apenas uma das organizações de cúpula consistia exclusivamente de monges e representava outra política. Segundo Schalk, de modo geral, não havia uma frente cingalesa homogênea. A maioria dos cingaleses não pertencia a nenhum dos grupos. Cf. também *id.*, "'Unity' and 'Sovereignity'. Key Concepts of a Militant Buddhist Organization in the Present Conflict in Sri Lanka", in: *Temenos 24* (1988), p. 55-87.

-Budista para todo o Sri Lanka" (a partir de 1981) era uma união de industriais ricos, que foi apoiada por 75% dos membros da Sangha e manteve relações bastante estreitas com o governo. Três membros do governo pertenciam aos mais rigorosos "filhos da terra", e sua violência não se limitava a palavras. Tinha início a violência institucionalizada.

Para cortar os Tigers pela raiz, o governo de 1979 promulgou a chamada "lei antiterror" e, em 1983, uma nova constituição. Desse modo, criava-se o fundamento legal para as agressões mais cruéis contra os tâmeis. Já o ataque incendiário à biblioteca de Jaffna por forças de segurança cingalesas em 1981, no qual 97.000 livros e valiosos manuscritos foram queimados, deu aos tâmeis a sensação de estarem sendo submetidos a um sistemático genocídio cultural,[128] e essa sensação intensificou-se a ponto de atingir uma verdade sangrenta. Quando em 1983 treze cingaleses foram mortos num ataque cometido pelos LTTE a um ônibus, deu-se início ao mais terrível *pogrom* contra tâmeis em residências, templos e estabelecimentos comerciais. De modo semelhante à Noite dos Cristais antissemita, especialmente os estabelecimentos comerciais foram brutalmente destruídos.[129] Os oposicionistas dos LTTE foram executados sem fundamento legal, milhares de jovens tâmeis do sexo masculino foram maltratados da maneira mais cruel como supostos militantes dos LTTE; travou-se uma guerra civil inflexível. O verão de 1983 tornou-se a data de referência de uma onda de migração. Uma "solução definitiva" para o problema tâmil – o projeto do presi-

---

[128] Wilson, 1999 (ver nota 19), p. 142, 160.
[129] Schalk, 1986 (ver nota 76), p. 42s., 52, vê o cerne do conflito na concorrência econômica.

dente Jayewardene em 1987 de arrasar Jaffna – foi impedida por Rajiv Gandhi,[130] mas a "guerra cingalesa pela paz" e "a unidade do país" perduraram e, após 1995, legitimaram a tentativa de "salvar os tâmeis dos LTTE".[131]

Respectivamente, as novas leis e constituições eram as principais responsáveis pela espiral de violência[132] e pela completa marginalização cultural, econômica e religiosa das minorias tâmeis (tanto as hinduístas quanto as cristãs e muçulmanas). Quando a política fracassou na tentativa de criar um comunalismo cingalês com base na língua cingalesa, a estratégia de grupos de interesse budistas e etnonacionalistas transferiu-se com êxito para o fomento do budismo. No plano governamental, foram estabelecidas duas instituições para os interesses do budismo: o ministério para Buda Sasana e o departamento para as questões budistas. Desde 1972, este último corresponde à constituição do Sri Lanka, que no § 7 diz o seguinte: "The Republic of Sri Lanka shall give to Buddhism the foremost place (...)".[133] Essa sentença também foi mantida no projeto da nova constituição de 2000. No entanto, pela primeira vez concede-se mais espaço ao caráter multicultural do Sri Lanka. O projeto foi contestado por grupos budistas. Em 2000, a Mahasangha budista protestou até mesmo contra as "negociações de paz" intermediadas por norueueses – sob a condição de cessar fogo por parte dos LTTE e de

---

[130] Wilson, 1999 (ver nota 19), p. 151.

[131] A. J. V. Chandrakanthan, "Eelam Tamil Nationalism. An Inside View", in: Wilson, 1999 (ver nota 19), p. 157-175, aqui p. 158.

[132] A esse respeito, cf. Peter Schalk, "Present Concepts of Secularism", in: *id.*, 2001 (ver nota 14), p. 37-72. Aqui, Schalk compara as leis e os projetos constitucionais de 1972, 1978, 1996, 1997 e 2000.

[133] A República do Sri Lanka dará ao budismo o lugar mais importante. (N. T.)

se buscar uma solução federalista –, pois consideravam que isso representava uma ameaça à nação.

Após o enfraquecimento da guerra civil no final dos anos 90, as esperanças de negociações de paz eram grandes. Ainda em 2003, a paz já não parecia tão distante. No entanto, os observadores avaliavam as cenas da situação com ceticismo; os LTTE pareciam dispostos a um acordo, a oposição, nem tanto. O tsunami em 2004 foi o fiel da balança. As ondas gigantes representaram não apenas uma terrível catástrofe natural que assolou a costa oriental do Sri Lanka e fez sangrar ainda mais o país já destruído pelas guerras, mas também uma catástrofe política: como as regiões tâmeis e cingalesas foram atingidas, desencadeou-se uma luta acirrada por auxílio em dinheiro e mercadorias. Houve transgressões de ambos os lados. As negociações de paz foram interrompidas. Se durante um período os LTTE foram reconhecidos pela União Europeia como interlocutores, em 2005 ela infligiu uma proibição de viagem à delegação dos Tigers e voltou a considerar a classificação dos LTTE como "organização terrorista". Surgiram boatos sobre uma nova guerra civil, e eles se intensificaram em 2006.

A catástrofe começou com a língua. A língua não é inofensiva, como já havia mostrado a literatura Vamsa. No atual conflito, os cingaleses recorriam muito a essa literatura, pois ela continha uma base para a formação do patrimônio cingalês coletivo e da identidade cingalo-budista. A exigência "Sinhala only" implica não apenas a língua: também incluía o Dhammadipa, a ideologia Vamsa, dois mil anos de história cingalo-budista, budistas cingaleses como "os filhos da terra". Michael Roberts falou de um "etnonacionalismo linguístico".[134] "Sinhala only" iden-

---

[134] Roberts, 2001 (ver nota 76), p. 1.

tificava ceilonenses e cingaleses – nem sempre, tampouco para todos, mas, segundo Roberts, era exatamente essa ambivalência que constituía o ponto central. Do ponto de vista transétnico, ceilonenses podem ser todos os habitantes da ilha ou apenas os cingaleses, e era com essas duplicidades que se jogava. Há que se observar um etnonacionalismo linguístico e paralelo do lado tâmil: seus ingredientes são a língua, a antiga literatura tâmil Sangam sobre a guerra e o amor (séculos I e II d.C.), a lírica dos LTTE, a questão do país e do solo, mas também o xivaísmo, o devocionismo *Tevaram*, o jovem deus heroico Murugan, a dança (Bharat-Natyam) e a música.[135] É difícil controlar dois etnonacionalismos contrários dentro do mesmo país. Com isso, a clara divisão territorial entre tâmeis e cingaleses acaba contribuindo para uma triste polarização.

É fácil apresentar o conflito como um calvário dos tâmeis, mas esse mesmo calvário também coube aos cingaleses, e a história de seus conflitos foi interativa. Da perspectiva dos cingaleses, uma minoria se recusava a concordar com as regras democráticas de uma maioria e acabou tornando-se cada vez mais militante, favorecida que era pelas armas que chegavam do Tamil Nadu. Realmente se imaginava de uma nova invasão indiana, até que Rajiv Gandhi também começou a combater os LTTE da maneira mais sangrenta, sem, contudo, conseguir controlá-los. Da perspectiva dos tâmeis, a mesma história é lida de maneira diferente. As primeiras demonstrações, realizadas segundo os princípios de Gandhi, estimularam a crescente discriminação e repetidos *pogroms* antitâmeis de 1956 a 1983. A partir de 1972, o Estado do Sri Lanka procedeu militarmente contra ambos. Na relação de

---

[135] Wilson, 1999 (ver nota 19), p. 35.

poder havia uma desigualdade extrema: do lado cingalês, membros influentes da Sangha, industriais, membros do governo; do lado tâmil, a população rural de Jaffna, jovens e intelectuais encolerizados, além de um líder de guerrilha que era carismático e militante. Velupillai Prabhakaran, chefe dos LTTE estigmatizado pelos cingaleses como terrorista e assassino, era considerado por muitos hindus do movimento como lendário rei tâmil e pelos cristãos como Moisés tâmil, que seguia uma vocação divina.[136]

Ao contrário da profissão de fé explicitamente budista de muitos nacionalistas cingaleses, os LTTE são um movimento secular e puramente político. Entre seus membros e simpatizantes contam-se desde o início hindus, cristãos e muçulmanos. Seus objetivos são totalmente intramundanos: direitos iguais e autonomia territorial. No entanto, os LTTE mostram ter forte inspiração no vocabulário religioso e, com novas poesias e rituais de heroísmo e abnegação, falam intensamente às emoções.[137] Os combatentes mortos foram chamados de "mártires" – um conceito introduzido pela fração cristã e ao qual a muçulmana também pôde aderir facilmente, uma vez que também conhecia um conceito para mártir. Por outro lado, da cultura e da religião popular tâmeis originaram-se o título "heróis" (*vira*) e um culto regular a eles. Paralelamente ao tema do amor, a coragem e o heroísmo (*virya*) desempenham na literatura tâmil um papel de

---

[136] Chandrakanthan, 1999 (ver nota 131), p. 159.
[137] Para o que segue, cf. Peter Schalk, "Beyond Hindu Festivals", in: Baumann/Luchesi/Wilke, 2003 (ver nota 1), p. 393. Para a conceitualidade, *ibid.*, p. 397-403; para a ritualização da memória dos que morreram no combate pela libertação, *ibid.*, p. 405-417. Chandrakanthan, 1999 (ver nota 131), p. 165, 166, 170, também destacou a dimensão emocional da linguagem religiosa e poética dos LTTE e chegou a falar de uma "nova religião".

grande importância. No hinduísmo popular, a morte violenta ou a imolação em nome de Deus ou da comunidade predestina ao *status* divino e à adoração religiosa. Os militantes dos LTTE mortos em combate são considerados não apenas "mártires" e "heróis", mas também "ascetas" (*tapasvin*) e "renunciadores" (*tyagin, samnyasin*), o que destaca ainda mais o lado ativo de seu engajamento. Os conceitos provêm do hinduísmo sânscrito normativo, no qual são reservados a Yogis, eremitas e monges. Nesse caso, são convertidos em políticos e vinculados ao ideal de abnegação altruísta. A morte dos Tigers é vista como "sacrifício" em prol de uma sociedade melhor. Eles passam a ser "adorados" nas "homenagens" anuais "aos heróis", nas quais imitações de lápides são erigidas para lembrar os mortos na guerra civil. Essas homenagens aos heróis também são celebradas em grande estilo e com grande afluência na Alemanha e em outros países da diáspora todo mês de novembro. Elas atraem mais visitantes – em Dortmund, cerca de 30.000 tâmeis – do que as grandes procissões motorizadas do templo de Hamm-Uentrop, que, no entanto, em 2005 também contou com 20.000 visitantes.

4. Teses finais sobre religião e violência

Um fato em si banal, mas importante, que geralmente é esquecido, é que nem a religião em geral nem cada religião em particular são violentas ou pacíficas. Não há religião sem agentes que a professem. Com o uso da violência, a religião passa a ser "mal utilizada" não apenas por ideólogos, como se costuma afirmar. Antes, também houve e há momentos históricos e determinadas situações em que indivíduos religiosos recorrem a meios violentos e acreditam que devem recorrer a eles. Em parte, isso pode ser fundamentado pela ética. Uma opção consciente pela não-violência pode conter consequências perigosas à vida.

Religião e violência compõem um tema muito complexo e ambivalente. Sua combinação tampouco falta no hinduísmo e no budismo. Ambas as histórias regionais – o devocionismo tâmil no Tamil Nadu medieval e a história do budismo no Sri Lanka – evidenciaram isso. O próximo passo é tentar tirar as conclusões e, ao se fechar o "parêntese", torná-las frutíferas do ponto de vista teórico, ou seja, salientar, na forma de teses, os modelos, as tipologias e os padrões estruturais gerais que pareçam universalizáveis no que se refere às religiões orientais e, em grande parte, também às não orientais:

(1) A dúvida se determinadas situações fundamentais podem ser associadas a representações religiosas de padrões de ação concretos de violência ou não-violência é uma questão moderna. A violência foi avaliada do ponto de vista histórico e de maneiras diferentes. Antes da modernidade, a renúncia absoluta à violência ou à não-violência no sentido de Gandhi não era absolutamente vista como um valor nas religiões orientais. Antes, a violência política era até avaliada positivamente sob determinadas condições de ameaça: era necessária para a proteção da união social, dos grupos religiosos, do território etc. Mesmo para os modernos a opção de Gandhi ou do dalai-lama pela não-violência absoluta não pode ser generalizada.

(2) A definição de ameaça pode ser real ou imaginária e, mesmo quando imaginária, pode ter consequências reais, como a violência verbal ou física. Como especialmente ameaçadora é sentida a extinção da própria tradição religiosa ou cultural, seja ela real, seja imaginada. Em segundo plano geralmente estão os deslocamentos de relações de poder sociais, políticas e eco-

nômicas já existentes, mas também étnicas e religiosas e novas negociações entre periferia e centro. Por essa razão, não apenas para as minorias, mas também para as maiorias, pode surgir um sentimento de ameaça. Uma possível reação é que as vítimas se tornem agentes e, em casos extremos, genocidas.

(3) A intensidade do efeito produzido pela religião reside em sua capacidade de orientar tanto sistemas simbólicos mais abrangentes quanto aqueles culturais, de prover a vida de sentido, mesmo após a morte, e de proporcionar uma identidade pessoal e coletiva. O sentido religioso é um poderoso motor da ação social, e as religiões alcançam os sentimentos mais profundos. Justamente em virtude dessas características, a religião é um potente intensificador ideológico de conflitos. E as mesmas características também esclarecem por que as reações podem ser mais fortes quando sentimentos religiosos são feridos ou quando se sente que a própria tradição religiosa é atacada verbal ou fisicamente. Contudo, seria sobre-estimar demais a teologia, os dogmas e as convicções religiosas achar que eles formam o principal conteúdo dos conflitos. Normalmente, as convicções religiosas só se tornam violentas quando tensões socioeconômicas e sociopolíticas já predominam. Além disso, a dimensão emocional e o arsenal religioso de possibilidades de ritualização costumam ser mais importantes do que a dimensão ideológica. Sobretudo esses fatores também são ativados e empregados para interesses não-religiosos. Nesse sentido, os LTTE são apenas um dentre tantos exemplos e tornam especialmente evidente o forte caráter de apelo emocional da religião.

(4) As principais razões para o exercício da violência são de ordem política e econômica: luta por recursos, por território, controle, hegemonia, direitos, oportunidades de participação, entre outras coisas. Além disso, os fatores imateriais também são

importantes: poder e influência, poder de definição e autoridade, bem como conflitos de interesses, colisões de valores, diferenças de visão de mundo. A expressão, a reação e o intensificador desses aglomerados de situações são as polarizações entre *insiders* e *outsiders*, a violência verbal e a produção de imagens hostis, por exemplo mediante a decodificação do "outro" ou do "estrangeiro" como "inimigo" e como "monstro". A religião é um meio especialmente poderoso de realizar a distinção e a delimitação. Digno de nota é o julgamento historicamente contingente da (não-)violência, mas também o modo flexível de empregar estilos inclusivos e exclusivos na elaboração do "estrangeiro" e a possível diferença relacionada a ele entre religião popular e cultura teológica da elite.

(5) Graças a seu domínio da linguagem, aos meios de comunicação literários e a "essencialismos", os intelectuais – e no passado estes eram quase exclusivamente especialistas em religião – são não apenas produtores influentes da identidade cultural, mas com frequência também intensificadores de conflitos. Nesse caso, tensões costumam ser ontologizadas, dramatizadas e aumentadas em relação ao que realmente são. Quando determinadas pessoas ou determinados grupos em posições estrategicamente poderosas pedem para representar a maioria ou para impor-se como maioria, suas lutas ideológicas por poder de definição e autoridade são caracterizadas como formas de violência estrutural e acabam tendo consequências políticas e, em certas circunstâncias, até militares.

(6) No passado não houve guerras religiosas na Índia nem no Sri Lanka, ou melhor, no budismo nem no hinduísmo. De modo geral, o que se vê é um grande pragmatismo, uma alta flexibilidade e capacidade de adaptação e de assimilação no convívio das diferentes culturas religiosas da Ásia. Normalmente, a autoafir-

mação do próprio sistema religioso como superior foi dissolvida em virtude da inclusão, da incorporação e da identificação do estrangeiro com o próprio. Não obstante, também houve e há estilos, barreiras e fronteiras mais excludentes da incorporação. Inclusão e exclusão nunca se excluíram, e foram/são parcialmente empregadas pelos mesmos agentes dependendo da situação. Conflitos especialmente acirrados desencadearam-se menos por questões de ortodoxia do que por causa da ortopráxis ou enraizaram-se em interesses não-religiosos, como a concorrência por patronato (régio) e influência. Nas guerras religiosas, transgressões físicas são, antes, exceção,[138] mas houve muita polêmica verbal mútua, às vezes com delimitação agressiva e hostilidade, que em determinadas circunstâncias podiam intensificar-se em atos retóricos de violência. As autorrepresentações esboçam em parte todos os outros como defensores pacíficos da religião: basta pensarmos em Madhva como "martelo dos jainistas" (século XIII), "no divertimento sagrado da empalação", promovido por Sambandhar (século XIII), e nos laicos jainistas como "machado dos budistas" (século XIV). Na base de tal militância verbal encontram-se normalmente conflitos reais. No entanto, vale considerar que a ficção literária e as situações reais não são simplesmente compatíveis, que textos também reagem a textos e que diretivas literárias acabam servindo à propaganda. Não é o diálogo inter-religioso que compõe a regra, e sim a cultura inter-religiosa

---

[138] Fundamentalmente, essas exceções verificaram-se mais no hinduísmo do que no budismo, o que pode ser explicado com sua orientação monástica – mesmo no maaiana. Em sua abrangente história social do teravada, Bechert nomeia como únicos atos de violência bélica por razões religiosas os exemplos do rei Anuruddhas de Burma e o do rei Dutthagamani do Sri Lanka: Bechert, 1966 (ver nota 21), vol. 1, p. 185s.

e ritualizada de conflito, e, nesse caso, com frequência trata-se menos de lutar contra o adversário do que pela definição do próprio. Isso pode ser observado em programas militantes que contrastam entre si, como o do "budismo brando e do cristianismo agressivo" ou o do "budismo brando e dos tâmeis agressivos". O elemento novo é a situação de uma história global e religiosa de interação: nota-se que, nesse contexto, o constructo "hinduísmo tolerante e cristianismo intolerante" ou "budismo pacífico e cristianismo violento" pode ser evocado tanto por agentes asiáticos quanto por agentes ocidentais.

(7) O exercício bélico da violência tem a ver com o hinduísmo e com o budismo na medida em que a religião e a política nas culturas religiosas asiáticas encontram-se, por regra, estreitamente ligadas. O Sri Lanka é um exemplo marcante de como a ordem budista envolveu-se com a violência, ou melhor, de como nesse caso o budismo legitimou a violência de maneira mais extrema do que em outros contextos. Esse fato está relacionado não apenas ao estreito envolvimento da Sangha com o poder político durante séculos, mas também a uma mistura especialmente explosiva de fatores culturais de identidade, que distinguem cingaleses e tâmeis e que se tornaram significativos após a independência: religião, língua, etnia e território. De modo geral, pode-se dizer que esses fatores são sempre explosivos quando minorias questionam a cultura da maioria ou com ela disputam essa posição, por exemplo mediante uma formação superior, uma habilidade especial para o comércio etc.

(8) Quanto mais a religião for entendida e vivida de maneira individualista, menos prejuízos ela poderá causar. Quanto mais estreita for a ligação entre religião e sistema político dominante e quanto mais os meios militares de poder estiverem à disposição, mais facilmente haverá violência institucionalizada e mais

catastróficos serão os efeitos para a união social. Basicamente, vale o seguinte: sempre que o controle do sistema dominante for atingido e um "corpo estranho" adquirir muito poder no sistema dominante, o resultado será o exercício da violência pelo Estado. Isso não precisa ocorrer necessariamente sob a forma de violência física; também se pode dar sob a forma de leis. Por outro lado, em situações de repressão, as minorias recorrem a estratégias totalmente divergentes: providência divina, protestos pacíficos, interiorização, formas extáticas de religião, bem como agressão verbal e violência física. O mesmo grupo – pouco importa se primariamente religioso ou politicamente definido – pode recorrer a uma ou outra estratégia em diferentes momentos.

(9) Digna de nota é uma antítese marcante e característica da modernidade: de um lado, uma declaração consciente de não-violência e pacifismo; de outro, militância religiosa e violência. Os tempos modernos produziram seu próprio potencial de violência política e religiosa. Muitas vezes, os movimentos militantes e religiosos de protesto são consequência do colonialismo e da independência, atrelados ao medo de alienação cultural devido à dominação ideológica e econômica imposta pelo Ocidente.[139] A ideia de uma nação e os processos sociais de distinção e globais de modernização levaram à busca de uma ideologia que instituísse a unidade, e, nesse sentido, em sociedades não-europeias muitas vezes à religião foi atribuído o papel principal. Quando a religião

---

[139] A esse respeito há muita bibliografia recente, principalmente sobre o islamismo. De orientação global são, entre outros, Samuel Eisenstadt, *Die Vielfalt der Moderne*, Weilerswist, 2000; Mark Juergensmeyer, *Terror in the Mind of God. The Global Rise of Religious Violence*, Berkeley, ³2003 (primeira edição, 2000); Talal Asad, *Formation of the Secular. Christianity, Islam and Modernity*, Stanford, 2003.

entrava em jogo, a tendência era que ocorressem polarizações em menos tempo, contudo, somente quando certas condições não fossem mais garantidas: enquanto há um consenso geral na sociedade (por exemplo, a luta comum pela independência ou a aceitação geral de uma constituição), tensões sociais e religiosas internas não constituem absolutamente fatores de perturbação, e sim até chegam a estabilizar a sociedade.[140]

(10) Quando a religião própria e a "estrangeira" são apresentadas como opostas e demonizadas, o caráter da construção das imagens próprias e estrangeiras fica bastante evidente. No entanto, cada modo de receber e apresentar as religiões é uma construção (mental) e depende de perspectivas, seleções, contextos, interesses, visões de mundo, modismos etc. Os cientistas também não são insensíveis a isso; ao contrário, são obrigados a fazer uma seleção e, do ponto de vista da perspectiva, são marcados pela dependência de determinada disciplina. Suas teorias pressupõem redução da complexidade, simplificações e tipos abstratos de ideal. Inevitavelmente, posições pessoais de crítica à religião ou empatia com ela, etnocentrismos, exotismos etc. também exercem sua influência na demonstração (geralmente de forma inconsciente e atemática). Embora sua intersubjetividade seja mais elevada, a representação dos cientistas não é totalmente diferente daquela dos historiógrafos e hagiógrafos. Entre outras coisas, o orientalismo de Said, a desconstrução pós-colonial das representações do hinduísmo e do budismo e o debate etnológico sobre "writing culture" chamaram a atenção para esse fato. Por essa razão, para tratar da questão da representação, pareceu-me necessário falar não apenas dos eruditos tradicionais nativos,

---

[140] A esse respeito, cf. também Coser (ver nota 119), p. 85s., 111.

mas também dos cientistas acadêmicos modernos. O poder dos cientistas não é pequeno; eles contribuíram decisivamente para determinar qual imagem surgiria e seria transmitida. Por exemplo, a imagem que Weber fez das religiões orientais, que visam à salvação e à fuga do mundo, e do islamismo como religião de guerra foi e ainda é atuante.

(11) Naturalmente, minha exposição também é uma representação, e isso significa que ela é apenas uma entre tantas possíveis. Tentei fazer justiça ao maior número possível de aspectos e incluir o maior número possível de posições. Talvez eu tenha esquecido aspectos importantes, pois certamente não conheço todos. Como toda representação, a minha também é colorida por determinada socialização acadêmica e familiar, por marcas pessoais (por exemplo, uma posição de crítica à religião e que não vem desde o princípio), por experiências que tive com hindus tâmeis (e menos com budistas cingaleses). Sobretudo a avaliação do hinduísmo como primariamente "integrativo" fundamenta-se nessas experiências. Isso corresponde a muitas outras representações científicas (mas de modo algum a todas), e mesmo ao capítulo 21 do *Mahavamsa* e a crônicas anteriores. O budismo também é primariamente integrativo. Correspondendo ao foco do tema da violência, no presente ensaio chegou-se a uma distorção da perspectiva.

(12) Como nenhum outro tema anterior, este sobre a religião e a violência encontra-se na ordem do dia dos últimos anos; todos os congressos maiores sobre a ciência da religião foram dedicados a ele.[141] Desse modo, um tema menos trabalhado (trans-

---

[141] Para mencionar apenas alguns grandes congressos sobre a ciência da religião: "Religion und Gewalt" no colóquio anual "Deutsche Vereiningung für Religionsgeschichte (DVRG), 2003, em que também se apresentou uma

formado em tabu?) nas pesquisas mais antigas sobre religião foi trazido à luz da crítica racional e elaborado interdisciplinarmente. Nesse caso, a pesquisa pôde reivindicar uma relevância social e, ao preencher um *déficit* de pesquisa, conseguiu contribuir para que clichês, idealizações e demonizações da religião fossem reconhecidos, transpostos e esclarecidos por meio de informações diferenciadas, análises históricas, reconstruções analítico-discursivas das complexas relações entre religião e violência, que variam de uma situação para outra, da produção de imagens próprias e estrangeiras, da carga mítica dos conflitos etc. Não obstante, não deixa de ser problemática a preponderância que a religião e a violência começaram a ter na agenda de pesquisa. Justamente o tema da violência parece difícil de ser apresentado sem reproduzir posturas básicas de visões de mundo. Tanto a contingência da temática quanto a escala superdimensionada – sob o efeito dos acontecimentos atuais – que recentemente se confere a ela não foram criticamente refletidas. Inevitavelmente, o foco das pesquisas corre o risco de criar novas parcialidades e distorções de perspectiva.

(13) Só a escolha do tema religião, política e violência já cria uma realidade particular que ofusca outros aspectos. Assim,

---

comunicação sobre budismo e violência (Christoph Kleine, Max Deeg, Karenina Kollmar-Paulenz, Jens Schlieter, Inken Prohl); "Religion: Conflict and Peace" no colóquio internacional da "International Association of the History of Religions" (IAHR) em Tóquio, 2005; "Exercising Power: The Role of Religions in Concord and Conflict" no colóquio anual da "European Association of the Study of Religion" (EASR) em Turku, 2005; "Reigion, Politik und Gewalt" no congresso europeu da "Wissenschaftliche Gesellschaft für Theologie" (WGTh) em Berlim, 2005, em que o grupo especializado em ciência da religião apresentou a comunicação "Konstruktion und Kritik von Gewalt in den Religionen".

por exemplo, o budismo no Sri Lanka é marcado não apenas por budistas laicos etnonacionalistas e por membros agressivos da Sangha, mas também por laicos e pelos "monges da floresta", que apresentam um comportamento ascético e contemplativo. Estes últimos consideram o conceito de "monge político" uma ofensa e, associados a monges conservadores, veem no programa dos monges reformistas que pregam uma "atuação no mundo" (incluído o engajamento caridoso semelhante ao dos religiosos cristãos) uma decadência da Sangha. Ainda hoje, no que se refere ao isolamento do mundo dos laicos, eles definem a essência do monge como uma obrigação moral superior e como o preço para salvar-se do sofrimento.[142] Outros budistas laicos cingaleses dirigem-se a Kataragama, antigo local de peregrinação hindu, e lá praticam as mesmas autoflagelações e danças extáticas que os concidadãos hindus e tâmeis.[143] Os mesmos rituais parcialmente violentos de promessas também são praticados pelos migrantes do Sri Lanka nas festas do templo na Alemanha.

(14) As culturas religiosas desenvolveram diferentes estratégias para fomentar a paz e para impedir, sublimar, controlar e, eventualmente, praticar de modo controlado um potencial natural de agressão que é próprio do homem. O budismo e o hinduísmo são preponderantemente associados à contemplação, à meditação e a técnicas espirituais de paz de toda sorte, e isso não deixa de ser verdadeiro. Porém, a autoagressão também é uma possibilidade que muitos encontram para ser religiosos. Com os já mencionados ritos populares, os hindus tâmeis oferecem um "autossacrifício", agradecem os auxílios divinos obtidos ou os in-

---

[142] Cf. Carrithers, 2000 (ver nota 67), p. 160-168.
[143] Gombrich/Obeyesekere, 1988 (ver nota 87), p. 163-199.

vocam e assimilam a privação. Nesse caso, "violência" significa ascese, devoção, quietismo, dedicação, confiança na proteção e na bênção das grandes deusas ou do grande deus, para o qual nada é impossível. Para os budistas, os mesmos ritos têm outras funções, e Kataragama é um santuário budista.

(15) Será que determinadas religiões são mais tolerantes do que outras? A resposta deveria ser, preferencialmente, uma negação, mas algumas formas de relacionamento com a pluralidade são mais integrativas do que outras. E talvez isso nos permita aprender alguma coisa com a história das culturas religiosas asiáticas. O fomento exclusivo da ordem budista no antigo Ceilão e no atual Sri Lanka contribuiu para a decadência da Sangha. O budismo como "cultura fundamental" e o favorecimento constitucional de apenas uma comunidade religiosa provocaram grandes problemas e estimularam a violência. Na Índia medieval, em que a sociedade praticava diversas religiões, uma política religiosa (dinastia Chola) integrativa e pluralista provou ser uma política de paz mais eficaz do que aquela que declarava apenas uma forma de religião como cultura fundamental (dinastia Pallava). Os estilos integrativos e pluralistas conduziram a um convívio tranquilo, mas também a processos de osmose religiosa.

O MONOTEÍSMO DO ISLÃ
E A PROBLEMÁTICA DA TOLERÂNCIA
E DA VIOLÊNCIA

Muhammad Kalisch

Atualmente, algumas vezes se atribui às religiões monoteístas que elas carregariam em si uma tendência fundamental à intolerância,[1] que, por sua vez, seria resultante do monoteísmo. Neste ensaio, eu gostaria em primeiro lugar de apresentar algumas ideias gerais sobre essa problemática e depois analisar especificamente o Islã do ponto de vista da questão sobre a tolerância e a violência.

1. Tolerância, violência e religião
Uma consideração geral

De maneira geral, a tendência à intolerância é atribuída não apenas às religiões monoteístas. Muitas vezes o fenômeno religião é visto como fonte de violência e intolerância. A esse respeito,

---

[1] Por exemplo, Milan Petrovic nomeia o monoteísmo de pestilência entre as religiões; ver *id.*, "Meine Religionen", in: Karlheinz Deschner (org.), *Woran ich glaube*, München, 1992, p. 201.

primeiramente há que se deixar claro que tal crítica não é sem fundamento. Um breve olhar na história mostra que, sem dúvida alguma, a religião causou e ainda causa muito sofrimento e destruição à humanidade. Cabe à ciência pesquisar esse lado obscuro da história das religiões e documentar, sem piedade nem apologética minimizadora, o terror, a aniquilação e o sofrimento que frequentemente a religião causou à humanidade. Embora o historiador tenha de tomar como base a época em que determinada pessoa vive para poder julgá-la, um crime sempre será um crime. Além disso, há que se dizer claramente que algumas coisas que há muitos séculos podiam ser defendidas como éticas ou simplesmente valer como progresso ético já não podem ser vistas como tais nos dias atuais. Não se pode negar que aquilo que, no passado, tanto o judaísmo, o cristianismo quanto o islamismo derivaram de sua tradição religiosa como doutrinas éticas constituiu uma valiosa contribuição à humanidade. Tampouco se pode negar que nos últimos séculos os progressos decisivos para um pensamento jurídico moderno são resultado da tradição do iluminismo. É certo que ideias modernas como estado de direito, democracia, pluralismo e direitos humanos podem ser derivados das três religiões abraâmicas e que em parte também se encontram formuladas nos escritos sagrados dessas religiões. Mas também é certo que as três religiões abraâmicas possuem regras em seus escritos sagrados que contradizem as ideias atuais de humanidade e democracia. Do ponto de vista histórico, é falso e uma ilusão devota afirmar que a ideia moderna de democracia e direitos humanos baseia-se nas três religiões abraâmicas. Muito pelo contrário, para se obter a ideia moderna de democracia e direitos humanos, teve-se de lutar arduamente contra a resistência das religiões, e ainda hoje existem forças nas grandes religiões universais, cujo intento seria fazer retroceder a evolução ocorrida até agora.

Na forma de comunidades religiosas dogmáticas que se desenvolveram ao longo da história, o judaísmo, o cristianismo e o islamismo mais prejudicaram a humanidade do que a protegeram. Submeteram pessoas dotadas de razão ao jugo de dogmas absurdos, incitaram pessoas pacíficas ao ódio a fiéis de outras crenças, tramaram guerras, perseguiram e aniquilaram seguidores de outras religiões, apoiaram regimes repressores e despóticos e concordaram em ser usados a fim de estabelecer o domínio desses regimes, e finalmente mostraram no passado – e parcialmente mostram ainda hoje – uma arrogância repulsiva em relação a outras religiões. É possível entender a raiva dos críticos da religião, e atualmente uma religiosidade só pode ser levada a sério se as páginas obscuras das religiões forem abertas e investigadas.

Aparentemente, exponho aqui um julgamento bastante arrasador sobre as três religiões abraâmicas (sobre outras religiões também se pode dizer algo semelhante), todavia, falei conscientemente de "judaísmo, cristianismo e islamismo na forma de comunidades religiosas dogmáticas que se desenvolveram ao longo da história". Porém, essas três religiões contam igualmente com um potencial positivo em seus escritos sagrados, que pode ser desenvolvido e utilizado (e que, de certo modo, se desenvolveu por completo também na história dessas religiões) se estudarmos esses textos à luz da razão, se reconhecermos sua limitação histórica, se procurarmos seus princípios éticos extemporâneos e se, a partir destes, considerarmos esses escritos não como embargos dogmáticos do pensamento voltados à razão, mas como meios para o domínio de questões éticas da própria época, que certamente toda geração e todo indivíduo têm de responder com a própria razão. A religião não pode nem deve substituir o pensamento de cada um. Religiões são uma muleta que deve ajudar o indivíduo, mas quando são entendidas assim, implicam que a elas também pertence a superação da própria religião no sentido de uma doutrina dogmática. Em seu lugar devem entrar a própria verificação pessoal das verdades de fé e doutrinas éticas. Segundo esse entendimento, a religião também é uma muleta que deve ajudar cada um a alcançar o próprio conhecimento. Desse modo, a religião torna-se uma tradição espiritual na qual o indivíduo se insere, e não uma prisão que proíbe o pensamento e uma nova evolução. Não obstante, cada indivíduo tem suas razões para querer associar-se ou não a determinada tradição.

Na época de seu surgimento, o judaísmo, o cristianismo e o islamismo deram impulsos novos e valiosos à humanidade. E podem fazê-lo ainda hoje, se tomarem como conduta correta seus escritos sagrados, que devem ser entendidos à luz da razão e do crescente progresso do conhecimento humano.

No entanto, após rigorosa crítica à religião, há que se constatar que o ateísmo tampouco tem um saldo humanitário a apresentar. Se tomarmos a história mais recente, veremos que no século XX é manifesta a enorme quantidade de violência e intolerância provocada por movimentos que se consideravam antirreligiosos (comunismo) ou não primordialmente religiosos (fascismo). Essa é a prova empírica de que o potencial de destruição e violência que pode ser encontrado no pensamento religioso não pertence especificamente à religião, e sim à psique humana em geral, que pode manifestar-se em diferentes formas de visão de mundo.

Na realidade, sempre houve nas religiões monoteístas, especialmente no cristianismo e no islamismo e menos no judaísmo,[2]

---

[2] Certamente devido à experiência da existência de minorias; em contrapartida, o domínio dos macabeus é um exemplo de monoteísmo agressivo e intolerante.

uma corrente expansiva, intolerante e disposta à violência. Essa tendência resulta da afirmação teológica fundamental de que existe apenas um deus e, consequentemente, de que todos os indivíduos devem reconhecer esse deus como seu senhor. Além disso, muitas vezes essa afirmação teológica fundamental foi entendida no sentido de que tudo o que não pertença à própria doutrina de Deus é reprovável e de que, para se alcançar a salvação eterna, é absolutamente indispensável seguir determinada doutrina. Entendida dessa forma, a religião levou o indivíduo a sobre-estimar a si próprio e subestimar o outro. Nas interpretações intolerantes das religiões monoteístas, houve e há correntes que, ao se desenvolverem, formaram uma visão para a qual a defesa ou a difusão da própria doutrina possui um significado desigualmente superior do que uma vida humana, por exemplo.

Todavia, as religiões politeístas também mostraram efeitos negativos. Embora, de modo geral, falte-lhes o ímpeto expansionista e agressivamente missionário, muitas vezes, em sua estrutura interna, encontram-se ligadas a um sacerdócio consciente de seu poder, que exerce um controle intensivo sobre a sociedade, tutelando-a e nela garantindo sua própria vantagem. Certamente essas estruturas também aparecem nas religiões monoteístas. Por exemplo, o sistema politeísta na Arábia pré-islâmica era uma sociedade em que o politeísmo formava o pano de fundo e o suporte ideológicos para uma sociedade hierárquica e repressora. Contudo, além desses aspectos sociais e políticos, o politeísmo também pode conter um componente diretamente violento. Um exemplo disso, que talvez possa parecer impressionante, são os sacrifícios humanos nas civilizações indígenas da América do Sul.

Finalmente, outra questão é saber como se pode distinguir o politeísmo do monoteísmo. Considerada com mais detalhes, essa questão é muito mais complicada do que parece. Com efeito, na Antiguidade, aproximadamente a partir do século V a.C., desenvolveu-se de diversas formas uma forte tendência ao monoteísmo, embora a linguagem e o sistema conceitual do politeísmo fossem mantidos (e mesmo antes já se perguntava quão politeísta o politeísmo era na verdade).[3] Nos cultos de mistério, adorar deuses diferentes não era um problema, pois todos eles eram considerados idênticos, e as próprias divindades misteriosas, como Dioniso, Osíris ou Átis, geralmente entendidas como filhas de Deus, eram vistas pelos iniciados de formação filosófica como meras alegorias e símbolos de processos cósmicos ou do desenvolvimento espiritual do indivíduo. Acreditava-se num único deus, conforme já descrito por Dupuis: "O mesmo se passava com o Júpiter dos gregos; eles repetiam constantemente o epíteto 'uno' ou 'único' que atribuíam a seu deus. 'Júpiter é uno', diziam; o oráculo de Apolo também adota um deus incriado, que se produziu a partir de si mesmo, habita no seio do fogo etéreo e encontra-se no topo de todo o mundo divino. Nos mistérios da religião grega cantava-se um hino que expressava claramente essa unidade. O supremo sacerdote diz ao iniciado: 'Admira o senhor do mundo: ele é uno, ele é onipresente'. É uma verdade reconhecida por Eusébio, Agostinho, Lactâncio, Justino, Atenágoras e por um grande número de outros autores que também são intérpretes do cristianismo o fato de a doutrina da unidade de deus ser aceita pelos antigos filósofos e formar a base da religião do Orfeu e dos gregos".[4]

---

[3] Sobre o monoteísmo na Antiguidade, ver Polymnia Athanassiadi/Michael Frede (orgs.), *Pagan Monotheism in Late Antiquity*, Oxford, 1999, e as p. 45-50 do texto de Alfons Fürst neste volume.

[4] Charles François Dupuis, *Ursprung der Gottesverehrung*, Leipzig, 1910, p. 209.

Voltarei a tratar dessa questão com mais detalhes na conclusão, a partir do ponto de vista islâmico, uma vez que a compreensão do monoteísmo é uma das diferenças centrais entre o cristianismo e o islamismo.

2. Violência e tolerância no Islã

2.1. *Tauhīd* – O monoteísmo do ponto de vista da teologia islâmica

No centro da doutrina islâmica encontra-se o *tauhīd*, o monoteísmo puro. O próprio conceito de Islã significa literalmente "entregar-se", "dedicar-se".[5] O conceito islâmico do monoteísmo encontra-se brevemente resumido na 112ª sura do Alcorão, com o título "*al-ihlāṣ*" (a sinceridade):

> Diz: Ele, Deus, é uno.
> De nada ele depende, tudo depende dele,
> Não gerou nem foi gerado,
> E nada é comparável a ele.

Partindo dessa sura e de inúmeros outros versos do Alcorão, todas as escolas islâmicas de teologia rejeitam as ideias de uma encarnação de Deus, bem como as da existência do filho de Deus. O islamismo considera a Trindade cristã um politeís-

---

[5] Cf. Ahmad b. Muhammad b. Salāh aš-Šarafī, *'Uddat al-akyās fī šarh ma'ānī al-asās*, Sanʿāʾ, 1995, vol. 2, p. 252.

mo encoberto. O Alcorão critica abertamente as representações cristãs da fé como politeístas, sem contudo contar os cristãos entre os *mušrikūn* [politeístas].[6] Nesse caso, ele parte da imagem que o cristianismo faz de si mesmo como religião monoteísta, mas critica o conteúdo das representações cristãs de fé como *širk* (associação = politeísmo). A razão para esse modo de ver as coisas reside na epistemologia. Desde o reconhecimento da Trindade, a teologia cristã sempre concebeu esta última como um mistério que não pode ser compreendido. Deus é uno mas, ao mesmo tempo, três pessoas. O islamismo rejeita essa representação do mistério. Três nunca pode ser idêntico a um, mesmo no nível da metafísica. Ou existe um deus, ou existem três. Por conseguinte, a teologia islâmica considera a Trindade uma associação (*širk*). A um deus criador são associados Jesus e o Espírito Santo como deuses secundários, pois justamente segundo a concepção islâmica somente Deus pode ser idêntico a si mesmo.

O islamismo vincula o monoteísmo à ideia da *creatio Êx nihilo*. Deus é criador de todo ser. Isso é expresso no seguinte verso: "Sua ordem, quando ele quer algo, é tão-somente: 'Sê' e 'é'" (sura 36, verso 82). Assim, Deus é o criador e o mantenedor de todo ser.

Porém, mesmo dentro do islamismo desenvolveram-se controvérsias a respeito da compreensão correta do monoteísmo. Uma antiga controvérsia consistia, por exemplo, na questão de como se deve entender o antropomorfismo empregado no Alcorão. Enquanto os racionalistas interpretavam todos esses versos

---

[6] O Alcorão conta os cristãos entre os detentores da escrita (*Ahl al-kitāb*). Porém, discute-se na teologia islâmica se o conceito *mušrikūn* abrange todos os não-islâmicos. Segundo minha concepção, o Alcorão faz uma nítida separação entre *Ahl al-kitāb* e *mušrikūn*, mesmo quando censura os cristãos pelo *širk*.

de maneira alegórica,[7] os antigos sunitas decidiram considerá-los como não passíveis de interpretação e aceitar o antropomorfismo empregado como *bilā kaif* (sem como), ou seja, não deveriam ser entendidos de maneira alegórica, mas tampouco ser tomados ao pé da letra.

Na gnose islâmica (*'irfān*, mais conhecido pelo nome de sufismo), entende-se Deus como o único ente em geral e fala-se de *wahdat al-wuğūd* (unidade do ser). Na poesia mística das regiões de língua persa, desde a época do místico Farīdaddīn 'Attār é constante o aparecimento da expressão "*hama ūst*" (tudo é Ele).[8] Os opositores do sufismo dentro do islamismo sempre o censuraram como adepto do panteísmo, o que, no entanto, não é verdade.[9]

Os filósofos muçulmanos, especialmente al-Farābī e Ibn Sīnā, inspiraram-se no neoplatonismo para introduzir o conceito de emanação (*sudūr, faid*) e entenderam a criação do mundo apenas de maneira ontológica, e não mais temporal.[10] Segundo seu ponto de vista, o mundo era eterno como Deus, pois Dele emana sem um início temporal; não obstante, é criado a partir Dele, pois Deus é causa de seu ser, e o mundo não poderia existir sem Deus.

---

[7] Assim, por exemplo, as mãos de Deus na sura 5, verso 64 são interpretadas como "*ni'ma*" (benefício, graça).
[8] Annemarie Schimmel, *Mystische Dimensionen des Islam*, München, 1992, p. 214.
[9] ver original p. 206 Ver a esse respeito Sadraddīn aš-Širāzī, *Al-Hikma al-muta'āliya fī al-asfār al-'aqlīa al-arba'a*, Bairūt, 2002, vol. 2, p. 282. Os defensores da *wahdat al-wuğūd* não equipararam realmente criador e criação. Apenas enfatizaram que, uma vez que Deus existe simplesmente a partir de si mesmo e que a criação é tão-somente uma manifestação (*zuhūr*) de Deus, não cabe à criação nenhuma qualidade de ser independente.
[10] Sobre a doutrina divina em al-Farābī e Ibn Sīnā, cf. Ian Richard Netton, *Allah transcendent*, Richmond, 1994, p. 99ss.

Por fim, a questão da teodiceia também serviu para se tirarem diversas conclusões sobre o monoteísmo. Enquanto para a escola que seguia a doutrina de al-Ašʿari a unidade de Deus significava que Ele era o único a agir e que nada podia acontecer sem sua vontade concreta,[11] para os zaiditas e os mutazilitas, da unidade de Deus provinham a sabedoria e a justiça e, destas, o livre-arbítrio e a autonomia dos homens.[12]

Essa breve observação de algumas importantes controvérsias islâmicas sobre a questão do monoteísmo já deixa claro que o islamismo nunca foi um fenômeno unitário, mas, tanto no passado quanto no presente, formou correntes teológicas bastante diferentes. Não obstante, repetidas vezes essas correntes acusaram-se mutuamente de heresia e falta de fé. Por exemplo, al-Gazālī acusa os filósofos islâmicos em três pontos de falta de fé e ainda acrescenta que quem considera infiéis os defensores de novidades proibidas deveria fazer o mesmo com os filósofos devido aos outros pontos criticados por ele.[13] Justamente essa questão sobre o que é o verdadeiro monoteísmo levou a controvérsias dentro do islamismo.

ver original p. 158 Os teólogos (*mutakallimūn*) enfatizaram sobremaneira as diferenças entre as religiões, enquanto os gnósticos (*ʿurafāʾ*) e os filósofos (*hukamāʾ*) tinham uma sensibilidade mais forte para perceber os elementos que vinculavam as religiões.

---

[11] A esse respeito, cf. Saʿdaddīn at-Taftazānī, *Šarh al-ʿaqāʾid*, Istambul o. J., p. 109ss.
[12] Cf. Al-Qāsim b. Ibrāhīm, *Furūd Allāh ʿalā l-mukallafīn*, p. 649, in: Al-Qāsim b. Ibrāhīm ar-Rassī, *Maǧmūʿ kuktub wa rasāʾil al-imām al-Qāsim b. Ibrāhīm ar-Rassī*, vol. 1, Sanʿāʾ, 2001.
[13] Abū Hāmid Muhammad al-Gazālī, *Tahāfut al-Falāsifa*, Bairūt, ⁴1990, p. 254.

2.2. O Islã como sistema político e jurídico

O Alcorão contém não apenas declarações sobre Deus e sua relação com a criação, mas também normas jurídicas. Cerca de quinhentos versos do Alcorão têm um conteúdo diretamente jurídico (os chamados *āyāt al-ahkām*). O profeta Maomé fundou um Estado em Medina, do qual atuou como chefe e juiz. Além da teologia, o direito islâmico desempenha um importante papel. Na prática, para os simples muçulmanos, ele chega a ser mais importante do que a teologia, com a qual geralmente eles têm pouca ou até nenhuma familiaridade. Em contrapartida, a maioria dos muçulmanos praticantes conhece muito bem as prescrições dos mandamentos, das permissões e das proibições, pelo menos no que diz respeito às questões da vida cotidiana.

A partir dessa significação do direito islâmico, fica clara a importância da representação de um Estado islâmico para muitos muçulmanos. O direito islâmico vale como direito divino e, por conseguinte, como sistema jurídico ideal. Sendo assim, as comunidades têm de permitir que suas relações jurídicas sejam ordenadas por esse sistema. Nesse sentido, o Estado islâmico é entendido como uma entidade que deve zelar pelos interesses do islamismo e dos muçulmanos.

Atualmente, a questão sobre a natureza jurídica do direito islâmico é a mais importante para a prática da religiosidade islâmica. A maioria dos juristas islâmicos acredita que só a razão já é suficiente para reconhecer o bem e o mal, independentemente da revelação, e que o bem e o mal são inerentes à essência das ações. Especialmente nos últimos séculos, esse ponto de vista jurídico-filosófico deu origem a conclusões metódicas, que significam que em todas as regras mencionadas no Alcorão deve-se buscar a *ratio legis* e que isso não depende da preservação da norma como tal. Decisivo para o direito islâmico e, por conseguinte, também para a questão relativa ao Estado islâmico e à relação do islamismo com a democracia, com o estado de direito, com o pluralismo e os direitos humanos é o tópico referente à flexibilidade do direito islâmico e às possibilidades de uma interpretação do Alcorão que ultrapasse o teor externo e se oriente pela *ratio legis* de cada norma. Quanto mais valor se der à limitação histórica de cada norma e à função da razão, tanto melhores são as condições de desenvolvimento do direito islâmico. Sem dúvida, no passado, o direito islâmico clássico foi um progresso, e muitos conceitos jurídicos modernos encontram-se nele. Mas nele também se encontram normas que, do ponto de vista da ética atual, não são mais aceitáveis.

Independentemente do método jurídico que se use para se aproximar do direito islâmico, há que se constatar que, de todo modo, ele é um direito humano, pois as normas jurídicas concretas são sempre o resultado de uma derivação das fontes jurídicas, e mesmo entre os juristas que seguem um método mais tradicional existem inúmeras diferenças de opinião quanto às concepções do direito.

2.3. Tolerância e liberdade de crença

2.3.1. *Tolerância e liberdade de crença como problema interno do Islã*

Como o cristianismo e outras religiões, o islamismo também é uma religião com uma imagem múltipla. Evidentemente, todas as correntes islâmicas reivindicam a ortodoxia e culpam todas as outras de heresia. Há no islamismo tanto escolas de direito quanto escolas de teologia. Por conseguinte, no islamismo, bem como no cristianismo, tolerância e liberdade de crença eram não apenas uma questão em relação às outras religiões, mas também em relação à própria pluralidade interna. Os muçulmanos despenderam muito tempo refletindo a respeito dos limites entre ortodoxia e heresia, bem como entre fé e descrença.[14] Muitas vezes parece que os muçulmanos combatem e execram com mais intensidade do que outras religiões aquilo que, de seu ponto de vista, é heresia. A essa questão da tolerância interna ao islamismo está ligada uma série de outras questões jurídicas que se referem à liberdade de crença e de expressão do indivíduo. Por exemplo, muitos juristas muçulmanos exigiram a pena de morte não apenas para quem cometesse apostasia, mas também para quem cometesse heresia.[15]

Tais discussões também são resultado de um monoteísmo entendido erroneamente. Da unidade de Deus infere-se que os fiéis devem ter apenas uma determinada concepção teológica, e, ao final, essas representações de unidade são empregadas para justificar a discriminação e a perseguição.

2.3.2. Tolerância e liberdade de crença na relação do Islã com os não-muçulmanos

No que se refere aos muçulmanos, o verso *"lā ikrāha fī d-dīn"* do Alcorão (não há coerção na fé) não foi empregado por eles.

---

[14] Ver, por exemplo, a visão geral em Ahmed Saim Kilavuz, *Iman – Küfür Siniri*, Istanbul, ³1990.
[15] Al-Qādī ʿIyāḍ, *Aš-Šifāʾ bi-taʿrīf ḥuqūq al-Muṣṭafā*, Bairūt, 2003, p. 400s.

À apostasia (*irtidād*) o direito islâmico atribui a pena de morte. Em contrapartida, os não-muçulmanos levaram esse verso ao pé da letra. A conversão obrigatória ao islamismo foi considerada proibida, já que teologicamente não faz nenhum sentido. Para tratar dos primórdios do islamismo, van Ess chega a tomar como ponto de partida uma espécie de disposição à conversão por parte dos muçulmanos ao escrever: "Enquanto Maomé foi considerado o profeta dos árabes, a missão além do território de língua árabe não fez nenhum sentido. Quem se convertia o fazia por razões sociais ou econômicas e esforçava-se para tornar-se árabe mediante o estudo da língua. Esse era um caminho espinhoso; os neófitos tornavam-se "clientes" (*mawālī*) daquele que aceitara sua conversão, e na tribo a que se associavam eram considerados indivíduos de segunda classe. Não se aceitava uma situação dessas sem um motivo que obrigasse a isso, muito menos por entusiasmo religioso; com razão chegou-se a supor que, na maioria das vezes, os neomuçulmanos provinham das camadas inferiores da população autóctone e pré-islâmica de então. Aqueles que eram indispensáveis para os árabes podiam ter suas convicções. Durante séculos no Egito, especialistas em administração, médicos e astrólogos permaneceram cristãos, judeus, zoroastristas e até maniqueístas".[16]

Van Ess defende aqui a visão de que os muçulmanos entendiam o profeta primeiramente como profeta dos árabes. Isso é válido para a dinastia omíada e seus seguidores, cujo nacionalismo árabe e cuja distância em relação aos muçulmanos não-árabes são conhecidos. Por outro lado, há que se constatar que

---

[16] Josef van Ess, *Theologie und Gesellschaft im 2. und 3. Jahrhundert*, Berlin/New York, 1991, vol. 1, p. 39.

já na geração Tābi'ūn (que seguiu àquela dos companheiros do profeta) a maioria dos juristas pertencia aos *mawālī*.[17]

Não-muçulmanos em território islâmico são subdivididos em dois grupos: *mustáminūn* e *dimmīyūn*. Quanto aos primeiros, juridicamente se trata de estrangeiros, portanto, cidadãos de um Estado estrangeiro que residem legalmente em território islâmico. Os segundos são cidadãos não-muçulmanos de um Estado islâmico e que concluíram um acordo com os muçulmanos conhecido como "*dimma*". Sobre a condição jurídica dos *dimmīyūn*, o jurista 'Abdalkarīm Zaidān escreve em sua obra clássica *Ahkām ad-dimmīyīn wa-l-mustáminīn*:

"Entre os juristas, difunde-se a conhecida opinião sobre os *dimmīyūn*: compete a eles o que compete a nós, e eles têm as mesmas obrigações que nós. O imã al-Kāsānī menciona em seu *badā'i'*[18] um *hadīt*[19] com esse significado. Dizia: 'Que o profeta, Deus da paz e da prosperidade esteja com ele.' Dizia ainda: 'Quando aceitarem o acordo *dimma*, faz com que saibam que lhes cabe o que cabe aos muçulmanos e que têm as mesmas obrigações que os muçulmanos.' Ainda que esse *hadīt* não apareça nas conhecidas coletâneas do *hadīt*, sua importância entre os juristas é aceita, e a seu respeito existem algumas tradições dos antepassados. Assim dizia 'Alī b. Abī Tālib:[20] 'Eles só concluíram o acordo *dimma* para que sua propriedade seja como nossa propriedade e seu sangue seja como nosso sangue. O *Šarh as-siyar al-kabīr*

---

[17] Muhammad Abu Zahra, *Abū Hanīfa – Hayātuhū wa-'asruhū, ārā'uhū wa-fiqhuhū*, al-Qāhira, 1947, p. 16.
[18] *Badā'i' as-sanā'i'* é o título de uma famosa obra jurídica do jurista hanafista al-Kāsānī.
[19] Tradição do profeta Maomé.
[20] O quarto califa dos sunitas e primeiro imã dos xiitas.

do imã as-Sarahsī diz: 'Pois eles aceitaram o acordo *dimma* para que sua propriedade e seus direitos sejam como a propriedade e os direitos dos muçulmanos.' Assim alguns juristas justificaram a igualdade do muçulmano com o *dimmī* em relação a algumas obrigações financeiras, a fim de que, pelo acordo *dimma*, coubesse ao *dimmī* o que cabia aos muçulmanos e de que os primeiros tivessem as mesmas obrigações que os segundos.

A partir disso, fica claro que, como regra geral, os *dimmīyūn* são iguais aos muçulmanos no que se refere aos direitos e deveres, a não ser pela exceção de que, para que o indivíduo possa gozar de alguns direitos, o Estado islâmico impõe como condição sua profissão de fé, e não sua nacionalidade."[21]

Portanto, os não-muçulmanos num Estado islâmico são equiparados aos muçulmanos. Sobretudo no que se refere a seu direito à vida, à liberdade, à propriedade e à liberdade de religião, eles gozam fundamentalmente dos mesmos direitos dos muçulmanos. Quanto aos direitos das minorias, o direito islâmico foi moderno no passado. Contudo, como indica Zaidān, não estão totalmente em pé de igualdade.

2.3.3. *Tolerância e pretensão à verdade*

Resta questionar a relação entre tolerância e pretensão à verdade. O Alcorão designa Maomé como *hātam an-nabīyīn* (selo do profeta) e reforça a pretensão à universalidade de sua missão com o verso: "E te enviamos apenas como uma misericórdia aos

---

[21] 'Abdalkarīm Zaidān, *Ahkām ad-dimmīyīn wa-l-mustáminīn fī dār al-islām*, Bairūt, ²1988, p. 61 s.

mundos – *wa mā arsalnāka illā rahmatan li-l-'ālamīn*". Segundo a representação islâmica, todos os profetas foram enviados por Deus com a mesma doutrina. Todavia, esta foi alterada posteriormente. Pela concepção islâmica, com o Alcorão passa a existir apenas a última e legítima revelação de Deus. Na opinião dos salafitas, para os *mutakallimūn* e a maioria dos gnósticos (*'urafā'*), isso também significa que fora do Islã não pode haver salvação. O conceito de "*kāfir*" (literalmente: ingrato) no Alcorão foi entendido em todos esses grupos como "infiel", no sentido de "alguém que não pertence ao Islã", e isso deu origem à aceitação de uma punição eterna para todo não-muçulmano segundo a opinião dos *mutakallimūn*.[22] Somente os filósofos muçulmanos não aderiram a essa concepção. Para eles, a salvação ou a condenação é uma questão do conhecimento filosófico e da purificação da alma, e não da religião a que se pertence.[23] O próprio Alcorão enfatiza com bastante clareza que a salvação também existe fora do Islã:

> De fato, aqueles que acreditam, os judeus, os cristãos e os sabeus, enfim, todos os que acreditam em Deus e no Juízo Final e que agem honestamente, receberão sua recompensa de seu Senhor, e não serão acometidos pelo temor nem pela tristeza (sura 2, verso 62).

---

[22] Contudo, entre os gnósticos islâmicos, existe a ideia da apocatástase, de maneira que, no fim, todos os seres humanos alcançam a salvação.
[23] A partir dos textos de filósofos como al-Fārābī, Ibn Sīnā ou Suhrawardī, infere-se que estes se viam como muçulmanos e acreditavam no profetismo de Maomé. Todavia, o profetismo foi interpretado por eles de forma diferente daquela dos *mutakallimūn*, e em seus textos a questão de pertencer a uma religião como condição para se alcançar a salvação da alma no além não tinha nenhuma importância.

No entanto, os comentadores muçulmanos sempre fizeram de tudo para mostrar que esse verso tinha um sentido totalmente diferente daquele que seu conteúdo externo declara de modo inequívoco. Evidentemente, a teologia islâmica decidiu-se muito cedo por também derivar do monoteísmo uma pretensão exclusiva à salvação, o que era visto de outra maneira apenas por poucos gnósticos e, antes de tudo, pelos filósofos muçulmanos, que não vinculavam a salvação ao fato de se pertencer a determinada religião.

Conforme já indicado, de modo geral, a concepção islâmica de que Maomé é o último profeta e o Alcorão a última e legítima revelação de Deus não levou a intensificar uma conversão obrigatória no Islã. Uma pretensão exclusiva à salvação não tem obrigatoriamente de estar vinculada à intolerância no mundo terreno. Todavia, sem levar em conta o fato de essa pretensão ser, em minha opinião, teologicamente errônea por motivos racionais (ver também o verso do Alcorão citado anteriormente), ela não convém ao diálogo inter-religioso, porque aceitar uma exclusividade da salvação mediante a própria religião leva necessariamente a ver no outro uma pessoa a quem sempre falta alguma coisa e que precisa ser convertida.

Porém, essa pretensão à exclusividade da salvação apresenta um problema não apenas para o diálogo. Ela também pode induzir facilmente à intolerância efetiva. Embora, pela lógica, a compreensão da salvação não exija exclusividade para que se possa transferir ao mundo terreno uma punição aceita para o além, esse passo não deixa de ser evidente. Mas é evidente sobretudo a tendência a dividir, também neste mundo, pessoas em grupos de diferente valor. Essa é a grande tentação a que tanto o cristianismo quanto o islamismo sempre sucumbiram na história.

2.4. Guerra e paz sob o ponto de vista do Islã

Os juristas muçulmanos rejeitam a conversão obrigatória ao islamismo[24] e autorizam a liberdade de religião. Porém, isso nada diz sobre as noções que o Islã tem de direito internacional.

O tradicional direito islâmico divide o mundo em dois campos: *dār al-islām* (casa do Islã) e *dār al-harb* (casa da guerra). Essa diferenciação não retrocede ao Alcorão, mas é um constructo dos juristas islâmicos. Todos eles partem do princípio de que seria uma obrigação dos muçulmanos lutar contra os não-muçulmanos, porém divergem em suas justificativas. Uma minoria concebe que a razão para a guerra entre muçulmanos e não-muçulmanos seria a diferença de religião. Em contrapartida, a maioria dos juristas vê a razão para a guerra contra os não-muçulmanos em sua agressão contra o Islã.[25]

Segundo a perspectiva da maioria, isso significa que a agressiva doutrina de direito internacional do Islã tem por base uma conduta defensiva e preventiva. Se levarmos a sério essa justificativa, isso significa que, logo após a doutrina clássica, as conclusões que dela foram tiradas no passado não podem ser mais mantidas hoje, pois entrementes passou a existir uma disposição de direito internacional que mudou fundamentalmente a situação. O artigo 2, número 4, da Carta das Nações Unidas proíbe a ameaça e o uso de violência em relações internacionais. A comunidade internacional entrou em acordo para proibir a guerra ofensiva (infelizmente, nos últimos tempos, os Estados Unidos

---

[24] Desconsiderando-se a opinião de uma minoria em relação aos politeístas.
[25] A esse respeito, cf. a apresentação presente em Ahmed Özel, *Islam Hukukunda Ülke Kavrami – Darulislam, Darulharb*, Istanbul, 1988, p. 49s.

têm tentado minar a disposição do direito internacional). Nesse contexto, a tradicional doutrina islâmica de direito internacional já não pode ser mantida, uma vez que todos os Estados que são membros das Nações Unidas também aceitaram a proibição de guerra ofensiva ao reconhecerem a Carta das Nações Unidas.

Os tradicionais pontos de vista islâmicos em relação ao direito internacional são um exemplo típico de como uma doutrina aceita em geral desenvolveu-se a partir das circunstâncias da época. Uma observação das declarações do Alcorão sobre a guerra e a paz mostra que elas também podem ser interpretadas de forma totalmente diferente, como faziam os juristas islâmicos da Idade Média.

APÊNDICE

Tomada de posição quanto ao conflito produzido pelas caricaturas que representam o profeta Maomé

Muhammad Kalisch

Nos últimos dias, minha secretaria foi intensamente solicitada a tomar uma posição a respeito dos acontecimentos relativos às caricaturas publicadas pelo jornal dinamarquês *Jyllands-Posten*. Costumamos ser solicitados a tomar uma posição sempre que ocorre alguma coisa no mundo que coloca o Islã e os muçulmanos no foco do interesse público. Em geral não respondo a essas solicitações porque simplesmente não tenho tempo para isso. Porém, sobretudo nesse caso, não respondi porque me pareceu que o tempo geralmente escasso de que se dispõe nos meios de comunicação não seria razoável para dizer algo de fato pertinente.

Quanto à dimensão que essa questão acabou tomando, eu gostaria de aproveitar a ocasião para manifestar com mais detalhes uma posição que demonstrará meu ponto de vista a respeito desse problema e de outras questões que também estão mais ou menos ligadas a ele. Espero com isso responder a uma série de perguntas que me foram feitas e que foram elaboradas no passado. Falo aqui por mim mesmo como um teólogo muçulmano.

Não posso nem quero pretender representar "os muçulmanos". Nesse meio-tempo, formaram-se na Alemanha associações, cujas declarações lhes dão o direito de representar grupos maiores de muçulmanos. A quem tiver interesse em saber mais sobre os muçulmanos na República Federal da Alemanha, só posso recomendar que entre em contato com essas associações. Embora nem de longe elas representem todos os muçulmanos, abrangem um número considerável deles.

Recentemente, o mundo islâmico insurgiu-se contra a publicação de caricaturas num jornal dinamarquês. Pouco tempo depois, essas caricaturas foram impressas em jornais de outros países. Um ímpeto de indignação atravessa o mundo islâmico e parece ser estimulado segundo os objetivos de diferentes lideranças políticas. Também houve protestos violentos com ataques a embaixadas em países ocidentais. Até onde acompanhei as reportagens na mídia alemã, houve manifestações bem distintas, que deixam claro que também ocorreram protestos pacíficos, que os protestos violentos foram, ao menos em parte, controlados e que a maioria dos muçulmanos – justamente na Europa, mas não apenas lá –, apesar de ofendida, não empreendeu nenhuma ação de protesto.

No Islã, não se costuma representar o profeta Maomé, e mesmo quando se quer representá-lo, de todo modo, normalmente não se retrata seu rosto. O Islã cultivou uma rejeição generalizada a representações de pessoas, que está ligada ao fato de que a representação de imagens é considerada idolatria ou ao menos a porta de entrada para a idolatria. Em vez das representações de imagens de pessoas, o Islã adotou como forma artística a caligrafia. Versos do Alcorão, mas também a representação caligráfica dos nomes do profeta, de sua família ou de seus seguidores decoram as mesquitas. Sendo assim, a representação do profeta é fundamentalmente recusada, mesmo com fins positivos. Já o insulto e a difamação do profeta foram considerados pelos juristas muçulmanos um crime a ser punido com a morte, uma punição que cabe mesmo aos não-muçulmanos que não vivem em território islâmico.

Para todas essas questões não há nenhum fundamento direto no Alcorão. Quando muito, a tradição do profeta oferece aqui fundamentos nos quais nos podemos apoiar. Todavia, a autenticidade dessa tradição era e é discutível mesmo entre muçulmanos, ainda que no decorrer da evolução histórica tenham preponderado entre eles aqueles que tenderam a conferir à tradição grande confiança.

Porém, independentemente dessas questões do direito islâmico, o que vale no mundo islâmico é que o profeta Maomé é visto como o modelo humano ideal e que os muçulmanos sentem por ele um amor e uma afeição profundos. A quem quiser entender esse importante aspecto da devoção muçulmana, recomendo a excelente obra de Annemarie Schimmel, intitulada *Und Muhammad ist Sein Prophet – Die Verehrung des Propheten in der islamischen Frömmigkeit* [E Maomé é seu profeta – A adoração do profeta na devoção islâmica]. O insulto ao profeta foi e é para muitos muçulmanos uma questão que mexe com os ânimos. Desse modo, pode surgir numa sociedade liberal um problema que tem de ser revisto teologicamente pelo lado muçulmano. Trata-se do campo de tensão entre liberdade de expressão e defesa da honra.

Em relação ao atual conflito devido às caricaturas, bem como a muitos outros campos de conflito entre o Islã e as sociedades ocidentais, há que se desenvolver uma autocrítica e um processo de aprendizagem tanto por parte do lado muçulmano quanto por parte daquele não-muçulmano. O problema reside no fato de que em ambos os lados existem pessoas que consideram sua posição e suas perspectivas apenas unilateralmente. Elas só veem os erros do outro lado, mas não os próprios. Esse modo de pensar leva necessariamente ao conflito, e infelizmente tenho a impressão de que, de ambos os lados, há forças que também querem esse conflito.

No mais tardar desde o caso Rushdie, sabe-se na Europa como os muçulmanos ofendidos são capazes de reagir a algo que consideram um insulto ao profeta. O jornal *Jyllands-Posten* sabia disso. Justamente pelo passado nada glorioso desse periódico e por seu papel na política atual dinamarquesa deve-se concluir que ele visava exatamente ao que aconteceu. Sabia-se que muitos muçulmanos reagiriam do modo como reagiram, e não há dúvida de que era exatamente o que se pretendia. A partir de então, pôde-se apresentá-los como irracionalistas fanáticos que representam um perigo à liberdade de expressão do mundo ocidental. Ao se fazer isso, ou seja, ao se estimular um nível irracional e puramente emocional entre os muçulmanos, a fim de induzi-los a ações irracionais, também se pretende ativar entre os não-muçulmanos justamente esse nível que eles tanto criticam nos muçulmanos – e, nesse caso, totalmente com razão! –, a saber, um nível irracional e puramente emocional que entre os não-muçulmanos se expressa como islamofobia e que já não conhece questões críticas nem diferenciações. Trata-se de campanha difamatória e exclusão de um pensamento diferenciado. Pela linha política atual do *Jyllands-Posten*, não tenho nenhum escrúpulo em admitir justamente essa estratégia.

No total, foram poucos os muçulmanos a reagir com violência e fanatismo, e antes de tudo parece que alguns governos no Oriente Próximo tentaram desviar a atenção que se concentrava nas dificuldades políticas internas insuflando o tema. Contudo, há dias só se fala na "luta entre as culturas" e em como o Islã estaria atrasado por não saber valorizar o grande benefício da liberdade de expressão como os esclarecidos europeus. São justamente os conservadores a cantar esse hino do esclarecimento. São os mesmos que, em seu amor pela liberdade de expressão e pela tolerância, não conseguem admitir que professoras do jardim-de-infância usem véu, que gostariam de ver perseguido incondicional e penalmente o ditado "soldados são assassinos" (que, formulado dessa forma tão absoluta, não considero correto, porém, em relação à realidade das guerras, é perfeitamente viável), e que há anos tentam agravar ainda mais a blasfêmia medieval que constitui o parágrafo 166 do código penal alemão! Por esse § 166, na República Federal da Alemanha um caricaturista também pode tornar-se criminoso se tomar, por exemplo, o cristianismo ou a Igreja como objeto.

Com isso tratamos do verdadeiro núcleo do problema no conflito atual. Como uma sociedade deve lidar com a ofensa a sentimentos religiosos? Como deve ser resolvida a relação de tensão entre a liberdade de expressão e os sentimentos religiosos?

Tenho de admitir que não consigo entender a exaltação emocional de muitos muçulmanos. Além de não terem graça, as caricaturas dizem muito sobre o nível de instrução deficiente daquele que as desenhou e publicou. Mas por que elas deveriam me atingir? Sei que muitas pessoas não gostam do Islã nem dos muçulmanos. Muitas vezes o profeta Maomé é ultrajado, e até as palavras "assassino" e "violador de crianças" são constantemente proferidas em referência a ele. Que diferença faz se essas pessoas guardarem seu ódio para si mesmas, expressarem-no ou difundirem-no em forma de caricaturas? Sei que o profeta não era assim, e sei que o Islã é diferente do que muitos de seus opositores (para muitos deles o termo "pregadores do ódio" é amplamente empregado) falam dele, embora eu esteja ciente do fato de que, por certo, também há muçulmanos que correspondem completamente à imagem que muitos fazem dos muçulmanos no Ocidente. O islamismo é uma religião universal com diferentes características teológicas e regionais como todas as outras religiões, e como em todas as outras religiões também há no islamismo fanáticos intolerantes dispostos à violência.

Corrigir essas representações errôneas do Islã é quase impossível se nós, muçulmanos, reagirmos de modo a corresponder exatamente à ideia que os outros fazem de nós. Aqueles que ultrajam o islamismo porque não o conhecem melhor só serão convencidos do contrário quando ficarem sabendo que existe outro Islã que é anterior àquele dos fanáticos radicais e dispostos à violência. Seja como for, aqueles que difundem representações falsas sobre o Islã e que o fazem de maneira consciente e voluntária, portanto, deliberada, não poderão ser dissuadidos de seu ódio.

Muitos muçulmanos vivem com a ideia errônea de que ações como as que têm ocorrido ultimamente elevariam o respeito pelo Islã. Obviamente isso não é verdade e confunde medo com respeito. Os não-muçulmanos não passarão a nos respeitar, e sim a ter medo de nós. Consideram-nos simplesmente loucos perigosos, e, levando-se em conta a reação de muitos muçulmanos, não podem ser censurados por isso. Em contrapartida, o Alcorão nos exorta a não nos rebaixarmos ao nível ruim de outras pessoas:

> Jamais poderão equiparar-se as boas e as más ações. Defende-te com uma ação melhor, e aquele que era teu inimigo converter-se-á em teu íntimo amigo (sura 41, verso 34).

A meu ver, toda experiência histórica mostra que uma proteção especial e penal da religião sempre foi mal empregada e que, de resto, não é compatível com a liberdade de expressão nem com a liberdade da ciência. Sendo assim, sou favorável à revogação do § 166 do código penal alemão, que representa um resquício da Idade Média e é indigno de uma sociedade que se vangloria de ter passado por um processo de esclarecimento. Nós, muçulmanos, não deveríamos tentar usar esse parágrafo para nossos interesses religiosos, ainda que, nesse caso, sua circunstância pudesse ser cumprida. Deveríamos, isso sim, engajar-nos para que ele fosse revogado no interesse da liberdade de expressão e da ciência.

Uma proteção penal da religião e dos sentimentos religiosos não faz sentido e deve ser rejeitada porque sua circunstância nunca poderá ser definida com exatidão, o que automaticamente sempre a leva a beirar a arbitrariedade. Todavia, para um jurista que se atém ao estado de direito, a arbitrariedade é o julgamento mais rigoroso do desvalor. Essa indefinição da circunstância é consequência do fato de que todo ser humano tem uma percepção diferente quando se sente ofendido em seus sentimentos religiosos. Além disso, nas concepções religiosas e filosóficas, tem-se o problema de que aquilo que para um é puro absurdo, para outro pode representar uma verdade incontestável.

Será que a teoria da evolução não pode mais ser ensinada porque os criacionistas se sentem ofendidos por ela? Será que o papa ou o aiatolá Khamenei não podem mais ser criticados porque seguidores cegamente devotos veem nisso uma ofensa a seus sentimentos religiosos? Só esses exemplos já mostram quão absurda é a proteção da confissão religiosa pelo direito penal. Onde está o limite e quem deveria traçá-lo? Será mesmo que rabinos, padres e mulás estão autorizados a passar por cima dos limites da liberdade de expressão e da ciência? Deus nos livre! Atualmente, o § 166 do código penal alemão é interpretado de maneira restrita, e sobretudo a crítica científica em forma objetiva é excluída. Porém, tudo isso é mera interpretação de um "parágrafo elástico", que também poderia ser feita de outra forma. Do mesmo modo, pode-se discutir o que é crítica científica em forma objetiva.

Quem considera o papa um criminoso e Maomé um assassino também precisa estar autorizado a dizer isso. Quem quer uma sociedade que reconheça a liberdade de expressão e da ciência precisa conviver com o fato de que há pessoas que não compartilham das mesmas concepções e consideram absurdas coisas que outros enxergam como verdades. Quem é sincero nesse aspecto tentará ofender o mínimo possível os sentimentos de outras pessoas. Dificilmente se conseguirá evitar por completo que algumas pessoas considerem falso ou absurdo aquilo que para os outros é sagrado. Contudo, em toda crítica a questões de conteúdo, pode-se tentar fazer o outro entender que, apesar dessa crítica, ele é levado a sério como pessoa em sua dignidade, e também se pode fazer um esforço para escolher um caminho para a crítica que ofenda o mínimo possível.

Quando se sabe que muçulmanos sentem como especialmente ofensiva uma representação pictórica do profeta, alguém que tenha alguma crítica ao Islã e queira discuti-la com muçulmanos num diálogo sincero deveria indagar-se se não conseguiria expressar sua crítica de conteúdo com a mesma precisão, talvez de uma maneira que não explicitasse tão claramente seu interesse, porém que ofendesse menos a contraparte. É uma questão de elegância e estilo.

Não obstante, há que se ter em mente que, no que se refere a esse assunto, conflitos emergentes não podem nem devem ser resolvidos com o direito penal. No campo de tensão entre a liberdade de expressão e da ciência, por um lado, e a religião, de outro, deve haver uma absoluta liberdade de expressão e da ciência, mesmo quando ela pode ferir sentimentos religiosos. Toda tentativa de impor limites nesse sentido não é compatível com a essência das já mencionadas liberdades fundamentais, e toda experiência histórica mostra que nada de bom pode resultar disso.

E, no entanto, limites existem. Porém, eles não se referem à confissão religiosa das pessoas, e sim à sua dignidade. Quando os seguidores de alguma confissão religiosa, sejam eles judeus, cristãos, muçulmanos, hindus, bahaístas ou não importa quais outros, são representados em caricaturas ou outras manifestações de opinião de maneira que aparecem como uma mera massa, à qual se atribuem, sem nenhuma diferença nem distinção individual, propriedades incontestavelmente entendidas como negativas, tais como a mentira, a falsidade, a trapaça ou até instintos sanguinários, então não há dúvida de que a dignidade dessas pessoas é ferida e de que a representação é provocatória. Um muçulmano ou um cristão precisa conformar-se quando sua religião é caracterizada como sanguinária, primitiva ou antidemocrática, mesmo quando isso for um absurdo. Do contrário, tribunais teriam de decidir como deve ser o islamismo ou o cristianismo, e a qualquer momento a livre pesquisa científica poderia ser censurada com o argumento de que estaria representando erroneamente uma religião. Porém, de modo inverso, não se pode tornar uma pessoa automaticamente suspeita nem lhe conferir atributos de um criminoso só porque ela pertence a determinada religião. Nesse caso, há que se exigir de fato um procedimento enérgico por parte do Estado! A discussão sobre o Islã ou qualquer outra religião só pode ser conduzida como discussão livre e sem tabus, na qual contam apenas os argumentos para as afirmações respectivamente apresentadas. Em tal discussão, logo são desmascaradas afirmações sem nenhuma substância. Aqui, a liberdade de expressão e da ciência se preocupará em não deixar que provocadores e demagogos se imponham. Escrevem-se muitos absurdos sobre o Islã, e há muitas representações unilaterais. Por outro lado, também se lhe opõem representações muito diferenciadas e defensoras. Tenho a convicção de que, numa sociedade que garanta de modo coerente a liberdade de expressão e da ciência, por muito tempo se produzirá uma imagem diferenciada de determinada religião na discussão pública, e representações totalmente unilaterais e conscientemente deturpadoras sempre depararão com forte crítica. Sem dúvida há representações do Islã, cujos autores escolhem fatos de modo consciente e unilateral e deturpam as questões com o objetivo de provocar. Paralelamente a isso, também há representações do Islã que contêm uma imagem e um valor dos fatos que não são compartilhados por um muçulmano, sem que com eles o autor tenha pretendido levantar provocações ou deturpações conscientes. No entanto, como esses dois casos nunca podem ser distinguidos de modo legalmente seguro, para que a liberdade de expressão e da ciência seja observada, é preciso aceitar como inevitável o fato de que ambos também podem sofrer abusos. Os seguidores de cada religião precisam então estar prontos para ter de ouvir duras críticas às suas religiões.

Todavia, o indivíduo ou grupo também precisa ter sua dignidade protegida pelo direito penal e não pode ser representado como criminoso ou mentiroso só porque pertence a determinada religião. Quer-se caracterizar o islamismo como uma religião do terror e da violência, o que ele não é. Contudo, uma afirmação sem substância como essa tem de ser aceita no âmbito da liberdade de expressão pelas razões que acabamos de expor. É de supor que uma pessoa concreta ou um grupo de pessoas comporte-se basicamente de acordo com a lei, e uma infração da lei tem de ser comprovada no âmbito de um procedimento que se atenha ao estado de direito. Esse é um fundamento da democracia, do estado de direito, dos direitos humanos e do pluralismo. De acordo com essa concepção, quem realmente acredita que todos os muçulmanos, todos os judeus ou todos os ateus são criminosos não pode mais ser protegido da liberdade de expressão, pois não aceita o fundamento no qual ela se baseia, a dignidade do ser humano e a noção de que a culpa só pode ser sempre individual e nunca coletiva. Portanto, é absurdo supor que determinados grupos se comportam globalmente de modo imoral e ilegal. A princípio, a imagem do ser humano na qual a liberdade de expressão e a democracia se baseiam não atribui a nenhum indivíduo nem a nenhum grupo más intenções ou más ações, e considera irracional a ideia de que aqueles que pertencem a determinado grupo ou a determinada religião seriam fundamentalmente maus.

A meu ver, aqui é que está o verdadeiro problema. Já não se trata de uma crítica ao Islã. Como dissemos, evidentemente esta é legítima. O problema está no fato de que nós, muçulmanos, muitas vezes somos vistos apenas como uma massa unitária, que sem exceção e de modo indiferenciado é coberta de atributos negativos. O Islã e nós, muçulmanos, somos associados a uma imagem hostil, em parte mediante as mais cruéis provocações. Já não se faz nenhuma diferença. Um pequeno grupo de terroristas violentos é identificado com toda uma comunidade religiosa. Temos sempre de nos afastar do terror e da violência, o que levaria fundamentalmente a supor que aprovaríamos ambos. Contra os muçulmanos – infelizmente também com o apoio dos políticos deste país, como mostra o "*Muslimtest*"[1] em Baden-Württemberg

---

[1] Teste aplicado pelas autoridades de Baden-Württemberg a muçulmanos que pretendiam obter a cidadania alemã. Nele os candidatos eram indagados sobre questões pessoais, convicções morais e religiosas. (N. T.)

– erige-se uma suspeita geral. No meu ponto de vista, predomina uma discussão absurda sobre o véu, que na prática leva ao fato de que justamente as muçulmanas emancipadas são excluídas da vida profissional. Com sua política, os partidos conservadores deixam bastante claro que são a favor de um tratamento desigual das religiões, o que, a meu ver, não pode existir de fato no direito constitucional. Além disso, ultimamente se tem falado muito em fundamentos judaico-cristãos do Ocidente. É interessante notar que muçulmanos e judeus entendem-se muito bem quando se desconsidera o conflito na Palestina, que, no entanto, é um conflito político. Por isso, não dá para imaginar por que cristãos e judeus supostamente se dão tão bem entre si e com os muçulmanos, não, embora judeus e muçulmanos estejam teologicamente mais próximos do que judeus e cristãos, o que fica cada vez mais claro em todo triálogo religioso.

Porém, não se fica apenas na suspeita. Ao que parece, os muçulmanos na República Federal da Alemanha já não contam de fato com total proteção aos direitos fundamentais. Ao acordar num porão de tortura sírio, o cidadão alemão, porém muçulmano, não recebe a visita de nenhum diplomata alemão que intervenha para sua libertação, e sim a de policiais alemães, que se mostram solidários com seus colegas sírios. Haydar Zammar[2] talvez seja um criminoso e, por conseguinte, deve ser punido. Mas para ele valem a presunção de inocência e os outros direitos fundamentais. Isso constitui um estado de direito que não pode, em hipótese alguma, produzir arbitrariedades que favoreçam ações contrárias aos direitos humanos. O Estado está vinculado

---

[2] Cidadão alemão nascido na Síria, suspeito de ter participado dos ataques terroristas de 11 de Setembro de 2001. (N. T.)

ao direito. Ultimamente, o ministro do interior da República Federal da Alemanha, [Wolfgang] Schäuble, deu algumas declarações preocupantes sobre sua relação com a tortura. De modo geral, sempre se tenta colocar a proibição da tortura em pauta. Até mesmo comentários importantes sobre a lei fundamental levam aqui a uma reviravolta que há poucos anos parecia impensável. O conceito de punição do inimigo dá as caras. Por mais abstrato que seja o modo de conduzir as discussões, todo o mundo sabe que todas essas reflexões voltam-se, em primeira instância, contra os muçulmanos. A Alemanha está seguindo o exemplo americano, e isso significa que justamente os ideais políticos, pelos quais supostamente se luta, são traídos e abandonados. Assim, como núcleo da luta ocidental contra o terror mantêm-se apenas a garantia de suprimento de matérias-primas e a preservação do bem-estar do mundo ocidental.

Quando tomamos conhecimento de todas essas manifestações e ações por parte de políticos que sempre intimam os muçulmanos a observar a constituição, passamos a desejar que esses mesmos políticos observem-na do mesmo modo que exigem que façamos.

Sou favorável a um engajamento político e social, pois as religiões têm algo positivo a dar à sociedade e, justamente no que se refere às questões sociais e políticas, não são neutras. A experiência histórica ensina que a religião pode exercer uma influência tanto positiva quanto negativa sobre as sociedades. No passado como no presente, sempre se reconheceu o perigo do abuso de poder e da perseguição a dissidentes por comunidades religiosas. Esse perigo só pode ser afastado quando as diferentes religiões em cada sociedade estão ligadas a regras democráticas e a padrões de direitos humanos. No que se refere ao Islã, como teólogo islâmico, sou da concepção de que essas regras democráticas e esse padrão de direitos humanos podem ser deduzidos do próprio islamismo; portanto, seu cumprimento e, com ele, a autolimitação da religião são parte da própria religião. A ideologia atual de organizações islâmicas que aspiram a um Estado islâmico e, implicitamente, a uma ditadura islâmica do modo de pensar leva a uma interpretação das fontes que é muito unilateral e, sobretudo, não leva em conta a razão. Todavia, outrora a razão tinha uma importância muito maior para o pensamento islâmico do que infelizmente tem hoje, e nisso reside o motivo da crise do pensamento islâmico.

Ao ser indagado sobre quais fronteiras para a razão haveria no Islã, meu professor muçulmano, com o qual estudei direito e teologia islâmicos, respondeu de modo bem claro: "Nenhuma". Compartilho de sua concepção, mas também tenho consciência de que, com esse extremo racionalismo dentro da teologia islâmica, estou representando a posição de uma minoria. Contudo, todo muçulmano reconhece basicamente a grande importância da razão. Até onde sei, não há texto sagrado da humanidade em que a palavra "razão" ou a expressão "fazer uso da razão" apareça mais do que no Alcorão.

O islamismo atual identifica determinada concepção teológica e jurídica com o próprio Islã. Em contrapartida, enquanto não se limitar o direito de defender outras concepções, não há o que objetar. Nunca houve um Islã unitário, nem no direito, nem na teologia. Não existe no Islã uma instância que seja obrigatória para todos os muçulmanos. O Alcorão diz: "Não há coerção na fé" (sura 2, verso 256), e a maioria dos teólogos muçulmanos ensina que a fé só é válida quando pode ser verificada pela reflexão pessoal, e não simplesmente recebida de modo cego da tradição. Em minha opinião, Muhammad Iqbal, o mais genial pensador islâmico do último século, formulou essa tese numa poesia da seguinte forma (tradução para o alemão de Annemarie Schimmel):

> Abre com o próprio machado as próprias veredas,
> pois castigo é seguir por caminhos alheios.
> Cria com as próprias mãos raras obras-primas,
> se isso fosse pecado, para ti seria uma bênção.

A meu ver, a liberdade de expressão e da ciência é uma exigência essencial do próprio Islã. A história intelectual do Islã tem com os mutazilitas, com Avicena, Averróis, Suhrawardi al-Maqtul ou com os místicos um potencial suficiente para levar a cabo os grandes desafios propostos a uma teologia islâmica moderna e contemporânea. No que diz respeito à jurisprudência, segue-se há muitos anos a tendência de percorrer novos caminhos, embora, também nesse caso, ainda haja o que fazer. No que concerne à teologia, há nesse campo desafios que eventualmente podem parecer chocantes para muitos muçulmanos conservadores, mas que podem ser resolvidos com o auxílio da evolução de modelos de pensamento e que já foram desenvolvidos há muitos séculos por filósofos e místicos. Se a teologia islâmica não fizesse questão de competir com os pregadores evangélicos da ressurreição, e sim preferisse estimular seriamente a teologia científica, então teria de encarar o desafio lançado pela moderna pesquisa científica a respeito da história da religião. Nos últimos anos, estudiosos do Antigo Testamento e arqueólogos como Thomas Thompson, Philip Davies, Niels Peter Lemche ou Israel Finkelstein mostraram-nos que poderíamos riscar Abraão, Moisés e muitas outras figuras bíblicas e alcorânicas da lista das personalidades históricas que realmente existiram. Tais conhecimentos exigem uma evolução da hermenêutica do Alcorão, um novo modo de lidar com o conceito de revelação e novas avaliações de uma teologia islâmica das religiões. Nesse sentido, pode-se sobretudo tomar por base as avaliações dos filósofos e místicos muçulmanos.

No que tange à história do Islã, há que se pensar igualmente de modo crítico. O primeiro e o segundo séculos da era islâmica deixaram-nos poucas fontes. A reconstrução da história dos dois primeiros séculos de islamismo resulta principalmente de fontes do terceiro e quarto séculos da era islâmica. Todavia, ao se lidar com a tradição, também se pode recorrer a métodos críticos próprios e internos ao islamismo a serem desenvolvidos.

O mundo islâmico encontra-se numa profunda crise. Em parte, essa crise é culpa do próprio islamismo e só pode ser superada quando ocorrerem mudanças no mundo e no pensamento islâmicos. Mesmo que amanhã os Estados Unidos se retirassem repentina e totalmente da política mundial, o caos no mundo islâmico não acabaria, pois as verdadeiras causas de sua crise residem nele próprio. Somente quando os muçulmanos reconhecerem isso e deixarem de imputar a responsabilidade aos outros é que conseguirão sair da crise. O pensamento islâmico precisa de uma renovação.

Todavia, também é verdade que, até agora, os Estados Unidos sempre utilizaram essa crise do mundo islâmico para impor seus interesses à custa das pessoas no mundo islâmico. Toda ditadura que simpatiza com os Estados Unidos foi e é apoiada por eles. Saddam Hussein foi apoiado pelos EUA, e ninguém se incomodou com suas violações aos direitos humanos até ele se voltar contra os Estados Unidos. O Talebã, aquele grupo fanático que logo se tornou símbolo de um poderio injusto, só conseguiu tomar o poder no Afeganistão porque os EUA o estruturou. Se hoje os Estados Unidos julgam Saddam Hussein ou o Talebã, estão julgando suas próprias criaturas e, consequentemente, a si próprios!

Os EUA são uma potência mundial com tendências contraditórias. Considerando-se seu interior, constituem um estado de direito que até hoje sempre mostrou dispor de forças surpreendentes de autodepuração em relação a forças que querem mudar isso. Há muitos dos muçulmanos que vivem nos EUA, e mesmo aqueles que gostam de falar mal deste país costumam admitir que, na verdade, gostariam de viver lá. As universidades americanas contam com alguns dos mais importantes teólogos muçulmanos. É possível viver na América mesmo sendo um crítico radical da política americana, tal como Noam Chomsky. A sociedade americana e seu sistema jurídico dispõem de alguns aspectos que só podem ser avaliados como particularmente positivos.

No entanto, essa sociedade americana liberal e que se atém ao estado de direito também se fundou sobre a aniquilação e o extermínio dos habitantes primitivos da região e por muito tempo foi escravocrata. Até hoje os descendentes dos escravos africanos e dos indígenas primitivos são prejudicados. Nessa sociedade americana, há um poderoso grupo de fundamentalistas cristãos que, entrementes, também passou a fazer parte do governo e a influenciar a política. São pessoas cujo obscurantismo não se distingue daquele do Talebã, conforme deixou claro nos últimos meses o debate sobre o criacionismo. Pessoas como Pat Robertson, que se manifestou publicamente a favor do assassinato de um chefe de Estado estrangeiro, comprovam que não se trata de um grupo de devotos inofensivos, mas de fundamentalistas dispostos à violência, que consideram a guerra um expediente para praticar sua política e que, mesmo no que se refere à política interna, acham-se no direito de fazer justiça religiosa com as próprias mãos, como mostra o assassinato de médicos por opositores fundamentalistas do aborto. Os fundamentalistas cristãos nos

EUA deram claramente a entender que, se tivessem condições, rejeitariam e mudariam a constituição americana em sua atual abertura pluralista.

A política externa americana sempre colaborou com todas as ditaduras quando isso servia aos interesses econômicos dos EUA. Estes sempre se sentem autorizados a violar o direito internacional para atacar todo Estado que não seja bem-visto por eles e, ao final, acabam escapando de uma justiça penal internacional. É essa dupla moral mentirosa que exalta os muçulmanos no mundo inteiro e faz com que os aliciadores fundamentalistas consigam arrebanhar novos seguidores. Como os EUA e seus aliados geralmente abusam da democracia e dos direitos humanos como pretexto para ações em proveito próprio, para os islamitas radicais fica fácil estigmatizar a democracia e os direitos humanos como fraude ocidental. Quem considerar a democracia e os direitos humanos como compatível com o Islã será visto como ocidentalizado.

E, no entanto, a maioria dos iraquianos, bem como dos muçulmanos no mundo inteiro, deixou bem claro que ficou feliz por ter sido libertada da ditadura de Saddam Hussein e acolheu de braços abertos a oportunidade de ter um recomeço democrático. Porém, os iraquianos e os muçulmanos em todo o mundo também veem o que realmente interessa aos EUA e como deverá ser preparada a próxima guerra contra o Irã. Não se pode absolutamente contestar o fato de Ahmadinejad ser atrapalhado e de o regime iraniano ter demonstrado um elevado *déficit* de direitos humanos e democracia (contudo, menos do que um aliado tão declarado do Ocidente como a Arábia Saudita). Antes dele, o regime estava nas mãos de Khatami, cujo processo de abertura e cujas tentativas de aproximação não foram nem um pouco apreciadas pelo lado americano, o que forçosamente viria a intensificar as forças radicais, que desde sempre defenderam a concepção de que a única coisa que o Ocidente aceita do mundo islâmico é sua total submissão e de que, por conseguinte, a abertura não faz sentido. Na verdade, não há como evitar a impressão de que as coisas são realmente assim e de que os EUA ficam felizes ao ver Ahmadinejad no governo do Irã e dando-lhes pretextos para que eles possam intervir militarmente no país.

Parece-me que de ambos os lados há forças maciças que almejam um confronto. Existem forças islâmicas radicais que lutam absolutamente contra o Ocidente e querem concretizar sua ideia de Estado islâmico. Essas forças são ademocráticas e antipluralistas. Propagam uma ditadura islâmica do modo de pensar sem legitimação democrática nem liberdade de expressão e são intransigentes ao exigir compreensão por suas posições, sem levar em conta as opiniões dos outros. Inversamente, do lado ocidental há forças para as quais é muito importante contar com um centro de inquietação no Oriente Próximo e muito bem-vinda a imagem hostil do Islã após a abolição do bloco oriental. Obviamente, também nesse caso os argumentos são apresentados apenas da perspectiva ocidental, sem que o ponto de vista dos outros seja considerado. Quando políticos ocidentais falam de interesses ocidentais, por exemplo, na região do Golfo, evidentemente as coisas são aceitas sem nenhum espanto. Mas por quê? Imaginem se o Ministro iraniano das Relações Exteriores fosse falar dos interesses iranianos no Mar do Norte! Todo o mundo iria achar isso absurdo, e, no entanto, os interesses ocidentais no Golfo não são menos absurdos. Por trás desse simples modo de falar esconde-se um modo de pensar que claramente parte do princípio de que o bem-estar do mundo ocidental deve e pode ser preservado a todo custo. Por assim dizer, é o óleo ocidental que lamentavelmente se encontra sob a areia árabe.

Todavia, tanto do lado ocidental quanto daquele islâmico, há políticos, cientistas, jornalistas, executivos e sobretudo grande parte da população que não querem conflitos, muito menos guerras. Por isso, a luta das culturas parece-me muito menos necessária, ainda que muitos a desejem.

Impressão e acabamento
GRÁFICA E EDITORA SANTUÁRIO
Em Sistema CTcP
Rua Pe. Claro Monteiro, 342
Fone 012 3104-2000 / Fax 012 3104-2036
12570-000 Aparecida-SP